WEISHEITSTÜREN, WEISHEITSTORE

UND NOCH VIELES MEHR ...

Govinda W. Lindner

Text: Govinda W. Lindner
Covergestaltung: Verlagshaus Schlosser
Umschlagabbildung: Govinda W. Lindner und AdobeStock
Satz und Layout: Verlagshaus Schlosser
ISBN 978-3-96200-688-4
Druck: Verlagsgruppe Verlagshaus Schlosser
D-85652 Pliening • www.schlosser-verlagshaus.de

Printed in Germany

Göttliche Danksagung

Ich danke aus tiefstem Herzen **GOTT,** dem *höchsten, allwissenden, allesbewirkenden, alldurchdringenden, allmächtigen, allliebenden, zeitlosen, ewigen* und *reinen* **SEIN.**

Dieses SEIN wünscht sich, dass wir alle als **Instrumente** des GÖTTLICHEN wirken und tätig werden.

Ich danke aus tiefstem Herzen der *göttlich-unermesslichen* und *unerschöpflichen* **KRAFT,** den *lichten* **MÄCHTEN** und dem *göttlichen* **SEIN** für ihre *wunderbaren* EINGEBUNGEN, INSPIRATIONEN und HILFEN, die es ermöglichten, dieses **Werk** zu erstellen.

Weiterhin danke ich der *göttlichen* **FÜHRUNG** und dem *göttlichen* **BEISTAND,** die zu *wundervoll-göttlichen* FÜGUNGEN führten, die mich in allen Phasen meiner Arbeit an diesem **Buch** begleiteten.

Mein besonderer DANK und meine Verehrung gilt **SATHYA SAI BABA (1926-1911),** meinem *spirituellen* LEHRER und MEISTER, dem ich **1988** in diesem Leben zum ersten Mal in Indien begegnet bin.

BABA (Vater), den ich als meinen *göttlich-spirituell-liebevollen* VATER bezeichne und verehre, ist für mich ein *leuchtendes* VORBILD in allen Angelegenheiten meines Lebens.

SAI (Mutter) ist für mich sowie für sehr viele andere Menschen hinsichtlich seines WIRKENS und in Bezug auf die vielen WUNDER, die er vollbracht hat, ein Jesus ähnlicher Lehrer.

Der **Ashram** (indisches Kloster, Lebensort eines Heiligen oder einer Heiligen) von BABA, der **PRASHANTI NILAYAM** (ORT des *höchsten* FRIEDENS) genannt wird, war das Hauptziel meiner 18 Indienreisen.

Der **Ashram** befindet sich in dem ehemaligen Dorf Puttaparthi, welches ca. 150 Meilen nördlich von Bangalore liegt.

1990 durfte ich an einem sehr *bedeutsamen* **Gruppeninterview** unter **BABAS** Führung teilnehmen, dessen INHALT mich noch heute führt und leitet.

Ein Jahr später erhielt ich ein *klares, äußeres* **Zeichen,** dass mir bestätigte, dass **BABA** mein *spiritueller* LEHER, MEISTER und VATER ist.

Das *wichtigste* und *größte* WUNDER, das **BABA**, aus meiner Sicht vollbringt und vollbracht hat, ist die **Transformation** und **Verwandlung** der *einzelnen* MENSCHEN.

BABA bewirkte und bewirkt bei seinen Devotees (Anhänger/n/innen) viele *positive* **Charakterveränderungen,** die das *Gute* und das *Beste* in ihnen zur **Entfaltung** bringen: NÄCHSTENLIEBE, VÄTERLICH-MÜTTERLICHE LIEBE, WEISHEIT und RECHTSCHAFFENHEIT!

Seine LIEBE, *seine* LEHREN, *sein* WIRKEN und *sein positives* VORBILD sind ***seine*** **Mittel** die Menschheit **zu erheben!**

In einem LIED von **BABA** heißt es:

„Mein LEBEN ist meine BOTSCHAFT. Meine BOTSCHAFT ist mein LEBEN. LIEBE ist meine Form, WAHRHEIT ist mein Atem, SEGEN (bzw. WONNE) ist meine Nahrung. …“

SAI-Zitat:

„Beginne den Tag mit LIEBE!
Lebe den Tag mit LIEBE!
Beende den Tag mit LIEBE!“

BABA lehrt uns, dass **alle** MENSCHEN in ihrem *innersten* WESENSKERN ***göttliche*** **WESEN** sind!

Das LEBENSZIEL von uns MENSCHEN besteht, laut **BABA,** darin, mehr **MENSCHLICHKEIT** und **LIEBE** zu entwickeln!

Dies führt allmählich dazu, unsere *„uns-innewohnende“* **GÖTTLICHKEIT** zu erkennen, zu erfahren, zu entfalten und zu leben.

Um dies zu erreichen ist es notwendig, unsere *dämonischen* (Hass, Begierden, ...) und *tierischen* (Habsucht, Neid, Eifersucht, Gier, ...) **Eigenschaften, Charakterzüge, Handlungen** und **Verhaltensweisen** aufzugeben bzw. zu verändern und sie durch *positiv-menschliche* (Sanftmut, Nächstenliebe, Wahrhaftigkeit, ...) oder sogar *göttliche* (Güte, All-Liebe, Gnade, ...) **Eigenschaften, Charakterzüge, Handlungen** und **Verhaltensweisen** zu ersetzen.

BABA verbreitet die **Botschaft** der **EINHEIT** aller *Religionen* und die **EINHEIT** der *Menschheit.*

Dies bedeutet, dass die *guten, inneren* KERNE der *Religionen* identisch sind. Das ist nicht der Fall, wenn Spaltung oder Fanatismus die Flamme der EINHEIT und des GUTEN (Mögen alle Menschen glücklich sein!) löschen wollen.

SAI-Zitat:
„Wenn du ein Christ bist, dann werde ein besserer Christ!
Wenn du ein Hindu bist, dann werde ein besserer Hindu!
Wenn du ein Buddhist bist, dann werde ein besserer Buddhist!
Wenn du ein Moslem bist, dann werde ein besserer Moslem!“

BABA fordert uns auf, die **5 *menschlichen* WERTE** zu verwirklichen und zu leben!

- WAHRHEIT,
- RECHTSCHAFFENHEIT,
- LIEBE,
- FRIEDEN und
- GEWALTLOSIGKEIT

Des Weiteren möchte ich mich zutiefst bei **MATA AMRITANANDAMAYI DEVI (geb. 1954),** genannt **AMMA** (= Mutter), bedanken, die ich ebenfalls **1988** in Indien kennenlernen durfte.
Ihr LEBEN, ihr WERK, ihr WIRKEN und vor allem ihre **LIEBE** sind für mich - so wie es bei BABA der Fall ist - ein *leuchtendes* **VORBILD.**
AMMA ist ein *strahlendes* **LEUCHTFEUER** der LIEBE!

Sie hat Millionen von Menschen umarmt und verbreitet unermüdlich durch ihr LEBEN und WIRKEN die **Botschaft** der **LIEBE** und **EINHEIT.**

LIEBE erweckt LIEBE!

AMMA hat mich (so wie alle, die zu ihr kommen) im Laufe der Jahre oft getröstet und umarmt.

AMMA hat den *spirituellen* FUNKEN in mir zum Brennen gebracht, indem **SIE** mich all die Jahre in Indien und bei ihren Deutschlandbesuchen teilhaben ließ, an dem *gelebten* TRAUM der ***mütterlichen*** **LIEBE** und an dem *gelebten* TRAUM der **Brüderlichkeit / Schwesternschaft** aller Menschen.

Mehrmals hielt **AMMA** mich im Laufe der Jahre im Arm und **flüsterte** mir ins Ohr:
„You are my darling son / sun! - Du bist mein Lieblingssohn / mein liebster Sohn! Du bist meine Lieblings-Sonne / meine geliebte Sonne!“

BABA und **AMMA,** davon bin ich überzeugt, tragen dazu bei, die *gesamte* MENSCHHEIT **zu erheben!**

BABA, AMMA und ihren **LEHREN** habe ich all meine **positiven** *spirituellen, kreativen, sozialen, beruflichen, privaten* und *charakterlichen* **Entwicklungen** zu verdanken. Aus diesem Grund sind beide auf dem **Cover der Titelseite** dieses Buches abgebildet.

Ihre **LEHREN** spiegeln sich in diesem **Buch** wider und lassen sich zusammenfassen mit den WORTEN:

„LIEBE ALLE, DIENE ALLEN.“ und

„MÖGEN ALLE WESEN IN ALLEN WELTEN GLÜCKLICH SEIN.“
Der *erste* SCHRITT in diese Richtung lautet:
„Wir sollten es vermeiden anderen MENSCHEN, TIEREN und WESEN Schmerz und Leid zuzufügen!“

Die Befolgung dieser **LEHREN** wird uns, wenn wir sie uns zu HERZEN nehmen und wenn wir uns bemühen an ihrer VERWIRKLICHUNG mitzuwirken, zu ***zufriedenen, frohen, ausgeglichenen, liebenden*** und ***glücklichen*** MENSCHEN formen.

Danksagung

Der Autorin **Julia Cameron,** (die ich selbst nie persönlich kennengelernt habe) deren BUCH *„Der Weg des Künstlers – Ein spiritueller Pfad zur Aktivierung unserer Kreativität“*, mich zum *kontinuierlichen, kreativ-freien* und *spontanen* **Schreiben** geführt hat, bin ich **zutiefst dankbar.**

Mein **Dank** gilt auch *all* den MENSCHEN, die meine TAGESTEXTE auf WhatsApp gelesen haben und mir Feedback gaben, sowie *all* jenen MENSCHEN, die sich über meine TAGESTEXTE freuten und sich durch sie inspiriert und/oder ermuntert fühlten, ihren *spirituellen* **Weg** intensiver zu verfolgen.

Mein **persönlicher Dank** möge auch *alle* MENSCHEN und VERLAGSMITARBEITER/INNEN erreichen, die mich *finanziell, beratend* und *förderlich* (Korrekturen, Verbesserungen, …) bei der Erstellung dieses **Buches** unterstützt haben.

Entstehung

In der Adventszeit im Jahr **2018** begann ich in den frühen Morgenstunden zwischen 6 und 8 Uhr, während meiner Meditations-, Schreib- und Ritual-Zeit, vor meinem Hausaltar sitzend, täglich kurze ADVENTSTÜRCHEN-TEXTE auf WhatsApp zu tippen und an Yogaschüler/innen, an Freund/e/innen, an Menschen aus anderen Kursen und an Bekannte zu verschicken, in der Absicht, sie in der Vorweihnachtszeit zu erfreuen.

Die ADVENTSZEIT, die ZEIT der „Herabkunft" des *höchsten* LICHTES bzw. die ZEIT der BESINNUNG verdiente es, meiner Meinung nach, angemessen und würdig zelebriert zu werden!

Bereits bei diesem ersten kleinen *spirituellen* ADVENTSKALENDER erhielt ich viel positives Feedback, Ermunterung und Bestätigung.

Am Ende der Adventszeit beschenkte mich eine Yogaschülerin mit einer *wunderschönen* TEXTMAPPE, die meine 24 WhatsApp-Advents-Türchen-Texte enthielt. Sie bzw. ihr Lebensgefährte hatten meine WhatsApp-Texte gesammelt und ausgedruckt. Diese Textmappe war das *erste* MANUSKRIPT dieses vorliegenden Buches.

In der **Adventszeit** (Coronazeit) des Jahres **2020** begann ich erneut WhatsApp ADVENTSTÜRCHEN-TEXTE zu verfassen und zu versenden.

Bedingt durch die „CORONA-KRISE" und den damit verbundenen Kursausfällen, hatte ich ausreichend Zeit.

Es beglückte mich, diese Texte an meinem Meditationsplatz aufzuschreiben, denn ich hatte den Eindruck, dass sie - zumindest anteilig - einer *höheren* QUELLE entstammten.

Nachdem ich die Texte per WhatsApp verschickt hatte, begab ich mich meistens in die Küche, um dort die WhatsApp-Texte auf meinem PC zu tippen. Dieses zweite „Aufschreiben" nutzte ich, um mich mit dem jeweiligen Tagesthema der ADVENTSTÜRCHEN-TEXTE tiefer auseinanderzusetzen. Gleichzeitig diente dieser erste Arbeitsschritt dazu, die Texte einer ersten Korrektur zu unterziehen.

Die Idee oder der Wunsch nach einer Veröffentlichung der Texte in Buchform, lag in dieser Zeit noch in weiter Ferne.

Es erfüllte, befriedigte und begeisterte mich, tagtäglich diese TEXTE zu verfassen. Ich war sehr froh darüber, in der Corona-Zeit eine so *wunderbare* AUFGABE gefunden zu haben.

Am 3. November hatte ich mein Buch-Manuskript „SEELENGEBETE 2010 - 2020" beim Verlagshaus Schlosser eingereicht. Zu meiner großen Überraschung teilte mir der Verlag noch im November mit, dass er das Manuskript veröffentlichen wolle, was mich natürlich sehr beglückte.

Im **Dezember 2020** liefen nun zwei Projekte parallel.

Mein *erstes* **Projekt** bestand darin, mein Manuskript „SEELENGEBETE 2010 - 2020" zu überarbeiten und zu korrigieren.

Mein *zweites* **Projekt** bestand darin, täglich ADVENTSTÜRCHEN-TEXTE in der oben beschriebenen Art und Weise zu verfassen.

Diese **Doppelbeschäftigung** erfüllte nun meinen Tagesablauf.

Mein inneres KÜNSTLER-AUTOREN-KIND fand die stundenlange Korrekturarbeit an dem Buch-Projekt ziemlich anstrengend und wenig kreativ.

Während des Schreibprozesses und bei der **Beschäftigung** mit den ADVENTSTÜRCHEN-TEXTE, die ich später in WEISHEITSTÜR-(TOR-) TEXTE umbenannte, blühte mein KÜNSTLER-AUTOREN-KIND auf.

Bei dieser Arbeit konnte ES wieder *verspielt*, *kreativ, konstruktiv, künstlerisch* und *schöpferisch* **tätig sein.**

Ich befand mich in dieser Zeit in einem *wunderbaren* **Schreib-, Ideen-** und **Kreativitätsfluss,** der es mir ermöglichte, mich von meiner *inneren geistig-goldenen* SCHREIB-INSPIRATIONS-FEDER führen zu lassen.

Mein *schriftstellerisches* SELBSTBEWUSSTSEIN hatte durch die **Annahme** meines *ersten* MANUSKRIPTES beim Verlag enormen Auftrieb und Schwung erhalten.

Als sich der 24. Dezember näherte und ich ursprünglich mit dem Schreiben meiner ADVENTSTÜRCHEN-TEXTE aufhören wollte, überkam mich Wehmut. Ich hatte den Eindruck, dass noch viele *wesentliche* **Themen, Ideen** und **Weisheiten** darauf warteten, von mir entdeckt und aufgeschrieben zu werden.

Durch die Ermunterung meines besten Freundes Jörn, kam ich zu dem Entschluss, mein SCHREIBPROJEKT fortzuführen und umzubenennen. Von nun an nannte ich meine Texte nicht mehr ADVENTSTÜRCHEN-TEXTE, sondern **WEISHEITSTÜR-(TOR-)TEXTE.**

Ich fuhr also fort mit meiner täglichen SCHREIBPRAXIS. Ende Februar 2020 hatte ich circa 90 Texte verfasst. Etwa auch in dieser ZEIT kam mir die **Idee** (oder der **Wunsch**), dass diese WEISHEITSTÜR-(TOR-)TEXTE mein *zweites* BUCH werden könnten.

Zeitgleich deutete sich das Ende meines Projektes an, denn nun hatte ich gelegentlich den Eindruck, ich würde mich wiederholen. An manchen Tagen geriet ich unter Druck, etwas schreiben zu müssen. Musste ich wirklich? Nein, ich musste nicht! Von da an gestattete ich mir an einigen Tagen eine Schreibpause, was auch damit zu tun hatte, dass ich wieder mehr mit meinen Kursen beschäftigt war. Nach und nach kam die *kreative* SCHREIBARBEIT an diesen TEXTEN zum Erliegen. Dies war in Ordnung, denn inzwischen hatte sich, wie von selbst, ein *kleines* **Werk** mit 112 WEISHEITSTÜR- (TOR-)TEXTE erschaffen, das ich nun stolz und dankbar präsentiere.

Darreichung

Nun übergebe ich dieses **Werk** GOTTES HÄNDE und bitte um *seinen* SEGEN!

Möge dieses *lichtvolle* **Buch**

DICH und dein LEBEN erhellen, erfreuen und auf Dauer glücklich machen!

- dazu beitragen dein *inneres* LICHT-LIEBES-KIND zu nähren und zur Entfaltung zu bringen!
- deine *besten, schönsten, edelsten, reinsten* und *erhabensten* SEITEN zum Erblühen bringen!
- dir helfen, deine GÖTTLICHKEIT zu erkennen und zu leben!

Mögest du mit Hilfe dieses *lichtvollen* **Buches** zu

- einer *wunderschönen* LICHT-LIEBES-BLUME **heranreifen** und
- im LICHT deines SEELEN-LICHT-LIEBES-KERNES **erstrahlen!**

Dieses *lichtvolle* **Buch** kann ein TÜRÖFFNER und ein LICHT-SCHLÜSSEL sein, die, bei *richtiger* und *stetiger* **Anwendung,** es dir ermöglichen

- *kreativer, fröhlicher, kindlicher, spielerischer, intuitiver, zuversichtlicher, glücklicher* und *liebender* zu werden.
- dich in einen *besseren* und *glücklicheren* MENSCHEN zu verwandeln!
- dein *kreatives* POTENZIAL zu entfalten und zu leben!

Dieses *lichtvolle* **Buch** möchte dich einladen und dazu anregen

- deinem *innersten* WESENSKERN zu folgen!
- deinem *innersten* LICHT-LIEBES-KIND zur Entfaltung zu verhelfen!
- das BESTE, das SCHÖNSTE, das REINSTE, das EDELSTE, das WUNDERBARSTE, das WEISESTE und das ERHABENSTE in dir zum Erblühen zu bringen!

Dieses *lichtvolle* **Buch** vermittelt dir

- *höhere* WEISHEITEN!
- *lichtvolle* BOTSCHAFTEN!
- **Techniken** und **Methoden,** die dir helfen deinen LICHT-LIEBES-KERN zu würdigen, zu entfalten und zum Erblühen zu bringen!
- WEGE, die es dir ermöglichen, dein LEBEN, das wenn es von der eigenen *inneren* LICHT-SEELE regiert wird, so zu leben, dass SCHÖNHEIT, (innerer) REICHTUM, KREATIVITÄT, FREUDE, WEISHEIT und LIEBE deine *ständigen* **Begleiter** sein werden!

Dieses *lichtvolle* **Buch** wird

- *wunderbarste* TÜREN,
- *lichtvolle* TORE und
- *neue* DIMENSIONEN des Daseins und Lebens eröffnen!

Dieses *lichtvolle* **Buch** wird helfen, zu erkennen und zu erfahren, dass dein *innerster* LICHT-LIEBES- KERN / dein ***innerstes*** **WESEN**

- *leuchtend-liebende* SEELEN-KRAFT und
- GÖTTLICHKEIT ist!

Anwendung - Segenswünsche

Diese WEISHEITSTÜR- (TOR-)TEXTE werden deine *innere* **Verbindung** zu deinem *innerem* LICHT-LIEBES-SEELENKERN stärken!

Diese WEISHEITSTÜR- (TOR-)TEXTE *laden dich ein,* dein **Kreativitäts**-Potenzial, dein **Glücks-**Potenzial, dein **Liebes-**Potenzial, dein **Fröhlichkeits-**Potenzial, dein **Fantasie-**Potenzial und dein **Weisheits-**Potenzial **zu entfalten** und **mehr zu leben!**

Sie werden dich dazu **animieren** selbst *künstlerisch aktiv* und *schriftstellerisch tätig* zu werden.
Ich empfehle dir daher, dir viel ***qualitativ-hochwertige* ZEIT** (über einen längeren Zeitraum) für die BESCHÄFTIGUNG mit den *einzelnen* WEISHEITSTÜR- (TOR-)TEXTEN und den *inneren* WACHSTUMSPROZESSEN, die sie bei dir in Gang setzen werden, zu nehmen!

Die *intensive* und *ausführliche* **Beschäftigung** mit diesen WEISHEITSTÜR- (TOR-)TEXTEN könnte unter anderem darin bestehen oder dazu führen, *innere* BILDER, WAHRNEHMUNGEN, WEISHEITEN, ERFAHRUNGEN, ERLEBNISSE und/oder ERINNERUNGEN ***aufzuschreiben*** oder ***kreativ*** in Bild, Zeichnung, Tanz, Bewegung, Bildhauerei, Gesang oder/und Spiel ***umzusetzen, zu gestalten*** oder ***auszudrücken.***

Dort, wo AUFZÄHLUNGSPUNKTE

- …
- … erscheinen,

dort, wo BILDER beschrieben werden und dort, wo dich der *INHALT* besonders anspricht- an diesen Stellen hast du die CHANCE und GELEGENHEIT durch **Eigeninitiative** (s. o.), deine *eigenen* SEELENLICHTER zum **Vorschein** zu bringen, zu entfalten und erblühen zu lassen, indem DU selbst ***schreibst, singst, zeichnest, malst*** oder auf andere Art und Weise ***kreativ tätig wirst!***

Daher empfehle ich dir dringend bei der Lektüre dieses BUCHES ein *eigenes* **Schreib-, Malbuch** und/oder **Zeichenbuch** anzulegen.

Deine *eigenen* **Worte** und deine *eigenen* **Ausdrucksformen** werden es deinem *innerem* SEELENKIND erleichtern, mit dir selbst KONTAKT aufzunehmen und in möglichst vielen Bereichen deines Lebens in ERSCHEINUNG zu treten.

Die **Schätze** und **Potenziale** deiner *eigenen* KREATIVITÄT und deiner *eigenen* WEISHEIT können dadurch ans LICHT befördert und entwickelt werden und GESTALT annehmen.

Die meisten der WEISHEITSTÜR- (TOR-)TEXTE können als **Meditations-** *und/oder* als **Kontemplations-Texte** genutzt werden.

Einige WEISHEITSTÜR- (TOR-)TEXTE werden dir helfen, deinen *eigenen* **Meditations-** und **Kontemplationsstil** zu finden und zu entwickeln.

Ich würde mich sehr freuen, wenn dieses **Buch** dazu beitragen würde, dass sich

- *deine* KREATIVITÄTSPOTENZIALE,
- *deine* GLÜCKSPOTENZIALE,
- *deine* LIEBESPOTENZIALE,
- *deine* FRÖHLICHKEITSPOTENZIALE,
- *deine* FANTASIEPOTENZIALE und

- *deine* WEISHEITSPOTENZIALE in **allen Bereichen** deines LEBENS **entfalten** und **entwickeln.**

Möge dieses **Buch** dir helfen, *freudiger, glücklicher, dankbarer, demütiger, weiser, liebender und lichtvoller (göttlicher) zu werden!*

Möge dein SEELEN-KIND / dein *innerster* SEELEN-LICHT-KERN in DIR und in deinem LEBEN **intensiv erstrahlen, sich kundtun, sich offenbaren, erblühen** und **wachsen!**

Möge sich die *befreiende* und *rettende* **Botschaft** der EINHEIT - der **Einheit** *aller* Menschen und der **Einheit** *aller* Religionen - durch dieses BUCH verbreiten!

Möge sich das **Wissen** vom ATMAN - vom *höchsten, alldurchdringenden, allwissenden, allesbewirkenden* und *allliebenden* SEIN und BEWUSSTSEIN - durch dieses **Buch** verbreiten!

Ich bin bereits jetzt *voller* **Vorfreude** darüber, was die Lektüre dieses BUCHES und die Beschäftigung mit diesem **Buch,** bei dir in Gang setzen und entfalten werden.

Falls du deine **Erfahrungen** mit mir teilen möchtest, so schreibe an

Govinda W. Lindner
Tegeler Weg 5
10589 Berlin

oder sende mir eine E-Mail an

govinda13wolfganglindner@gmail.com

Gliederung

1. Weisheitstür: Sehnsucht

Dienstag, den 01.12. 2020

Hier begegnen wir dem **Impuls,** neue Erfahrungen sammeln zu wollen, Neues zu wagen und der inneren Sehnsucht zu folgen! Und dann sitzen wir vor der Tür und sie öffnet sich nicht!

Wir können daraufhin wütend werden, schimpfen, schreien, verzweifelt sein, jammern, uns selbst bemitleiden und vieles andere mehr – all dies wird uns nicht weiterhelfen!

Guter Rat:

„In dem Augenblick, in dem man sich endgültig einer Aufgabe verschreibt, bewegt sich die Vorsehung auch. Alle möglichen Dinge, die sonst nie geschehen wären, geschehen, um einem zu helfen.

Ein ganzer Strom von Ereignissen wird in Gang gesetzt durch diese Entscheidung und er sorgt zu den eigenen Gunsten für zahlreiche unvorhersehbare Zufälle, Begegnungen und materielle Hilfen, die sich kein Mensch vorher je so erträumt haben könnte.

Was immer du kannst, beginne es.
Kühnheit trägt Genius, Macht und Magie in sich.
Beginne jetzt.“

Zitat von Johann Wolfgang von Goethe

*Nur wenn wir beginnen und fortfahren, dann setzen wir in VERBINDUNG mit den **lichten KRÄFTEN** etwas in Bewegung!*

Lasst uns jetzt beginnen – dein Govinda.

2. Weisheitstür: Geduld Und Innenschau

Wollen wir unseren *eigenen, wahrhaftigen* und *wertvollen* **WEG** gehen oder bleiben wir eher im seichten Wasser und in Ufernähe – also auf Abstand zu unseren innersten Wünschen und Sehnsüchten?

Wenn wir hoffen, dass Perlen angespült werden, ohne tief tauchen zu müssen, dann hoffen wir ohne Aussicht auf Erfolg!

Mit GEDULD und INNENSCHAU öffnen sich die beiden ersten **TÜREN**!

Wenn wir den *ersten* und *zweiten* RAUM durchschreiten, dann verstärkt sich unsere SEHNSUCHT, sie brennt dann wie ein Feuer in uns!

Nun können wir ausdauernd und *voller* VERTRAUEN darauf warten, dass sich die TÜR von allein öffnen wird.

Es kann auch geschehen, dass uns **Ideen, Lichtblicke** und **Eingebungen** begegnen oder zufliegen, die uns tiefer in unser Inneres führen!

Vielleicht haben wir bereits Ideen, die uns Mittel und Wege aufzeigen, diesen *lichtvollen* und *wertvollen* **WEG** zu gehen.

Vielleicht hören wir bereits eine *sanfte innere* STIMME, die uns hilfreiche Ratschläge gibt? Wenn dies der Fall ist, dann befinden wir uns bereits im *dritten* RAUM!

3. Weisheitstür: Innere Stimme

Wir öffnen nun die *dritte* TÜR mit der Aufschrift ***„Innere* STIMME“.**

1. Schritt
Bitte um FÜHRUNG ! Ein ANLIEGEN ist uns wichtig! Wir sind bereit, uns führen zu lassen! Etwas liegt uns am HERZEN und wir wollen unser Wohl und das Wohl aller fördern!
Es kann alle Angelegenheiten, Prozesse, Situationen oder Entscheidungen betreffen, hinsichtlich unseres TAGESABLAUFES, hinsichtlich unseres *aktuellen* LEBENS oder hinsichtlich unserer *beruflichen* oder *privaten* ORIENTIERUNGS- und LEBENSFRAGEN!

2. Schritt
Wir nehmen das BAUCHGEFÜHL, die EINGEBUNG, die *inneren* BILDER, die *spontanen IDEEN* und den *ersten spontanen* GEDANKEN wahr. Wir hören auf unsere ***innere* STIMME.**
Wir erkennen, spüren körperlich oder nehmen irgendwie im Außen **Zeichen** diesbezüglich wahr.

3. Schritt
UMSETZUNG, AUSFÜHRUNG oder ANWENDUNG der ***inneren* STIMME!**
Diesen Schritt führen wir aus, wenn wir *intuitiv* und *spontan* **handeln** – also wenn wir **handeln** *ohne zu denken*, wenn wir dem „eigenem WOHL folgen und das WOHL beziehungsweise das WOHLGEFÜHL *aller* zum **ZIEL** haben“, wenn wir uns „dem **Kreativitätsfluss** hingeben“, wenn wir „bereit sind, *alte* PFADE

zu verlassen“, wenn wir „*neue* WEGE gehen“, wenn wir „*alte* PFADE wieder bewusst erleben“ und wenn wir „zwischendurch *neugierig* sind auf NEBENWEGE und diese erforschen und beschreiten“.

Viel Spaß, Vergnügen, innere Erfüllung und innere Freude werden unsere WEGBEGLEITER sein, wenn wir in diesem endlosen RAUM Erfahrungen sammeln!
„Entwicklung und Lernen“ erfordern Praxis und viel Geduld!

Los geht's – dein Govinda.

4. Weisheitstür: Kerzen

Diese TÜR ist mit vielen unterschiedlichen – in Form, Farbe, Umfang und Größe – ***brennenden*** **KERZEN** bemalt!

In der Mitte der TÜR befindet sich ein **Feuersymbol**.

Beim Betreten dieses RAUMES und dem Anblick der vielen *brennenden* KERZEN, die in Form, Farbe, Umfang, Größe, Brenndauer, Flammenart und Flammenfarbe verschieden sind, taucht die Frage auf:

„Wofür brennen sie?"

Falls du dir ZEIT zur **Besinnung** nehmen möchtest und du dein Leben, Beziehungen zu unterschiedlichen Menschen, deine Talente, deine Fähigkeiten, deine Arbeiten, deine Projekte und deine Rollen (Vater, Mutter, Tochter, Sohn, Partner, Partnerin, ..., Yogalehrer/in, Autor/in, Kursteilnehmer/in, Therapeut/in, ...) näher betrachten möchtest, dann schaue dir die *entsprechende* KERZE innerlich genau an.

Die **KERZE** wird dir Antworten zeigen, zuflüstern oder auf andere Art und Weise zukommen lassen!

Wofür „brennst" du?

Was begeistert, erfreut und motiviert dich in deinem jetzigen Lebensabschnitt am meisten?

Einige KERZENPFLICHTPROGRAMME wollen dich „aufsaugen" und „überbeanspruchen"! Dann ist Vorsicht geboten, so dass du nicht „ausbrennst"!

Treffe von nun an *gute* ENTSCHEIDUNGEN – Entscheidungen, die für die du brennst, die dich beflügeln, dir guttun und dich begeistern!

Es gibt Tage,

- die uns sehr beglücken.
- an denen wir viele wunderbare Dinge erleben oder erschaffen.
- an denen wir uns beglückt, beschenkt und harmonisch fühlen.
- an denen wir zutiefst dankbar sind.
- an denen unsere positiven Gefühle fließen.
- an denen wir uns zutiefst mit einer ***höheren*** **MACHT** verbunden fühlen - kurzum **Tage,** an denen wir uns, wie *von* **ENGELSFLÜGELN** *geführt fühlen,* was dazu führt, dass wir *leicht* durchs LEBEN, *gleiten, schweben* oder sogar *fliegen!*

Viele solcher Tage wünscht dir Govinda!

5. Weisheitstür: A) Goldsterne

Diese **TÜR** ist mit **GOLDSTERNEN** verziert!

Auf dem Portal der Außenseite der TÜR sind viele, viele unterschiedliche Goldsterne abgebildet!

4- bis 64-eckige **GOLDSTERNE** in *unterschiedlichen* GRÖSSEN, deren Linien sich gelegentlich in geschwungene Bögen beziehungsweise Kurven verwandeln, sind auf dem *goldenen* **Relief** zu erkennen!

Ineinander verschachtelt, übereinander angeordnet, nebeneinander liegend oder variantenreich – neue Formen ergebend –, ergeben alle Sterne zusammen ***ein*** *wunderbares* **Gesamtkunstwerk!**

Die TÜR scheint aus sich selbst heraus zu leuchten und zu strahlen!

Verschiedenste LICHT- und SCHATTENSPIELE verwandeln sie in eine ***magisch-mystische*** **TÜR,** deren Betrachtung dich in ihren Bann zieht! Wenn du magst, dann schließe jetzt deine Augen! Sieh sie im Innern! Berühre sie und gleite mit deinen imaginären Fingern beziehungsweise Händen in Gedanken über sie hin!

Ein *großer, goldener* **FÜNFSTERN** sticht besonders hervor!

Er ist groß wie ein Mensch und seine Spitze berührt den oberen Rand der TÜR.

Vielfalt in der **EINHEIT!**

Eine **GOLDTÜR,** bestehend aus vielen *unterschiedlichen* STERNEN! Ist das nicht wunderbar!

Nebenbei erwähnt: *Goldgelb* ist die **Farbe** der FREUDE, des WISSENS und der WEISHEIT!

Beim zweiten Anblick des PORTALS ist sogar ein *herrlich androgyner, goldener* **ENGEL** zu erkennen, der uns einladend anlächelt!

Achte heute auf *alle* STERNE, auf *alles* WUNDERBARE, auf *alles* SCHÖNE und auf *alles,* was dich **erfreut**!

Genieße das Leben und erfreue dich an den ***wundervollsten*** *KREATIONEN der Schöpfung!*

Lass dir die Welt von einer ***unsichtbaren*** *SCHÖPFERHAND neu offenbaren!*

Viel Freude, Erfüllung und Spaß dabei wünscht dir

- Govinda!

5. Weisheitstür: B) Raum des 5er-Wissens und der Kontemplation

Die TÜR geht auf!

In diesem **RAUM** dreht sich alles um die **Zahl „5"!**

In der **Mitte** des RAUMES steht eine Art TEMPEL-KIRCHE-MOSCHEE, bestehend aus **LICHT.**

Fünf große, hohe **SÄULEN** tragen ein **Runddach.**

In der Mitte dieses Säulenbaues, der ohne Wände im Zentrum steht, brennt ein FEUER.

Die **fünf SÄULEN,** die die ***fünf menschlichen*** **WERTE** (Wahrheit, Rechtschaffenheit, Liebe, Frieden und Gewaltlosigkeit) repräsentieren, erstrahlen in **fünf** *unterschiedlichen* **Pastellfarben**: Hellblau, Rosa, Hellgrün, Goldgelb und Weiß.

Der RAUM hat **fünf Ausgänge** beziehungsweise **Eingänge,** die die fünf Sinne repräsentieren.

Der RAUM besteht aus **fünf Wänden,** die die **fünf Kontinente** repräsentieren.

Die **fünf** *gläsernen* **Dachabschnitte** sind aus unterschiedlich buntem und kunstvoll verarbeitetem, dickem Glas geformt. Im ersten Dachabschnitt dominieren kräftige Farben, die von Abschnitt zu Abschnitt an Intensität verlieren, sodass der letzte nur noch aus reinem durchsichtigen Glas besteht. Diese fünf Dachabschnitte stehen symbolisch für die *fünf* **Körperschichten** (KOSHAS) – physischer Körper, Lebensenergiekörper, Gefühlskörper, Gedankenkörper und Körper der göttlichen Intuition und Inspiration.

Die **Mitte des Daches** bildet ein *eiförmiges, goldenes* ***LINGAM***. Dieses steht – zumindest in meiner Weisheitstürchen-Mitteilung – für die *individuelle* SEELE.

Auf dem **Boden** ist ein **FÜNFSTERN** aufgezeichnet. Er gleicht der bekannten Zeichnung des „Fünfstern-Menschen“ von Leonardo Da Vinci.

Dieser RAUM kann dich dem Wesen des Menschseins näherbringen. Bei intensiver *innerer* BETRACHTUNG offenbart er dir tieferliegende Fragen des menschlichen Seins!

Wähle aus der Vielfalt dieser Möglichkeiten aus und kontempliere über die einzelnen Abschnitte beziehungsweise Fragen des *menschlichen* SEINS, so zum Beispiel über die **Fragen:**
„Was ist die SEELE? Was ist die *tiefste* SEINS-EBENE? Woher komme ich? Wohin gehe ich? Was ist GOTT? Wo ist das GÖTTLICHE zu finden? Was ist der SINN des Lebens? Wofür und wozu lebe ich? Wer bin ich? (Ich bin ..., Ich bin ... und so weiter.)“

Dieses **MANTRA** bringt dich dem GÖTTLICHN näher:
„GOTT ist ..., GOTT ist ..., ...“

*Dies ist der RAUM des **WISSENS** und*
*der **KONTEMPLATION***

- dein Govinda.

6. Weisheitstür: Nichtmaterielle Geschenke

Was ist der SINN von GEISTES-GESCHENKEN und *nichtmateriellen* GESCHENKEN?

Sie sollen **Freude** spenden, uns erheben, uns erweitern, uns beflügeln, uns heiter stimmen, uns in **Verbindung** bringen mit der ***höheren*** **MACHT** und uns glücklich machen, nicht wahr?

Was macht ein solches GESCHENK für uns oder für andere so kostbar und/oder wertvoll?

Welche dieser GESCHENKE empfinden wir selbst beziehungsweise andere als *wunderbare* GESCHENKE?

Welche davon erfreuen uns in dieser ZEIT (Adventszeit) besonders?

Sind es diese Dinge?

- Zeit zu haben beziehungsweise sich Zeit zu nehmen für das, was uns am HERZEN liegt,
- Zeit mit lieben und *wertvollen* MENSCHEN zu verbringen,
- ausruhen zu können, wenn uns danach ist,
- selbstbestimmt handeln zu können,
- das zu tun, was uns FREUDE bereitet, was uns erfüllt und was uns wachsen und reifen lässt,
- in unserem *ur-eigenen* TEMPO handeln und kreativ sein zu dürfen,
- uns in unserem *eigenen* TEMPO zu bewegen und zu entfalten,
- zu spielen und spielerisch zu sein,
- achtsam und aufmerksam die NATUR zu betrachten,
- MUSIK oder STILLE festlich zu genießen,

- SCHÖNHEIT, die uns umgibt, wahrzunehmen und
- kleine Dinge, Situationen und Angelegenheiten wertzuschätzen.

*„FROH ZU SEIN, BEDARF ES WENIG;
WER DAS SCHAFFT, DER IST EIN/E KÖNIG/IN!“*

Wir alle können wieder erlernen, uns wie KÖNIGINNEN und KÖNIGE **der Freude** zu fühlen!

Wir sollten gut zu uns selbst und zu unseren *inneren* KINDERN sein!

Wenn diese – unsere ***inneren*** **KINDER** – vor FREUDE jubeln, LUFTSPRÜNGE machen, innerlich segeln und fliegen, sich vor FREUDE kugeln, vor *freudiger* BEGEISTERUNG singen oder summen, dann wirkt das ansteckend!

Dann wollen wir andere ständig und immer wieder neu beschenken und dann tun wir dies bereits durch unser ***eigenes*** **Glücklichsein!**

Wie können wir uns selbst beschenken, das heißt, glücklich machen? Lasst uns beginnen, uns zu beschenken und uns glücklich zu machen

– dein Govinda.

7. Weisheitstür: Engel des Lächelns

Gestern vor dem Einschlafen überlegte ich kurz, was für eine **TÜR** wohl morgen, also heute, aufgehen wird? Ich hatte keinen blassen Schimmer, worüber ich schreiben würde, daher bat ich innerlich, es möge mir doch bitte gezeigt, beziehungsweise offenbart werden! Schließlich schlief ich ein.

Um 03:15 Uhr (Blick aufs Handy) wachte ich auf!

Die Quersumme dieser Uhrzeit (3+1+5 = …) ergibt **9!**

9 ist die *höchste* **Zahl,** also versinnbildlicht sie auch das **HÖCHSTE.**

Dies war die Antwort auf meine Bitte!

Ich war nämlich mit dem GEDANKEN ***„lächelnder*** **ENGEL"** erwacht! Und schon machte ich mir Notizen zu diesem Thema!

Die „3. WEISHEITSTÜR: *Innere* STIMME" (*Intuition, Eingebung* und *Inspiration)* hatte mir geholfen!

Es ist so, als ob der **LICHTENGEL** LICHT in mich strömen lässt und ich dieses LICHT durch meine Handlungsorgane (= fünf Ausgänge / Eingänge des fünfeckigen Einheitstempel aus TÜR 5) in *Worten,* in *Gedichten,* in *Melodien,* in *Texten,* durch *Tanz,* in *Liedern,* durch künstlerisches, handwerkliches und kreatives *Tätigsein* und vieles Ähnliches mehr zum Ausdruck und in die Welt bringen darf! Dies ist bereits ein ASPEKT der **GEBURT des Lichtes!**

Die 7. TÜR hatte sich geöffnet und der **ENGEL des LÄCHELNS,** des WOHLWOLLENS, der LIEBE und des LICHTES hatte mich geweckt!

„Ein ***Lächeln*** kostet nichts!“, heißt es so schön!
Viele ***„Lächeln“*** kosten ebenfalls nichts!
Ein ***Lächeln*** „kosten“, im Sinne von Genießen und Zelebrieren, ist empfehlenswert!

Ein ***Lächeln*** kann uns bezaubern und verzaubern!
Ein *echtes, liebevolles* ***Lächeln*** bringt jene zum Lächeln, denen es geschenkt wird (TÜR 6)!

Experimentiere mit deinem ***Lächeln!***
Erforsche dein ***Lächeln!***

Lächle nach innen!

Lächle von innen nach außen!

Lächle mit dem Herzen!

Lächle in Verbindung mit deinem Herzen!

Lächle deinem Engel zu!

Lächle dir selbst zu!

Lächle angedeutet allen zu, die dir begegnen, nicht, weil sie dir nett erscheinen oder nicht nett erscheinen, sondern weil dein inneres LICHT nach außen strömen will!

Lächle entspannt!

Lächle vor Dankbarkeit!

Lächle vor innerer Freude!

Lächle heiter!

Lächle wissend!

Lächle anerkennend!

Lächle, weil du geführt wirst!

Lächle, weil du ein wichtiger Teil im „großen GEFÜGE“ bist!

Lächle, wenn sich dir neue Welten offenbaren!

Lächle, wenn ein Moment schön ist!

Lächle, wenn ein Moment nicht schön ist!

Lächle und wünsche allen Gutes!

Lächle, wenn du wunschlos glücklich bist!

Lächle und verzaubere deine Welt in eine ***Lächel-Welt!***

Lächle, weil dieser ***Tag*** *und* ***alle Tage,*** *die folgen werden,„****Tage des LÄCHELNS****“ werden, beziehungsweise sein können –*

– dein Govinda.

8. Weisheitstür: Trost

Wiederhole, summend, leise **singend,** vor einer Kerze, vor mehreren Kerzen, vor einem Feuer oder vor einem imaginären Feuer sitzend, dieses **Lied.**

In der *dunkelsten* ZEIT

- wächst die SEHNSUCHT nach Licht und Rettung.
- rinnen *viele* TRÄNENBÄCHLEIN und fließen Tränensturzbächlein ins Tal.
- glauben wir, allein zu sein – sind es aber nicht.
- erfreuen wir uns an STERNEN, KERZENLICHTERN, HOFFNUNGSSCHIMMERN und kleinen (äußeren und inneren) Lichtern.
- kommt von irgendwo ein LICHTLEIN her.
- lernen wir uns an *kleinen* LICHTERN, MÖGLICHKEITEN und so weiter zu erfreuen.
- dürfen wir uns freuen beziehungsweise dankbar sein für das, was wir bereits an WUNDERBAREM erlebt haben.
- sind aus der Not heraus viele wunderbare *neue* Ideen und WERKE entstanden.
- singen (ja, wir dürfen!) wir frohe, erhellende und aufbauende LIEDER.
- dürfen wir uns unsere Ängste eingestehen.

Wenn du magst, streife nun deinen KÖRPER und deine energetische AURA mit Händen und Fingern aus und wirf beziehungsweise schüttele alles Dunkle ins Kerzenlicht oder in eine imaginäre Feuerstelle!

In der *dunkelsten* ZEIT

- sind wir *nicht* geblendet und verblendet von *unnötigem, sinnlosem* und *überflüssigem weltlichem* GLITZER und Tand.
- finden wir Gefallen an BESCHEIDENHEIT und EINFACHHEIT.
- sollten wir trotzdem tief durchatmen.
- sollten wir trotzdem nach draußen gehen in die NATUR und
- besonders oft den HIMMEL betrachten – insbesondere dann,
- wenn sich die Wolken lichten.
- können wir auf *inneren, nicht erahnten* REICHTUM und auf *innere,*
- *ungeahnte* SCHÄTZE stoßen.
- hilft bereits ein *liebevolles* Wort, eine *liebevolle* GESTE, ein
- *liebevolles* ZEICHEN, ja, sogar schon ein *liebevoller, lichtvoller und*
- *positiver* GEDANKE.

Stelle dir nun (und immer wieder einmal) unsichtbare
LICHTHÄNDE *und* **LICHTFLÜGEL** *vor, die dich erhellen,*
ermuntern, dich trösten, dich schützen und dir
neue WEGE zeigen!
LICHTHÄNDE *und* ***LICHTFLÜGEL*** *sind um dich, vor dir,*
hinter dir, neben dir, unter dir, über dir und in dir!
LICHTHÄNDE *und* ***LICHTFLÜGEL*** *verstärken deine*
lichtvollen und deine positiven Gedanken

- dein Govinda.

9. Weisheitstür: Fülle

Die **9** repräsentiert das **HÖCHSTE**, denn sie ist die *höchste* **ZAHL!**

FÜLLE ist das *höchste* **SEIN!**

Folgendes ***vedisches*** **Mantra** handelt von der **FÜLLE.**

OM PURNAMADAH PURNAMIDAM
PURNAT PURNA-MUDACYATE
PURNASYA PURNA-MADAYA
PURNAMEVA-VASHISYATE."

Bedeutung:

„Das ist ganz (vollständig)! Jenes ist ganz (vollständig)! Aus dem Ganzen entsteht das Ganze. Das Ganze minus das Ganze ergibt das Ganze!"

Das *höchste* **SEIN** ist immer makellos! Was bedeutet das?

Das EINE ist feiner als das Feinste und größer als das Größte!

Wo finde ich das EINE?

Es ist **überall** und **jederzeit** *gleichbleibend!*

Es ist **unveränderlich!**

Es hat *viele* NAMEN: „Das EINE, FÜLLE, NICHTS, *große* STILLE …"

Es kann mit WORTEN, mit dem VERSTAND und mit den SINNEN *nicht erfasst und nicht erlebt werden!*

Also kann es sich hierbei nicht um die MATERIE oder um die ELEMENTE handeln, denn jene sind in ständiger Bewegung und Veränderung!

Gibt es eine **URKRAFT** in der Materie und in den Elementen, die *unveränderlich bleibt* und *das Veränderliche durchdringt?*

Zurück zum **GANZEN**, zurück zur **FÜLLE!**
IHR ist alles möglich!
IHR gehört alles!
SIE kann nicht beschädigt oder zerstört werden!
SIE ist immer vollkommen!
SIE ist stets da!
SIE umgibt uns überall!
SIE ist auch in uns!
SIE ist unbegrenzt!
SIE hält alles bereit, was wir brauchen!

Je mehr wir SIE im Innern realisieren, umso mehr wird sie im Außen, in unserem Leben sichtbar, spürbar, erkennbar und erlebbar!

SIE wurde nicht geboren und wird nie sterben!
SIE kennt weder Erfolg noch Misserfolg! Beide sind nur vorübergehende Erscheinungen, so wie vorüberziehende Wolken!
SIE kennt keine Gegensatzpaare!
SIE kommt nicht und SIE geht nicht!
Und so weiter …

Wäre es nicht schön, **FÜLLE** einzuladen, **FÜLLE** überall freundlich zu begrüßen, IHRE NÄHE zu suchen, von IHR zu lernen, mit IHR zusammenzuarbeiten oder ihr/e HELFER/IN zu sein oder zu werden?

JA, wir sind KINDER der **FÜLLE!**

*Genieße **FÜLLE**, spiele mit IHR, bade in IHR, vertraue IHR, reiche IHR die Hand und mache SIE zu deiner **besten Freundin***

– dein Govinda.

10. Weisheitstür: Reine Liebe, echte Liebe, selbstlose Liebe - Engelliebe

Diese **TÜR** ist **rosafarben, hell** und **rein!**

Achtung, daneben gibt es eine SCHATTENTÜR!

Es ist sehr wichtig, genau zu prüfen, um welche Art von Liebe es sich handelt!

Vor *EGO-Liebe (vor* nicht *selbstloser* LIEBE) ist zu warnen!

EGO-Liebe ist:

„*Liebe*, die geknüpft ist an Forderungen, Erwartungen und Bedingungen!

Liebe, die Besitzansprüche stellt!

Liebe, die glaubt, Anrechte zu besitzen!

Liebe, die Macht ausübt!

Liebe, die befiehlt!

Liebe, die unberechenbar ist!

Liebe, die andere als Eigentum betrachtet!

Liebe, die erzwingen will!

…"

All dies ist **keine selbstlose, reine oder wahrhaftige** LIEBE!

Wähle und finde zurück zur ***echten*** **LIEBE** und zur **ENGELLIEBE!**

Echte **LIEBE – ENGELLIEBE (= E. L.):**

- ist gebend und verströmend.
- erwartet keine Gegenleistung.
- erwartet nichts.
- verzeiht sich selbst (verbunden mit echter Reue)

- verzeiht anderen (auch wenn es manchmal lange dauern kann).
- ist spontan.
- ist frei.
- stellt keinerlei Bedingungen.
- fließt zu allen und umfasst alle und alles (Menschen, Tiere, Pflanze, Erde, …).
- bleibt immer fließend und rein.
- ist selbstlos.
- heilt.

***Reine* LIEBE** ist die *stärkste* SEELENKRAFT!

***Reine* LIEBE**

- kennt keine Entfernung und keinen Tod.
- erreicht *alle* MENSCHEN – unabhängig von Religion, Herkunft, Status, Aussehen und Alter.
- schließt FREUNDSCHAFT mit Menschen, Tieren, Pflanzen und der ganzen Erde.
- kennt keine Trennung.
- kennt keine Hindernisse!
- hilft immer und überall – in *allen* BELANGEN.
- bleibt sich treu (auch wenn vieles vorübergehend in unserer Außenwelt den Schattenweg gewählt hat – auch wenn Menschen, mit denen wir in Berührung kommen, vorübergehend den Schattenweg gewählt haben).
- hat die EINHEIT zum Ziel.
- lebt die EINHEIT in großen und kleinen Dingen und Angelegenheiten.
- ist allumfassend und weit.

ENGELLIEBE *ist bärenstark und hat ENGELSFLÜGEL!*
ENGELLIEBE *hat immer ein* ***reines GEWISSEN***
beziehungsweise führt zu ihm zurück

– dein Govinda.

PS: Entschuldigt, dass ich heute nicht nur Positives geschrieben habe, sondern auch kritisch vor negativen Schattenwegen gewarnt habe!

II. Weisheitstür: Rechtschaffenheit (=Dharma)

Diese **TÜR** und dieser **RAUM** sind vom LICHT vieler ***großer*** **SEELENVORBILDER** (Rama, Jesus, Krishna, Baba, Amma, Sivananda und vielen anderen mehr) und deren *inspirierenden* LEHREN, leuchtend hell und Orientierung gebend, erfüllt!

Das *„richtige"* TUN am *„rechten"* ORTE zur *„rechten"* ZEIT und die *jeweiligen* UMSTÄNDE beachtend, adäquat angepasst und im Einklang mit einem ***reinen*** **Gewissen** sowie die *höchsten* und *edelsten* ***menschlichen*** **WERTE** verfolgend und einhaltend – das ist **DHARMA!**

Die LEBENSUMSTÄNDE und die jeweiligen ROLLEN (Lehrer/in, Vater, Mutter, …) beachtend, sich vorbildlich verhaltend, das WOHL aller beachtend, das *innere* WACHSTUM aller zum **Ziel** habend, und die Menschen entsprechend ihrem jeweiligen Entwicklungsstand fördernd, das ist das **YOGA der RECHTSCHAFFENHEIT.**

Es heißt, dass die RECHTSCHAFFENHEIT die Person schützt, die rechtschaffen handelt!

Auf diesem Weg durch diesen RAUM herrscht *große* KLARHEIT!

Orientierungshilfe ist stets die **FACKEL** des *„innersten guten* und *reinen* GEWISSENS"!

Unabhängig von äußeren Lebensumständen verhilft der WEG in diesem **RAUM** zu *innerer* STÄRKE und MUT sowie zu klarer PRIORITÄTEN- und ZIELSETZUNG!

RECHTSCHAFFENHEIT ändert sich nicht, auch wenn sich mehrheitlich anders verhalten wird!

Krumme Wege, Intrigen, Machtmissbrauch, Bestechung, Korruption, Unwahrheit, … führen eventuell kurzfristig zu Vorteilen, Reichtümern, Status oder Macht – doch sie führen auf gar keinen Fall zu Wohlgefühl, Gesundheit, innerem Frieden und innerer Strahlkraft!

Sei stark, sei geduldig, sei beharrlich und bleibe auf dem ***YOGA-WEG der RECHTSCHAFFENHEIT,*** *sogar dann, wenn du belächelt, kritisiert, beschimpft oder von bestimmten Gruppierungen ausgeschlossen wirst!*

Ehrlichkeit währt am längsten!
Und was gibt es Schöneres als ein ***makellos reines GEWISSEN*** *zu haben, das uns ständig, liebevoll und wegweisend begleitet*

– dein Govinda.

12. Weisheitstür: Federn – Flügel

Diese *mächtige* **RUNDBOGENTÜR,** die aus ***hellem*** **Holz** besteht, dürfen wir nun im Geiste betrachten und abtasten!

Wir entdecken ein *wahres* SCHNITZEREI-KUNSTWERK und stellen fest, dass es sich um *zwei* ***mächtige*** **FLÜGEL**, ja, um TÜRFLÜGEL handelt!

Jeder *einzelne* **FLÜGEL** besteht aus *unzähligen, einzelnen geschnitzten* FEDERN!

Nachdem wir diese **TÜR** lange genau betrachtet und befühlt haben, öffnet sie sich wie von Zauberhand!

Wir befinden uns in einem Raum voller *wunderbarer, unterschiedlicher* DÜFTE – ein DUFT von Festlichkeit, der DUFT von spielerisch-schöpferischem Erschaffen und der DUFT sich anbahnender Hochstimmung.

Beim Eintreten spüren wir die beiden *wunderbaren* **FLÜGEL** als *ätherische* SUBSTANZ an uns, um uns und in uns!

Beim Schreiten durch diesen **RAUM** stellen wir fest, dass wir *federleicht geworden sind.* Schließlich fühlt sich unser Gehen wie *Schweben an.*

Prima, das funktioniert sonst nur im Traum, jetzt auch im Gehen, Stehen und Sitzen. Es wird heller und strahlender, während der RAUM sich ausdehnt und einige von seinen GEHEIMNISSEN preisgibt!

Ein *runder* HOLZTISCH, in der Mitte des *runden* RAUMES, ist mit vielen *wunderschönen großen* und *kleinen* SCHREIBFEDERN und TINTENFÄSSCHEN bedeckt!

Etliche **FEDERN** bewegen sich, wie von Zauberhand geführt!

Es werden *strahlende* WERKE der **Dichtkunst** und **Schreibkunst** verfasst!

Ein ***machtvolles*** **LICHT-EI** – ein **LICHTLINGAM** – steht, oder vielmehr schwebt, in der MITTE des Tisches!

Ein ***hellgrüner*** LICHTSTRAHL, der von dem LICHTLINGAM ausgeht, lässt einige *leuchtende* SCHREIBFEDERN – tanzend und schwebend – mit *grüner* TINTE schreiben!

Hier entstehen soeben *wunderbare, wirkungsvolle* und *machtvolle* HEILGEBETE, *heilende* GESCHICHTEN, HEILUNGSGEDICHTE, HEILMÄRCHEN und jede Menge HEILUNGSWORTE.

Diese stammen von ***beflügelten*** **Menschen-, Engels-** und **Gotteskindern**, die ihren *schöpferischen* POTENZIALEN, ihrem LICHTSTERN und ihrer *innersten* BERUFUNG folgen.

Manchmal reicht (ja) bereits ***ein*** **WORT,** um gerettet zu werden, um dem eigenen Leben eine *neue* WENDUNG zu geben, um *neue* TÜREN zu öffnen, um sich zu befreien, um *neue* DIMENSIONEN zu entdecken, um bei sich selbst anzukommen, um innerlich friedlich und still zu werden und um sich **beflügelt** zu fühlen!

Mein INSPIRATIONSWORTE waren heute **FEDER** und **FLÜGEL:**

„*Feder* und Leichtigkeit, *feder*leicht, Engels*flügel*, Engels*schwingen,* Engels*schwingung,* be*schwingt,* KRISHNA-*Feder,* schwungvoll, Zauber*feder*, Schreib*feder*, Kitzel*feder*, Vogel*feder,* Adler*feder,* Nest*feder*, *feder*führend – zart, fein, eingehüllt, erhebend, …!“

Manchmal würden wir gerne *neue, erfüllte, schöne* und *beschwingte* **WEGE** gehen, doch wir fühlen uns unsicher und ängstlich oder glauben, dass wir kein Anrecht darauf hätten!

WERDET WIE DIE KINDER!

KINDER brauchen Schutz, Geborgenheit, Freiräume, inspirierende Räume, Minianleitungen und -anregungen, um ihr *schöpferisches* POTENZIAL entfalten zu können! (Nächste TÜR!)

*So, für heute wünsche ich dir ein **heiliges WORT,** ein **ENGELWORT,** ein **FLÜGELWORT** oder ein **zauberhaftes WORT,** das zu dir „kommt“, dich inspiriert, begeistert, erfüllt, begleitet, dir Lebensfreude vermittelt und dich tief im Innern berührt – dein **ENGELBERT** (dies ist kein Scherz, Engelbert ist mein Drittname, der Name, den ich von meinem Taufpatenonkel übernommen habe) und*

– dein Govinda.

13. Weisheitstür: Stille – Frieden

Diese **TÜR** ist **weiß, strahlend** und aus sich selbst heraus leuchtend!

Die TÜR geht auf! Wir sehen eine prächtige windstille und sonnige **Winterlandschaft**.

Es hat geschneit!

Der *zauberhaft-funkelnde* NEUSCHNEE bedeckt alles - Scheunen, Hütten, Häuser, Gutshäuser, Villen sowie *jegliche* Gebäude.

Er bedeckt Äcker, Feldraine, Wiesen, Wege, Straßen und Wälder.

Jeder Baum, *jeder* Strauch und *jeder* Grashalm sowie *alles,* was wächst, tragen dieses *wundervoll-leuchtende* **Glitzergewand!**

So ist es mit **STILLE** und **FRIEDEN** im *Herzen*!

Wenn wir unsere **Stille-Friedens-Herzens-Augen** öffnen, dann ist alles friedlich-ruhig, miteinander verbunden und hell-rein leuchtend!

Eine *wundervoll strahlende* **URSUBSTANZ** umhüllt dann alles und durchdringt alles!

Es gibt nur noch **EINS**!

Bei *meterhohem* SCHNEE verschwinden alle Formen und Gestalten! Irgendwann ist dann die SCHNEEOBERFLÄCHE *glatt!*

Alles ist verschwunden und doch ist alles in der **STILLE** vorhanden!

STILLE ist alles!
STILLE ist das „Nichts"!
STILLE ist rein!

Wo **STILLE** (= Geistesstille) herrscht, dort breitet sich Frieden aus, dort ist das *himmlisch-weiße* **Gewand** der **Muttergöttin** ausgebreitet!

Alle und alles ist eingehüllt in IHR *wunderschönes*, *reines* und *strahlendes* **Licht-Schnee-Gewand!**

Alle sind vereint!

STILLE

- stillt und sättigt alle Bedürfnisse und Wünsche oder lässt sie verschwinden.
- ist wie Frieden machtvoll und makellos.
- beglückt.
- ist einladend.
- erfüllt uns im tiefsten Innern.
- plant nicht, führt nichts aus und will nichts.
- ist vollkommene Zufriedenheit.
- leuchtet.
- schaut auf alle gleich
- behandelt alle gleich.

In der **STILLE** sind alle Töne, Elemente, Formen und Lebewesen gespeichert und latent vorhanden!

Öffne diese Tür wieder und wieder!
Lasse dich verzaubern!
Du bist hier immer aufs Herzlichste willkommen –
dein Stille-Bert, äh Engelbert, Stillegefährte Govinda erinnert
dich nur an deine ***Stille-Heimat!***

14. Weisheitstür: Goldgelbes Herzenslicht

Ist jetzt der richtige Zeitpunkt, um einzutreten?

Bevor du diesen *inneren* RAUM betrittst, sorge dafür, dass du ungestört bleibst!

Auf der TÜR ist *eine* **Sonne** mit vielen *goldgelben* und *weißen* **Strahlen** abgebildet!

Beginne leise, am besten vor einer oder mehreren Kerzen sitzend, liebevoll, wiederholend zu singen:

„Herzenslicht, Herzenslicht, Herzenslicht, …!

Wenn du bereit bist, dann tritt ein!

Betrachte nun *dein* **Herzenslicht!** Nimm es anschließend entweder in deine Hände oder visualisiere es in deinem Herzen.

HERZENSLICHT, HERZENSLICHT, HERZENSLICHT (singend)

- leuchte, leuchte stark in mir!
- DICH behüte und DICH beschütze ich!
- DICH befreie ich!
- DICH trage ich auf Händen!
- DEINE Liebe ist so rein!
- ich liebe, ehre und verehre DICH!
- DU bist immer bei mir!
- DU bist mir Vater und Mutter!
- DU bist mein und ich bin DEIN!
- brenne hell und leuchte mir den Weg!
- brenne in mir und fülle mich aus!
- befreie DICH in mir!

- DU bist nicht von dieser Welt!
- DU bist die strahlende Königin in meiner Welt!
- DICH bringe ich zu allen Menschen, Tieren und Pflanzen!
- leuchte stark und hell in mir!
- bitte erobere und durchstrahle meine Welt!
- leuchte in meinen Augen, in meinen Händen, in allem was ich tue, im Denken, im Sprechen, im Schreiben.
- leuchte in meiner Aura!
- lasse mir Flügel wachsen!
- DU weißt alles!
- DU bist gütig, beharrlich und geduldig mit uns!
- DU leuchtest sogar dann in uns, wenn wir Fehler begehen!
- DU leuchtest wieder stärker in uns, wenn wir unsere Fehler erkennen, verbessern und echt bereuen! Je echter und authentischer die Reue ist, umso stärker und heller wird das Herzenslicht!
- DU bist immer nah und immer da!
- DU verwandelst DICH in Geben, Schenken und Helfen!

Singe weiter, dichte, male, musiziere, schreibe oder bringe *dein* **HERZENSLICHT** auf eine andere Art und Weise in die Welt!

Komm in Verbindung mit deinem ***HERZENSLICHT!***
Bleibe dann dein ganzes Leben lang (und darüber hinaus) in guter VERBINDUNG mit deinem ***HERZENSLICHT!***
Höre auf dein ***HERZENSLICHT!***
Dein Herzenslicht Govinda und dein Herzbube Govinda grüßt dein ***HERZENSLICHT!***

15. Weisheitstür: Erziehung des eigenen Geistes

Das Erscheinungsbild dieser TÜR wird sich erst später ausformen und gestalten! (Berichte mir, wie deine Tür aussieht!)

Die **„ERZIEHUNG des eigenen GEISTES“** ist unsere Aufgabe – unser ganzes Leben lang, von morgens bis abends, im Tätigsein und im Ruhen – sogar während der Zeiten, in denen wir allein sind, und natürlich auch in den Zeiten, in denen wir in Kontakt mit anderen sind.

An *jedem* ORT und zu *jeder* ZEIT begleitet uns *unser* **GEIST** / *unser* **GEISTKIND** !

1) Der erste Schritt ist die **Beobachtung** und **Bewusstwerdung** der *eigenen* GEDANKEN (Worte, Bilder, …)

2) **Entscheide,** ob du *diesen* oder *jenen* GEDANKEN haben möchtest!

Entscheide, ob du möchtest, dass dein **GEIST** in *diese* oder *jene* RICHTUNG läuft!

3) Das **Wissen** über die *unterschiedlichen* **Wege:**

- a) „Weg der *positiven* GEDANKEN“
- b) „Weg der *negativen* GEDANKEN“
- c) „Weg des *Weniger*-DENKENS“ oder „Weg des *Gar-nicht-*DENKENS“
- d) „Weg des *zielgerichtet-positiven* DENKENS“, der zu mehr *innerem* FRIEDEN, zu *vermehrter innerer* KRAFT und LICHTKRAFT führt!

4) Das **GEISTKIND** führen, begeistern und neugierig machen. Das **GEISTKIND** auf *neue* und *helle* WEGE und SPIELWIESEN führen!

Wie können wir dies bewerkstelligen?

Oft verhält sich unser **GEISTKIND** störrisch, aggressiv, rebellisch, eigenwillig, uneinsichtig, zügellos, ruhelos, zweifelnd, zerstörerisch und macht, was es will.

BABA sagt dazu: „Monkeymind!“ (= „Affen-GEIST“).

Ein guter Vater bzw. eine gute Mutter findet *neue, kreative* und *originelle* WEGE sein/ihr **GEISTKIND** zu beschützen, zu führen, zu leiten und anzuleiten!

5) ALLTAGSGEDANKEN oder *unwichtige* GEDANKEN (die in angemessener Weise zur rechten Zeit, in der rechten Situation ihre Berechtigung haben) von *wertvollen, erhebenden, zur* ***SEELE*** *(zum inneren Kern) führenden* GEDANKEN zu **unterscheiden**, ist wesentlich, um glücklicher zu werden!

6) Das DENKEN **zu unterbrechen, zu lenken** und sich zu fragen: „Was will ich mit meinen GEDANKEN erreichen? -

Wo will ich mit meinen GEDANKEN hin?“ ist ein wichtiger Schritt in der **Erziehung** des **GEISTKINDES!**

Ebenso wichtig ist es, *sinnlose* FRAGEN beziehungsweise Fragen, die nicht hilfreich sind für unsere ZIELSETZUNGEN (die meisten WARUM-FRAGEN gehören in diese Kategorie), durch *wichtige* und *zielführende* FRAGEN (Was *hilft* …? Was *rettet* …? Was *verbindet* …? Was *heilt* …? Was *reinigt innerlich* …? Was *erfüllt* uns innerlich…? Wonach *dürsten* wir? etc.), die *hilfreich* sind und uns und die Welt *lichtvoller* gestalten lassen, zu ersetzen! *Positive* FRAGEN enthalten meist schon *positive* ANTWORTEN!

7) Wie wäre es, wenn wir es schaffen würden, unser **GEIST-KIND zu begeistern!**

Wie wäre es, wenn wir ihm *wunderbare neue* WEGE und MÖGLICHKEITEN aufzeigen würden und wenn wir *unserem* **GEIST-KIND** eine *wunderbare neue* SPIELWIESE zur Verfügung stellen würden? Dort darf es tanzen, spielen, singen, toben, jauchzen, springen und vor Freude johlen!

Es darf all seine MÖGLICHKEITEN einbringen!

All seine FÄHIGKEITEN darf es spielerisch und konzentriert einsetzen auf dem *hellen* WEG und auf der *wunderschönen* WIESE der *guten, reinen, hilfreichen und erhebenden"* GEDANKEN und auf dem WEG des „STILLWERDENS" beziehungsweise der GEDANKENSTILLE!

8) *Gute* BEDINGUNGEN für das **GEISTKIND** zu **(er-)schaffen,** das wird ihm sehr helfen:

- Ein *fester, schön gestalteter, haltgebender, sicherer, konstant bleibender, inspirierender* und *aufgeladener* ORT oder PLATZ in deinem Haus oder in deiner Wohnung.
- Die **Wiederholung** eines *positiven* WORTES, eines LIEDES oder mehrerer *positiver* WÖRTER – mit viel Begeisterung, positivem Gefühl, improvisiert singend oder summend, mit Freude an der Melodie, dem Rhythmus und an Variationen von Text, Melodie und Rhythmus.
- Das **Schreiben** von *positiven* FRAGEN (siehe oben) und das schriftliche Beantworten dieser Fragen.
- …

Und viel, viel mehr!

Govinda wünscht dir viel FREUDE am Beobachten,
am Bewusstwerden, am Experimentieren, am Ausprobieren,
am Kreativsein bei der Erziehung deines ***GEISTKINDES!***
Ich bin sicher, du wirst in kurzer Zeit viele Fortschritte erzielen!
Des Weiteren wünsche ich dir, dass du viel Freude und
Spaß bei der Erziehung deines Geistes erlebst!
Die ***Ausübung*** *deiner GEIST-ERZIEHUNG wird*
dich erfüllen, zum Positiven verwandeln und
einen ***neuen*** *MENSCHEN aus dir machen*

– dein Govinda.

16. WEISHEITSTÜR: BESINNUNG

Diese TÜR ist mit wunderschönen Buchstaben bemalt und bedruckt!

BESINNUNG

= „**BE**" (engl.) = sein = Sei SEIN!
= „**SINN**"
= „**IN**" (= Come in! Komm herein! Tritt ein!)
= „SIN...G!" (BE...SING(E) das Sein und dessen Gemeinschaft)
= BE = Sei SEIN!
Und „INNUNG" (= SATSANG, Gemeinschaft mit dem „Sein", mit den Meistern – Jesus, Buddha, Krishna, Rama, SAI, Devi, ... und mit den Heiligen, Weisen und Rishis, die das „SEIN" erfahren haben!)
Wortverwandt: **Bestimmung!**
Sei innen! Erfüllung findet im Innern statt!
Sei in DIR!
Sei in deinem innersten Lichtkern!
All dies und noch vieles mehr steht auf dieser TÜR in leuchtenden, verschlungenen und künstlerisch-hochwertig gestalteten Buchstabenzeichnungen!

Wir treten ein!
Es **ertönt** fortlaufend das MANTRA:
„ASATO MA SAT GAMAYA,
(Führe uns von der Unwahrheit zur WAHRHEIT!)
TAMASO MA JOTIR GAMAYA,
(Führe uns von der Dunkelheit zum LICHT!)
MRITIOR MA AMRITAM GAMAYA.
(Führe uns von der Sterblichkeit zur UNSTERBLICHKEIT!)

Worauf BESINNEN?
Obiges Mantra schenkt uns mögliche Antworten:
SAT = SEIN, WAHRHEIT, WAHRHAFTIGKEIT;
JOTIR = LICHT;
AMRITAM = Nektar der Unsterblichkeit = EWIGKEIT!

Also: **SEIN, WAHRHEIT, LICHT** und **EWIGKEIT.**

Öffne die TÜR (singend)
- zur *höchsten* WAHRHEIT,
- zum *höchsten* LICHT,
- zur EWIGKEIT,
- zum HÖCHSTEN,
- zum *höchsten* SEIN,
- zum *reinsten* SEIN und
- zum *innersten* SEIN!

Öffne die TÜR zu den *fünf menschlichen* WERTEN:
- WAHRHEIT
- RECHTSCHAFFENHEIT
- LIEBE
- FRIEDEN UND GEWALTLOSIGKEIT!

Die *innerste* TÜR öffnet sich!
Tritt ein!
Stille umfängt dich!

Mächtige Wogen des LICHTES
- begrüßen dich
- umspülen dich,
- umspielen dich,
- umfangen dich,

- durchdringen dich,
- erheitern dich und
- erweitern dich!

Tritt ein

- ins *heiligste* LICHT.
- in den *heiligsten* KLANGRAUM „AUM“.
- in das REICH deiner **SEELE** – ins FREUDENMEER.

Ich hörte und **sang** heute das MANTRA:
„OM BABA OM“
(**BABA** = **B**eing / Sein – **A**warness / BEWUSSTSEIN – **B**liss / SEGEN – **A**nanda / *höchste* GLÜCKSELIGKEIT)

Höre die Stille des heiligsten SEINS!
Höre die Stille der EWIGKEIT!
Höre die Stille der LIEBE!
Höre die Stille der inneren WONNE!
Höre die Stille des GLÜCKLICHSEINS!

Lass die **Kraft der STILLE** *dich erfüllen!*

STILLEKRAFT erfülle uns!
STILLEKRAFT beflügle uns!
STILLEKRAFT ist immer da!
STILLEKRAFT ist immer nah!
STILLEKRAFT ist auch in uns

- dein Govinda.

17. Weisheitstür:
Herzenslicht – Herzensliebe

Diese **TÜR** ist manchmal verschlossen. Gelegentlich sieht es so aus, als wäre diese TÜR vollständig aus unserem Leben verschwunden.

In der *dunkelsten* ZEIT – an den *dunkelsten, traurigsten* und *kältesten* **HERZENS-TAGEN,** wenn wir tief enttäuscht sind, wenn wir traurig sind, wenn wir verzweifelt sind, wenn wir uns hilflos fühlen, wenn wir uns isoliert fühlen, wenn wir uns verlassen und einsam fühlen, wenn wir uns von *unserem* LICHTKERN abgetrennt fühlen, wenn wir uns restlos überfordert fühlen, wenn wir uns selbst verloren haben, wenn wir uns in der Welt verstrickt haben, wenn wir uns im Dunkeln verirrt haben, wenn wir von unserem LICHTWEG abgekommen sind, wenn die Dunkelheit uns zu erdrücken droht, wenn wir kein Licht, keine Freude und keine Liebe mehr spüren, wahrnehmen oder sehen – erklingt meist in uns der RUF nach **Licht**, nach der *inneren* **Heimat**, nach **Zufriedenheit,** nach *innerer* **Freude,** nach **Glücklichsein,** nach **Frieden,** nach **Zugehörigkeit,** nach **Sinnhaftigkeit** und vor allem nach **Liebe!**

Dann beginnt der WEG der *Umkehr,* der *Einkehr* und der *Sehnsucht* nach dem **HERZENSLICHT** und der **HERZENSLIEBE!**

In diesen ZEITEN betrachten wir unser Leben bewusst, erkennen unsere Irrwege und ärgern uns, dass wir auf falsches Glitzern, auf weltliche Dinge, auf falsche Werte, auf Illusionen, auf Abhängigkeiten und vieles mehr hereingefallen sind!

Dies ist die Chance zum NEUBEGINN beziehungsweise zur Kehrtwende!

Wir erlangen die EINSICHT, dass die Welt und alle ihre Erscheinungsformen vergänglich sind!

Nichts gehört uns und niemand gehört uns!

Auch wir gehören niemanden!

Wo gehören wir hin?

Wo ist unsere *innere* HEIMAT?

Wo ist unsere **HERZENSTÜR?**

Jetzt erwacht der **Funke** der *unsterblichen* SEELE in uns!

Das LIED, der sich wiederholende, sehnsüchtige, aus dem Innern kommende RUF **„HERZENSTÜRE – HERZENSLICHT“** wird nun immer lauter und lauter!

Wir wollen unser *wahres* SEIN finden und erleben!

Wir wollen unsere *innere* **Heimat** finden und zu ihr zurückkehren!

Endlich erreichen wir unsere **HERZENSTÜR!**

Sie ist verschlossen und zugewachsen!

Sie befindet sich noch im Dornröschenschlaf!

Hecken, Dornen, Gestrüpp, Efeu und alle möglichen andere Gewächse haben sie bis zur Unkenntlichkeit entstellt.

Am besten lassen wir uns nun vor ihr nieder und entzünden ***zwei*** **Lagerfeuer** – eines *links* und eines *rechts* vor den **Pforten** der HERZENSTÜR!

Singendes, sehnsuchtsvolles **Rufen**:

„Öffne DICH! (9 x)

> *OH (-M)* **HERZENSLICHT.**
> *OH (-M) VATER meines* **HERZENSLICHTES.**
> *OH (-M) MUTTER meines* **HERZENSLICHTES,** *bitte öffne mir die TÜR!*
> **HERZENSLICHT,** *bitte zeige DICH!*
> **HERZENSLIEBE,** *bitte, lass mich DICH fühlen!“*

Herzens-Schmerzen, Herzens-Mauern, Herzens-Schutzmauern, verletzte Herzen, gebrochene Herzen, Herzens-Leid, Herzens-Kummer und verdrängtes Herze-Leid so wie *„nicht geweinte“ Tränenberge* werden *spürbar!*

Schließlich fließen TRÄNEN im stillen Kämmerlein und wir beginnen, aufzuräumen!

Wir entfernen Gestrüpp, Dreck und alle Hindernisse, welche die **HERZENSTÜR** versperren oder bedecken.

Wir sind ehrlich zu uns selbst.

Wir erkennen den **Lichtstreifen** am Horizont.

Wir spüren wieder dieses kleine *wunderbare* und immer *größer werdende* **Licht.**

Wir dringen wieder vor zu dem, *was uns am* **HERZEN** liegt.

Wir verbrennen *links im* **Feuer** alle VERLETZUNGEN beziehungsweise SITUATIONEN, in denen wir verletzt haben.

Wir verbrennen *rechts im* **Feuer** alle VERLETZUNGEN beziehungsweise alle SITUATIONEN, in denen wir verletzt wurden.

Wir streifen unsere Aura aus und spüren Erleichterung.

Wir spüren bereits den *kleinen* HERZENSFUNKEN in uns und erahnen, was sich hinter der **HERZENSTÜR** befinden könnte:

„HERZENSLICHT, HERZENSLIEBE, GOTTESLIEBE, JESUSLIEBE, BABALIEBE, AMMALIEBE, KRISHNALIEBE, RAMALIEBE, ALLAHLIEBE, BUDDHALIEBE, …!“

HERZENSLIEBE (sehnsüchtig singend)

- bitte komm zu uns und bleibe bei uns!
- kehre ein bei uns!
- verteilt und verschenkt LIEBE!

- scheint wie die SONNE zu allen und allem gleich, ohne weniger zu werden oder abzunehmen!
- verzaubert, erreicht und beflügelt die *geliebten* PERSONEN, *geliebten* TIERE, *geliebten* PFLANZEN, *geliebten* PROJEKTE und alles, was durch SIE erreicht wird, sowie alles, was SIE durchdringt!
- ist die *stärkste* SEELENKRAFT!
- vermag alles und kann alles erreichen und bewirken!
- macht die *geliebte* PERSON und zugleich die *liebende* PERSON fröhlich, zufrieden und glücklich!
- beschenkt die *liebende* PERSON und die *geliebte* PERSON!
- geht mit SCHÖNHEIT einher – mit *innerer* und *äußerer* SCHÖNHEIT!
- verzeiht und vergisst!
- ist die **Schönheit** unserer SEELE!
- ist unsere NATUR!
- hilft immer!
- verströmt sich,
- teilt sich mit und zeigt sich!
- ist vielseitig, immer frisch, kreativ, spielerisch und doch immer der *höchsten* WAHRHEIT verpflichtet!
- geht mit LEICHTIGKEIT, HUMOR, FRÖHLICHKEIT und *liebendem* WOHLWOLLEN einher!
- stellt *keine* BEDINGUNGEN und erwartet nichts!
- ist sehr, sehr kostbar – ja, sie ist unser *kostbarster* BESITZ, der mehr wird, je mehr wir lieben, Liebe verschenken und in Liebe leben!
- ist SEELEN-Nahrung!
- ist HEILUNGS-Nahrung!
- ist heilsam!
- bringt FRIEDEN!

- tritt bescheiden auf, verströmt sich jedoch reich und großzügig!
- macht die *liebende* PERSON schön, weich, entspannt, lebendig und attraktiv!
- ist immer gut!
- akzeptiert die WIRKLICHKEIT!
- erforscht die WAHRHEIT!
- hat das WOHL *aller* im Blick!
- Fördert das WOHL *aller*!
- wirkt sofort!
- erzeugt *machtvoll-heilende* und *weise-machende* GEISTESSTRÖME,
- erreicht alle und alles!
- ist nicht gebunden an ORT und ZEIT, das heißt, SIE kann alle ORTE und ZEITEN erreichen!
- hüllt uns in *leuchtende* GEWÄNDER, LICHT-SCHUTZMÄNTEL und GÜTE-MÄNTEL – die *liebende* PERSON genauso wie die *geliebte* PERSON!
- leuchtet, strahlt und verströmt sich zu allen und allem!
- schenkt und beschenkt!
- erwärmt *unsere* HERZEN!
- ist ein ALLHEILMITTEL!
- ist sehr fein und vollkommen rein!
- erhört uns immer!
- gehört uns immer!
- ist das *fruchtbarste* GEBET!

Öffne deine **HERZENSTÜR!**

Und dann *denke, sprich, schaue, höre* und *handle* in **Verbindung** mit deinem **HERZENSLICHT!**

Viele kleine **HERZENSTÜREN** werden sich öffnen und dir dankbar sein!

LIEBE *ist GOTT –* **GOTT** *ist LIEBE.*
LIEBE ist GOTTES NATUR!
LIEBE ist unsere NATUR!
LIEBE wohnt in uns!
LIEBE ist göttlich!
Wir sind GOTTESKINDER der LIEBE!
Wir sind Kinder der HERZENSLIEBE!

Liebe die ZEIT, in der du lebst!
Liebe deinen KÖRPER als Tempel der SEELE!
Liebe das KOMMEN und das GEHEN und liebe die VERÄNDERUNG – wissend, dass das gesamte Leben und das Leben aller Menschen ein SCHAUSPIEL sind!

Entschuldigt, doch manche Etappen (Geschichten, Wege, Projekte, ...) benötigen zwei TÜREN! Morgen geht's weiter mit „Reinster LIEBE" – dein Govinda.

PS: Als ich nach dem Schreiben dieses Textes, den ich vor meinem Altar bei Kerzenschein als „WhatsApp–Nachricht" getippt hatte, in die Küche ging und den Vorhang öffnete, schien die Sonne ein bisschen hindurch, durch mächtige Wolkendecken! Ich war beglückt, öffnete kurz das Fenster, streckte mich und ließ mein Gesicht von der Sonne bestrahlen!
Ja, der HERZENSFUNKE hat sich gemeldet in Form der Sonne!

18. Weisheitstür: Reinste Liebe

Diese WEISHEITSTÜR befindet sich im Innern von RAUM 17!

Wenn wir ausreichend, intensiv und lange genug uns selbst und anderen vergeben haben, echte Reue empfunden haben, den Weg der Besserung eingeschlagen haben, intensiv gesungen und gebetet haben, Gutes getan haben und die Sehnsucht nach dem Herzenslicht und der Herzensliebe unvermindert stark bleibt, dann geschieht es irgendwann, *wie von* ZAUBERHAND arrangiert, dass wir uns im Innern des RAUMES 17 befinden.

Wenn wir nun sanft unsere *inneren Augen* öffnen, sehen wir einen *wundervoll gestalteten* **Lichtaltar** in der Mitte eines *runden* RAUMES.

Ein ***rosafarbenes*** **Herz** beziehungsweise eine *rosafarben leuchtende, mächtige* **Lichtkugel** taucht alles, was sich in diesem RAUM befindet, in hell-leuchtendes, reines und ***rosafarbenes*** **Liebeslicht**.

Allmählich erschauen wir ein deutliches *inneres* BILD!

In Miniaturform haben sich um diese ***rosafarbene*** **Lichtkugel** *verschiedene* MEISTER und AVATARE, schwebend in einem **Lichtkreis,** formiert.

Sie segnen mit *erhobenen* HÄNDEN ihre jeweiligen Anhänger mit dieser ***reinen*** **LIEBE**!

Es existieren viele FORMEN, viele RELIGIONEN, viele *unterschiedliche* WEGE (so viele Wege, wie es Wesen gibt),

Es gibt jedoch nur **eine LIEBE,** nur **ein ZIEL** (*vollkommene, reine* und *allesumfassende* **LIEBE** zu verwirklichen), nur **eine** *ewige, immer gleichbleibende* **WAHRHEIT,** nur **einen FRIE-**

DEN, nur **eine STILLE,** nur **ein SEIN,** nur **EINSSEIN** und nur **ein** formloses und doch alle Formen enthaltendes ***göttliches*** **SEIN!**

Möge das LICHT der ***reinsten LIEBE*** *uns erfüllen, uns führen und unser Denken, Fühlen, Handeln (zum Beispiel Schreiben) und Sprechen durchfluten*

– dein Govinda.

PS: Als ich gegen 9:30 Uhr in die Küche ging, um diesen Text auf dem PC zu schreiben, strahlte die Sonne sehr intensiv in die Küche und zu meinem Schreibtischplatz.
Ich öffnete das obere Fenster und ließ kurz mein Gesicht vom starken Licht der Sonne segnen und streicheln! Zufall?
Oder war dies die Macht des 18. Raumes?

19. Weisheitstür: Gotteslicht + Singen (1. Teil) (siehe Kapitel 44, 2. Teil) – Visualisierungsübung: Fünfstern im Achtstern

Vor dieser **TÜR,** vor Kerzen, vor einem oder zwei (wie gestern) imaginären Feuerstellen sitzend, beginne an deinem Altar-, Meditations- beziehungsweise Entspannungsplatz oder im Gehen wiederholend zu singen:

„GOTTESLICHT, GOTTESLICHT, GOTTESLICHT, …“

Singe bewusst, singe gelassen, singe begeistert, singe spontan, singe lächelnd, singe beglückt und beglückend, singe erhebend, singe in Verbindung mit machtvollen, inneren Bildern und Wahrnehmungen, singe befreiend, singe das Herz öffnend, singe heilsam, singe in Gedanken, singe leise oder laut, singe sehnsüchtig, singe variantenreich, singe kindlich, singe schnell oder langsam, singe mit Bauch und Herz, also mit Gefühl und Liebe, singe melodiös, singe erfinderisch und kreativ, singe voller Überzeugung, singe weiter, auch wenn Tränen fließen, singe tief ausatmend und einatmend, singe hoch, singe vibrierend, singe und nimm wahr, wie alle Körperzellen beginnen zu leuchten, singe zum Wohle bestimmter Menschen, Tiere oder Pflanzen, singe für dein inneres Kind, singe Heilungslieder, singe Lichtlieder, singe Freudenlieder, Weisheitslieder, singe Liebeslieder, singe kraftvoll und zart, …

Singe zum *höchsten* LICHT!

Singe aus dem *höchsten* LICHT!

Lasse das **Singen** aus deinem *innersten* HERZENSLICHT hervorquellen!

Lasse das **Singen** in dir entstehen!

Lasse das **Singen** sich in dir formen und bringe es zur Geburt!

Singe, singe und gehe auf im Singen!

Singe und werde dir aller Schichten deines Seins bewusst.

Singe, reinige und belebe damit alle Schichten deines Seins!

Singe zu deiner *innersten* SEELENSCHICHT und **singe** zugleich aus deiner *innersten* SEELENSCHICHT!

Lasse dein **Singen** aus deinem Innersten heraus emporsteigen und entstehen!

Bringe dein HERZENSLICHT durch dein **Singen** nach draußen!

Singe, singe, singe 20 Minuten, singe eine Stunde, singe zwei Stunden oder länger!

Singe schließlich während des Tages immer wieder einmal und fühle dadurch dein *inneres* LICHT immer stärker, tiefer,heller und klarer!

Erlebe deinen **Gesang** vielfältig, bewusst und intensiv!

Dann **schreibe** auf ein Blatt oder in dein Buch das, was an Bildern, Worten und Texten zu dir kommt, während du wiederholend „GOTTESLICHT, GOTTESLICHT, GOTTESLICHT, …“ **singst**.

GOTTESLICHT (inbrünstig singend)

- zeige DICH.
- erwache in mir.
- füll’ mich an mit DEINEM LICHT.

- DICH erflehe und erbitte ich.
- alle *heiligen* SILBEN, TÖNE, WORTE und SCHRIFTEN verkünden und verbreiten DICH.
- schwenke ich als Feuerschale und ARATILICHT, die in mir brennen!
- ich bekenne mich zu DIR.
- DU brennst stark in mir.
- leuchtet hell in mir – in *meinen* WORTEN, GEDANKEN, ZEILEN und in allem, was ich tue.
- in *allen* AUGENPAAREN erkenne ich DICH.
- an *allen* ORTEN bist DU mit mir.

Benutze hierzu auch den **GOTTESLICHT-FÜNFSTERN** oder den GOTTESLICHT-FÜNFSTERN im ACHTSTERN.
Selbstverständlich funktioniert das **Singen** auch ohne diese spezielle Technik.

An dieser Stelle möchte ich die Visualisierungstechnik **„FÜNFSTERN im ACHTSTERN“,** die ich seit Jahren mit wachsender Begeisterung anwende, vorstellen.

Eventuell interessiert dich dieses **TOR** nicht und du verspürst keine Neigung hier weiterzulesen! Dann nimm dich ernst und überspringe die nächste Passage.

Ich offenbare dir nun ein *spirituelles* **GEHEIMNIS** (beziehungsweise eine *spirituelle* **TECHNIK),** welches „zu mir kam“, welches ich seit Jahren gerne und regelmäßig praktiziere, welches ich vielfältig weiterentwickelt habe und welches ich immer wieder als sehr kraftvoll, erhebend und reinigend erlebe.

Fühle DICH als *goldener* LICHTSTERN!

(1) Weiter singend, ziehe von links unten (A) seitlich beginnend einen Lichtfaden, ein Lichtseil, eine Lichtlinie, ein Feuerseil etc., welches du dir geistig intensiv vorstellst (oder stelle dir eine imaginäre Feuerschale vor, mit der du die Fünfsternlinien entlang gleitest.) bis über deinen Kopf, bis zum Scheitel-Chakra (B) oder höher. Vom Scheitel-Chakra ausgehend, ziehe nun die Licht-Feuer-Linie nach rechts unten (C) bis zu einem Punkt auf dem Boden (oder sogar tiefer) neben dir. Von dort ausgehend ziehe die Licht-Feuer-Linie nach links seitlich (D) bis zu einem Punkt links in Brustkorbhöhe neben dir. Von dort aus ziehe die Licht-Feuer-Linie in Brustkorbhöhe waagrecht nach rechts zu einem imaginären Punkt rechts (E) von dir. Die letzte Licht-Feuer-Linie verläuft von da aus nach links unten (F), zurück zum Anfangspunkt des Fünfsterns.
Wiederhole dies mehrmals!

(2) Starte nun vorne links diagonal, dann hoch zum Scheitel und schließlich nach hinten rechts unten diagonal und so weiter.

(3) Starte nun vorne unten, dann hoch zum Scheitel und schließlich nach hinten unten …

(4) Starte nun rechts vorne diagonal, ziehe die Linie dann hoch zum Scheitel und von da nach links diagonal hinten unten und so weiter.

(5) Starte und seitlich rechts unten, von da zum Scheitel und schließlich nach links unten seitlich und so weiter.

(6) Starte nun rechts hinten diagonal und komme von dort in einer Linie zum Scheitel, von hier dann weiter von nach links diagonal vorne unten und so weiter.

(7) Starte nun hinter dir unten, ziehe die Linie hoch zum Scheitel und von dort oben nach vorne unten und so weiter.

(8) Der achte Fünfstern verläuft von hinten unten diagonal nach oben zum Scheitel und schließlich von dort nach rechts unten diagonal und so weiter.

In diesem 19. Raum befinden sich unzählig
***viele LICHTSTERNE,** d*
ie alle miteinander verbunden sind!
Du bist einer davon!
Lasse dein GOTTESLICHT stärker und heller brennen!
DU bist ein GOTTESLICHTSTERN

– dein Govinda.

20. Weisheitstür: Darshan (Segen durch Sehen bzw. Anschauen) – Sparshana (Segen durch Berührung bzw. Kontakt)

Hinter dieser **TÜR** sind die *besten, schönsten, den meisten Segen spendenden* und *beglückendsten* **Darshans** und **Sparshans** – BEGEGNUNGEN mit dem **GÖTTLICHEN** (im Innern und im Außen) gespeichert!

BABA-GOTT-AMMA-LICHT-DARSHAN-SPARSHAN!

Wenn wir dieses **PORTAL** durchschreiten, dann spüren wir *göttliche* GEGENWART, *höchste* SCHWINGUNG, *reinsten* LICHT- und LIEBESSEGEN und *höchsten, göttlichen* SEGEN!

Folgender Abschnitt stammt sinngemäß und zum Teil wörtlich aus dem Buch „SEELENGEBETE 2010-2020“ von Govinda W. Lindner (Druck: Verlagsgruppe Verlagshaus Schlosser, 2021, Plieningen).

Wir setzen uns nieder und spüren, dass wir IHM/IHR nahe sind!
Wir sitzen auf SEINEM/IHREM **Lieblingsgewand!**
STILLE kehrt ein!
Wir spüren, wie uns SEIN/IHR **Lichtzauber,** SEIN/IHR **Sternenlichtzauber** und SEIN/IHR **Strahlenlichtzauber** uns bedeckt, umhüllt und unser *innerstes* SEIN zum Vorschein und zum Leuchten bringt.

LÄCHELND

- füllst DU unsere Hände mit GOLDSTERNEN und LICHTZAUBER.
- schnippst DU uns *heilige* ASCHE ins Gesicht.
- streust DU VIBHUTI (*heilige* ASCHE) in Form von LICHTSTERNEN auf unsere Köpfe.
- vertreibst DU jegliche Dunkelheit, alle Gefühle des „Sich-Sorgens". alle Ängste, alle Schuldgefühle und sogar alle Wünsche.
- bereitest DU die **Geburt** unsere *inneren* LICHTKINDES vor.
- spielst DU die **Hebamme** unseres LICHTES.
- hilfst DU unserem LICHT, auf die Welt zu kommen und in der Welt zu strahlen.
- (aufmunternd) tätschelst und berührst DU unsere Köpfe, Rücken, Schultern und Hände, um uns mit DEINEM GOLDSTERNLICHTZAUBER zu segnen.

In der STILLE

- offenbarst DU (uns) *deine* GEHEIMNISSE.
- erfahren wir DICH.
- werden wir rein und frei.
- kosten wir *deinen* **Darshan** (Segen empfangen durch den Anblick des HÖCHSTEN, eines Heiligen, einer Heiligen, ...), *deinen* **Sparshan** (Segen empfangen durch die Berührung des HÖCHSTEN, eines Heiligen, einer Heiligen, ...), *deinen* SEGEN und unsere *wahre* NATUR: **„Göttlichkeit"** und „**Segenskind sein!**" (= gesegnet sein und segnend sein).

So tauchen wir tiefer und tiefer ein in *deinen* **STILLE-DARSHAN-SEGEN**!

Schließlich **spüren** und **hören** wir *deinen* **Auftrag,** den DU uns erteilst:

„*Sei* **glücklich!**
Sei **Sternenlicht!**
Sei das **Licht deiner Seele!“**

In diesem LICHT geborgen, beten wir für alle *mitreisenden* (= Lebensreise zum LICHT / zur GOTTWERDUNG) **Geschöpfe** auf diesem Planeten:

„Mögen alle Menschen und Geschöpfe in allen Welten glücklich sein!“

Govinda wünscht dir den **Darshan** und **Sparshan** des ALLER-HÖCHSTEN, der ALLERHÖCHSTEN und der ***allerhöchsten*** **MACHT!**

21. Weisheitstür: Gabentisch deiner Fähigkeiten und Talente

21.12.2021 (kurz vor Weihnachten)

Bei dieser WEISHEITSTÜR handelt es sich um eine **TÜR** mit einem *mächtigen* **Bogen.**

Die *goldene* AUSSENTÜR besteht aus einem *wunderschönen, höchst kreativen* **Meisterwerk** *der* **Goldschmiedekunst!**

Ein *runder* **GOLDTISCH** ist darauf abgebildet, auf welchem unterschiedliche Gegenstände, Zeichen und Symbole zu erkennen sind. Fantastisch!

Du darfst (im Geiste) nähertreten und dieses **GOLDPORTAL** bestaunen. Nun ertaste mit Händen und Fingern dieses *wunderbare* KUNSTWERK.

Überaschenderweise **sendet** diese **TÜR** verschiedene DÜFTE aus.

Du riechst *wohlbekannte*, sehr *vertraute* DÜFTE sowie unbekannte, *wunderbare* und *neue* DÜFTE.

Alle DÜFTE lösen ein *tiefes* WOHLBEHAGEN in dir aus.

Diese TÜR, ihre Zeichen, ihre Symbole sowie ihre *vielseitigen* DÜFTE werden dir bereits ein Menge Informationen liefern, hinsichtlich *deiner* **SCHÄTZE:** *„TALENTE, FERTIGKEITEN, STÄRKEN und FÄHIGKEITEN, ...!“*

Tritt ein! Dieser *kreisrunde* **RAUM** leuchtet angenehm warm.

Dieses Leuchten ähnelt dem LICHTSCHEIN eines Raumes, der von Kerzenlichtern erhellt wird, so wie wir dies von unserer Welt her kennen! Doch hier **leuchtet alles,** was wir sehen, **aus sich selbst heraus!**

In der *Mitte des* RAUMES steht ein gefüllter, auf ***acht*** **SÄULEN** stehender, *runder* oder/und ***achteckiger*** **Gabentisch!**

Dieser ***magische*** **Tisch** hat die Fähigkeit, sich zu verformen.

Er nimmt die Gestalt an, die dir am meisten gefällt!

Er ist dir vertraut und hilft dir, *deine* TALENTE, *deine* FERTIGKEITEN, *deine* STÄRKEN und *deine* FÄHIGKEITEN zu erkennen, zu entdecken und zu wertzuschätzen.

Er wird dir helfen *sie* zu entfalten und zu nähren!

Lass dir Zeit bei der *inneren* BETRACHTUNG und ERFORSCHUNG deines **Gabentisches**!

*Wertschätze und anerkenne deine **SCHÄTZE!***
*Bringe deine **SCHÄTZE** ans Licht!*
*Achte deine **SCHÄTZE!***
*Entwickle deine **SCHÄTZE** weiter!*
*Entfalte deine **SCHÄTZE!***
*Erfreue dich an deinen **SCHÄTZEN!***
*Erfreue mit deinen **SCHÄTZEN** dein Umfeld und dich selbst!*
*Setze deine **SCHÄTZE** ein zum Wohle aller Menschen, Tiere und des ganzen Planeten*

– dein Govinda.

Wenn DU magst, dann fertige jetzt oder später eine **Liste** *deiner* TALENTE, *deiner* FERTIGKEITEN, *deiner* STÄRKEN und *deiner* FÄHIGKEITEN an!

Vieles wird dir sehr vertraut sein!
Einiges ist noch verpackt!
Einiges wird dir fremd, neu, unbekannt, ja unmöglich vorkom-

men – dies sind deine in dir *ruhenden, schlummernden, latent vorhandenen* beziehungsweise *noch nicht entwickelten* TALENTE, FERTIGKEITEN, STÄRKEN und FÄHIGKEITEN und ***inneren* SCHÄTZE,** die als Keim in dir angelegt sind und darauf warten, *gefunden, entdeckt, entfaltet, entwickelt* und *geschult zu werden!*

Schaue dich in Ruhe um und erfreue dich an *deinen* **GABEN** und **„SCHÄTZEN"!**

***Kostbare* „SCHÄTZE" sind jene,**

- die DICH selbst erfreuen, erfüllen und bereichern.
- mit denen du *deine* MITMENSCHEN, *deine* UMGEBUNG und die WELT erfreust.
- mit denen du *deine* MITMENSCHEN, *deine* UMGEBUNG und die WELT beschenkst.
- mit denen du dein *inneres* WISSEN verbreitest.
- mit denen du **Gutes, Schönes, Neues** und **Kreatives** in die WELT bringst!
- mit denen du heilst!
- mit denen du hilfst!
- mit denen du **Licht** und **Liebe** verbreitest!
- mit denen du **Licht** und **Liebe** und in die WELT bringst!

Erkenne jene **GABEN** und **SCHÄTZE,** die das **6-L-Motto** enthalten

***L**-ebe,*

***L**-iebe,*

***L**-ache (beziehungsweise **L**-ächle),*

***L**-ieder-Singer,*

***L**-indere* (Schmerz, Leid, Verzweiflung, Traurigkeit, Ohnmachtsgefühle, …) und

***L**-öse! (Erlöse! Lösungen finden! Gelöst sein!)*

Gehe um den **TISCH** herum, voller DANKBARKEIT, voller FREUDE und voller HOCHGEFÜHL, denn hier hat sich jemand sehr viel Mühe gemacht, um DICH zu erfreuen, DIR zu helfen und DICH weiterzuführen.

Jemand, der/die DICH sehr gut kennt und DIR diesen ganz ***persönlichen*** **Gabentisch** zusammengestellt hat!

Dann **erscheint** plötzlich der SPRUCH auf diesem **Gabentisch:**

„Lebe ***deine*** **POTENZIALE,** entfalte sie, entwickle sie und nutze sie zum **Wohle** der WELT und *aller* WESEN!“

*Bringe DIR **deine POTENZIALE** selbst als FREUDEN- und LIEBESGESCHENKE dar!*
*Praktiziere **SIE!***
Irgendwann, nein, sofort wirst du andere damit glücklich machen, sie begeistern, sie inspirieren und sie ermuntern.
*Du wirst damit viel **Gutes, Schönes, Neues** und **Kreatives** in die WELT und zu deinen MITMENSCHEN und MITGESCHÖPFEN bringen – vor allen Dingen **LIEBE!***
So sei es

*– dein Govinda W. **L**indner („Lindner“ klingt wie das Wort aus dem 7-L-Motto, also: dein **L**ebender, dein **L**iebender, dein **L**achender (dein **L**ächelnder), dein **L**ieder-Singer, dein „**L**indernder“ und dein **L**ösender (Er**l**ösender, Ge**l**öster)!*

22. Weisheitstür: Höchstes Wissen - höchste Weisheit, Vedanta = Ziel oder Ende der Veda, Ziel oder Ende des Heiligen Wissens

Hurra, ab heute werden die Tage wieder länger, denn heute ist der 22.012.2021. Gestern war Winteranfang und Wintersonnenwende.

Stehe beziehungsweise sitze vor dieser **TÜR** und warte ab, was geschieht!

Einige *große* und *dicke* **Bücher** beziehungsweise **Schriften** sind auf der ***goldenen*** **TÜR** abgebildet.

Aus diesen **Schriften** und **Büchern** tritt LICHT hervor, das dich einhüllt und innerlich erhebt, umso mehr, je länger du davorsitzt, je länger du sie betrachtest oder mit geschlossenen Augen auf dich wirken lässt!

Nun schon bist du in einem sehr ***heiligen*** **RAUM,** der in der Mitte mit einem *runden* TISCH ausgestattet ist.

Tatsächlich liegen hier **Schriften** und **Bücher,** die kraftvoll *goldgelbes* LICHT ausstrahlen.

Diese **Werke** enthalten die **Essenz** allen WISSENS.

Sie geben Antworten auf *folgende* **Fragen:**

„Wer/Was/Wie ist GOTT beziehungsweise das GÖTTLICHE?"

„Wege zur GOTT-VERWIRKLICHUNG!"

Die *erste* SCHRIFT **singt** anhaltend im Flüsterton:

„NETI, NETI, NETI, NETI, …!"

„Nicht dies, nicht das, nicht Körper, nicht Geist, nicht Denken, nicht Fühlen, nicht Sinne, nicht Freude – nicht Leid, nicht außen

– nicht innen, nicht hell – nicht dunkel, nicht groß – nicht klein, nicht geboren – nicht sterblich, nicht erschaffen beziehungsweise entstanden – nicht auflösbar beziehungsweise zerstörbar, …! Ohne Gegensätze!“

Die Wahrheitssucher/innen **fragen:**
„Was ist GOTT? Was ist das GÖTTLICHE?“
Mögliche **Antworten** werden **gesungen:**

- *Höchstes* BEWUSSTSEIN!
- *Reinstes* BEWUSSTSEIN!
- EINS ohne ein Zweites! (hier gibt es keine Gegensatzpaare mehr – also nicht in und nicht von unserer Welt)
- GOTT ist mit Gedanken und Worten nicht fassbar!

Jesus sagte: „Mein KÖNIGREICH ist nicht von dieser Welt!“
- STILLE!
- GEDANKENSTILLE.
- ALLGEGENWART – überall, an *jedem* ORT!
- EWIG – nicht Zukunft nicht Vergangenheit, ewiges jetzt beziehungsweis ZEITLOSIGKEIT – immer.
- UNWANDELBAR, immer GLEICHBLEIBEND – immer *gleich seiendes* SEIN.
- ALL-LIEBEND.
- FORMLOS und gleichzeitig *alle* FORMEN und WELTEN enthaltend und in allen und Formen seiend.
- Immer MAKELLOS - rein und unbefleckt.
- ALLMÄCHTIG - ALLESBEWIRKEND (Erschaffung, Erhaltung und Verwandlung, Zerstörung)
- = die **SEELE - ATMAN** (*ewiges* SEIN)!

TAT TVAM ASI (DAS bist DU)! und

AHAM BRAHMASMI (ICH bin GOTT)

sind weitere ***Weisheitssätze / Weisheitsschätze,*** die es zu erforschen und zu erfahren gilt!

Setze dich an einen *stillen, kraftvollen* ORT.

Fühle beziehungsweise erfahre STILLE, FRIEDEN und EINS-SEIN!

Falls dies nicht möglich ist, dann kontempliere über *deine* WAHRHEIT!

Erkenne und erfahre möglichst oft und immer wieder:

„Alles ist EINS!" *und* ***„EINHEIT in der Vielfalt!"*** -
dein Mitreisender (vielleicht auch manchmal mitreißender)

– Govinda.

23. Tempel-, Kirchen-, Moschee-, Schreintür oder Tür zum Altarraum, Tür zum Pujaraum

Mittwoch, der 23.12.2020, heute, einen TAG vor **Heilig-Abend,** ist bereits ein FESTTAG, denn die **TÜR** geht auf!

Beim Eintritt in diesen **RAUM** verspürst du ein HOCHGEFÜHL und eine *tiefe, innere* FREUDE!

Alles ist feierlich, sauber und wunderschön dekoriert.

Zwei äußerst *freundliche* und *festlich gekleidete* MENSCH-LICHT-ENGEL-WESEN empfangen dich und führen dich zu einem *speziellen* MEDITATIONSPLATZ, der heute für dich bestimmt ist.

Du bist eingeladen, an einer **PUJA** (*spirituelle* **ZEREMONIE**) teilzunehmen!

Am deinem Platz angekommen, setzt du dich und hüllst dich mit einem *frisch-gewaschenen* und *hellem* TUCH oder mit einer *wunderschönen* DECKE ein.

Schließe nun bitte beide Augen und sei ganz hier!

Entspannt, wach und *voller* VORFREUDE ruhe nun in dir!

Allmählich werden deine inneren Augen aktiviert!

Du wirst nun den **RAUM** innerlich wahrnehmen können und das Geschehen auch innerlich verfolgen und erleben können! Deine Hände werden mit *heiligem* WASSER gereinigt und mit *weichen* TÜCHERN abgetrocknet.

Dann stelle dir vor, wie diese beiden Begleiter beziehungsweise Begleiterinnen dich mit *warmem* WASSER oder mit einer *ätherischen* **Lichtreinigungssubstanz** übergießen!

Du lässt es geschehen und nimmst wahr, wie sich *dein* WOHLBEHAGEN steigert, wie *deine* REINHEIT zunimmt, wie *dein inneres* LOSLASSEN sich vertieft und wie *dein inneres* STRAHLEN sich verstärkt.

Ein WASSERKRUG (beziehungsweise LICHTÄTHERKRUG) nach dem anderen wird nun im ruhig fließendem Tempo über dich gekippt.

Es fühlt sich so an, als würde diese **Flüssigkeit** durch dich hindurchfließen, alle *deine* ZELLEN, *deine* GEDANKEN und *deine* GEFÜHLE **reinigen** und **erhellen.**

Starre, festgefahrene Vorstellungen, Ängste, Erwartungen und Wünsche **werden aufgelöst.**

Du fühlst dich nach und nach leichter, freier, liebender, reiner und **glücklich-lichtvoll!**

Erschaue nun im Innern, sozusagen zeitgleich, wie eine *festliche* **PUJA** in der RAUMMITTE von einer Priesterin und einem Priester durchgeführt wird.

Deine ***Lieblingsgottheit*** (Symbol oder Statue, welches/welche für dich das *höchste* SELBST repräsentiert) wird von ihnen gereinigt, gebadet

und schließlich – während *wunderbare* GESÄNGE ertönen – feierlich und festlich gekleidet.

Erlebe zeitgleich die REINIGUNG und das BAD an dir selbst - auf einer *energetisch-ätherischen* **Ebene** - das Gleiche!

Diese STATUE oder dieses SYMBOL wird nun in die **Mitte** des RAUMES gestellt.

Spüre den ***machtvollen*** **SEGEN,** der von dieser STATUE beziehungsweise von diesem SYMBOL ausgeht!

Deine LICHTKANÄLE öffnen sich!

Nach und nach erschaue und erlebe im Innern, wie diese ***Gott-heit*** auf *deinem* HERZENSTHRON in *deinem* HERZEN Platz nimmt!

Erlebe, wie **sie** in *deinem* HERZEN leuchtet und strahlt!

Alle guten und wunderbaren QUALITÄTEN, die diese **Gottheit** *verkörpert, erwachen und strahlen nun in DIR!*

Spüre WONNE, Freude, Liebe und zeitloses GLÜCKLICH-SEIN!

Wisse, dass in jedem MENSCHENHERZEN ein
göttlicher FUNKE *wohnt, der über viele*
Inkarnationen hinweg zur ***GOTTHEIT*** *heranreift*

– dein Govinda.

24. Himmelstor – Himmelstür

Heiligabend, Donnerstag, der 24.12.2020

Nachdem wir unzählige Wege gegangen sind, viele Stufen und Treppen bewältigt haben, viele Türen geöffnet haben, durch viele Räume geschritten sind und viele Hindernisse überwunden haben, fühlen beziehungsweise erschauen wir schließlich die **HIMMELSTÜR** in uns!

Wir sind sehr dankbar dafür diese **HIMMELSTÜR** endlich zu sehen und deutlich wahrzunehmen!

Vielleicht sehen wir sie als ***goldenes*** und ***leuchtendes*** **TOR,** auf dessen Außenseite ein **Goldgemälde** zu erkennen ist.

Dieses **TOR** birgt viele BILDER in sich.

Jede Person sieht und erkennt ihren *eigenen* **WEG** auf diesem **Goldgemälde!**

Eine Berg- und Hügellandschaft ist auf ihr abgebildet.

Viele WEGE schlängeln sich durch die Landschaft, doch nur wenige leuchten. Nur wenige WEGE bringen uns dem ***höchsten*** **ZIEL** näher!

Ganz oben auf dem **Goldgemälde** erstrahlt das **ZIEL**.

Am ENDE des ***spirituellen*** **WEGES** erkennst du das **ZIEL** *aller* REISEN*:*

„EINHEIT, das *Auge* GOTTES, der *göttliche* BUDDHA, das *höchste* LICHT, die *göttliche* MUTTER, der *göttliche* VATER, BABA, …! (Gib IHM/IHR deinen Herzensnamen und erschaue deine LIEBLINGSGOTTESFORMEN)!“

Wir können uns jetzt vorstellen, dieses **HIMMELSTOR** erreicht zu haben!

Vor dieser **HIMMELSTÜR** wird jeder *positive* **Gedanke;** jeder *aufrichtige* **Wunsch,** der dem Wohl(e) anderer dient; jedes *positive* **Gefühl,** das dem Wohle anderer dient; jede *lichtvolle, helfende* und *dienende* **Tat,** die dem Wohle anderer dient; jedes *lichtvoll (gedachte, gesprochene oder geschriebene)* **Wort,** das dem Wohle anderer dient und jegliches *reine* **Freude-** und **Liebesgefühl** ***tausend Mal verstärkt!***

Setze dich nun vor dieser HIMMELSTÜR nieder und **singe** wiederholend aus tiefstem Herzen:

„**HIMMELSTÜR** (3-9 x)
- erwache in mir.
- lasse mich in DEINER Nähe bleiben.
- lasse mich verweilen in DEINEM Frieden, in DEINER Liebe in DEINER Wonne und in DEINEM Segen.
- DU bist immer gut zu MIR und zu *allen* SEELEN.
- DU wirst als *ätherische* SUBSTANZ weich, rein und fließend und verschmilzt mit mir.
- durchstrahle mich mit DEINEM (Himmelskind, Christkind, Lichtkind) GLANZ.
- DU und DEIN LICHT, IHR segnet die gesamte Menschheit sowie alle Tiere und Pflanzen.
- nimm PLATZ in **mir** in Form von reinen, guten und lichtvollen Gedanken, Worten, Zeilen, Zeichnungen, Bildern, …, Werken, …
- lasse mich DICH in *allem* SCHÖNEM, REINEM und GUTEM erkennen und spüren.
- führe mich zu DIR.“

So sei es!

Die *heiligste* NACHT, die *geweihteste* NACHT ist

- das ERWACHEN der SEELE in uns!
- ist das **Erkennen** und **Leben** *unserer* GÖTTLICHKEIT!

Liebe LICHT-SEELEN-GESCHWISTER,
ich wünsche euch ein frohes Erwachen,
frohes inneres ***Leuchten*** *und viele innere* ***Feste***

– euer LICHT-SEELEN-BRUDER Govinda.

25. Weisheitstür: Engel(s)Licht

Diese *goldene* **FLÜGELTÜR** ist geformt wie ein **GOLDENGEL.**

Diese *goldene* **FLÜGELTÜR** wirkt sehr lebendig, nahezu dreidimensional lebendig.

GOLDENGEL und **TÜR** sind eins!

Auf dem ***rechten Türengelsflügel*** – dem von vorne gesehen linken Türflügel – ist deutlich eine ***Engelhand*** zu erkennen, die, je nach Blickwinkel und Perspektive, entweder klein, groß, zart, mächtig, einladend, segnend, winkend, gebend, zeigend, deutend, auffordernd, haltend, tröstend, aufmunternd oder führend wirkt!

Auf dem ***linken Türengelsflügel*** ist die *linke* ***Engelshand*** mehrfach abgebildet.

Eine ***Engelshand*** hält *eingesammelte* beziehungsweise *empfangene* BRIEFE, *schriftliche* BITTEN und ZETTEL.

Eine ***Engelshand*** berührt und hält das ENGELSGEWAND.

Eine ***Engelshand*** formt MUDRAS (= magische Finger bzw. Handgesten), die für jede/n Betrachter/in und jeden Betrachter ein spezielle Bedeutung haben.

ENGELLICHT (singend)

- deinen Segen spüre ich.
- schenke mir eine neue Sichtweise – nämlich Engelsicht beziehungsweise Engelsichtweise.
- gestalte nun mein Leben neu.

- dehne dich aus, ja, dehne dich aus in mir und erleuchte mich von innen.
- fülle mich an mit neuer und starker Lichtkraft.
- erhelle nun den ganzen Raum.
- deine Liebe spüre ich.
- führe mich von nun an durch mein Leben.
- du bist immer bei mir.
- du vereinigt alle Welten in dir.
- du strahlst in mir.
- du strömst aus mir durch meine Gedanken, meine Gefühle, meine Worte meine Taten und durch mein Verhalten in die Welt.

Im *Innern* dieses RAUMES befindet sich das **ENGELLAND.** Wie sieht dein Engelland aus?

Auf dem Boden befinden sich **Engelsand** und **Engelstaub.**

Geschwind, in Windeseile zeichnet, schreibt und formt *dein* **ENGEL** (oder eine unsichtbare Hand) Zeichnungen, Worte, Botschaften, Symbole, Hinweise und Lösungen in den **Engelsand,** die dir helfen, dich berühren, dich zuversichtlich stimmen, dir wertvolle Hinweise geben, dich erfreuen, dich beglücken, dir ein Lächeln in dein Gesicht zaubern und dir vor allem vermitteln, dass du geliebt wirst!

Engellicht, Engellicht… *schreibt und schreibt – dein Engellicht-schreiber Engelbert,*

– Govinda.

26. Weisheitstür: Herzens-Thron

Diese **TÜR** ist ein *wahres* KUNSTWERK der ***meisterlichen*** **Reliefarbeit.**

Nimm dir Zeit und ertaste (gedanklich) den **THRON,** der hier abgebildet ist. Erforsche die Lehne, die Sitzfläche, die Armlehnen, die vier Thronbeine und den Fußschemel!

Lasse deine Hände auch über die restlichen Flächen der Tür tastend und erforschend gleiten! Du entdeckst mit deinen tastenden Händen und Fingern Wölbungen, Strukturen, Kanten, Kurven, Rundungen, Ecken, Bögen, Markierungen, Formen, Schraffierungen und Oberflächenstrukturen, die erst einen Sinn ergeben, wenn du deine „getasteten" Erfahrungen kombinierst und in Beziehung zueinander setzt.

Allmählich erschließen sich dir BOTSCHAFTEN, HINWEISE, ZEICHEN, SYMBOLE, *spielerisch-kreative* RAFFINESSEN des Throns und ein beziehungsweise mehrere HAUPTTHEMEN dieser ***geheimnisvollen*** **GOLDHERZENSTÜR.**

Auch der *hölzerne* **Türrahmen** sowie der *geschwungene* **Türbogen** enthalten viele *wundervolle* **Motive** rund um das Thema **HERZENS-THRON.**

Schließlich entwickelt sich in dir eine *innere* VISION.

Es entstehen *innere* BILDER hinsichtlich der Ausgestaltung dieses RAUMES.

In meiner *eigenen* VISION steht der *festliche, stabile* und *wunderbar gestaltete* **GOTTES-VATER-MUTTER-THRON** in der Mitte eines mittelgroßen RAUMES.

Um den **THRON** herum befinden sich SPIEL-, AKTIVITÄTS-, RUHE-, BEWEGUNGS- und GESTALTUNGS**DECKEN** beziehungsweise -**SEGMENTE**.

Meine ***liebevollen*** **GOTT-ELTERN** sind hier anwesend!

Ihr **Hauptanliegen** ist es, meine ENTWICKLUNG, ENTFALTUNG, REIFUNG und LIEBESFÄHIGKEIT mit viel Liebe **zu fördern.**

Die **Entwicklung** und **Entfaltung** meiner TALENTE, FÄHIGKEITEN, STÄRKEN und POTENZIALE **liegt ihnen sehr am Herzen.**

Liebevoll, angemessen und freudig, **begleiten, fördern** und **unterstützen** sie mich.

Eine *wundervolle, wunderschöne, zauberhafte* und *kindliche* SPIEL-, KREATIVITÄTS-, GESTALTUNGS-, SPÜR- und RUHE**WIESE**, die hervorragend auf meine TALENTE, BEDÜRFNISSE, FERTIGKEITEN, FÄHIGKEITEN und POTENZIALE abgestimmt ist, **steht mir zur Verfügung.**

Ja, heile dein ***inneres KIND!***
Beobachte dein ***inneres KIND*** *liebevoll!*
Unterstütze dein ***inneres KIND*** *liebevoll!*
Stelle optimale Rahmenbedingungen für dein ***inneres KIND*** *her!*
Stehe deinem ***inneren KIND*** *zur Seite und erfreue dich an seinen ERFOLGEN, FORTSCHRITTEN und ENTWICKLUNGEN!*
Schaue liebevoll auf die ***Entfaltung*** *der POTENZIALE deines* ***inneren KINDES*** *und freue dich über jeden noch so kleinen Schritt, den* ***ES*** *geht!*
Sei geduldig mit deinem ***inneren KIND*** *und bleibe beharrlich und liebevoll an seiner Seite!*

*Sei glücklich mit deinem **inneren KIND!***
*Mache dich und dein **inneres KIND** immer wieder glücklich!*

*Sei eine liebende MUTTER, ein liebender VATER und ein/e liebende/r **LEHRER/IN** für dein **inneres KIND***

– dein Govinda.

27. Weisheitstür: Spiegelbild

Dieser *seltsamen* **TÜR** begegnen wir ständig und überall!

Alles, jede und jeder kann uns etwas lehren, etwas zeigen, etwas offen-baren und/oder uns weiterhelfen!

Anstatt das **SPIEGELBILD,** also die Außenwelt und unsere Mitmenschen, zu kritisieren, sollten wir dankbar sein, dass sie uns etwas offenbaren über uns selbst.

Das funktioniert nur dann, wenn wir bereit sind, alle Situationen so zu akzeptieren, wie sie sind, und wenn wir bereit sind, alle Menschen so zu akzeptieren, wie sie sind! Es erfordert eine innere, mutige Bereitschaft, alle so zu lassen, wie sie sind! Wenn wir keinerlei Wunsch verspüren, es, sie oder ihn verändern zu wollen, dann sind wir bereits einen riesigen Schritt weitergekommen!

Weiterhin erfordert es die Bereitschaft, Fehler, Mängel beziehungswiese Schwächen in uns selbst, in Verhaltensweisen, Denkmustern, festgefahrenen Vorstellungen, Worten und Taten und so weiter zu suchen, zu erkennen und (erst einmal) anzuerkennen!

Was? Was höre ich da?

„Wir sollen unsere Schwächen und Fehler erkennen, aufspüren und uns eingestehen!"

Warum?

1. Die Menschen, die mit uns zu tun haben oder jene, die uns beobachten, erkennen und nehmen unsere Fehler wahr, auch

wenn wir uns selbst weigern, sie anzuschauen oder zu erkennen. Sogar dann, wenn wir sie vor uns selbst verleugnen, sind sie nicht verschwunden!

2. Wenn wir unsere eigenen Fehler erkennen und uns selbst eingestehen, dann können wir daran gehen, sie zu vermeiden! Nur so können wir unseren Charakter verbessern und veredeln.

Ein persönliches Beispiel

Neulich wurden im SATHYA-SAI-ZENTRUM inspirierende Gesangs- und Darshanfilme gezeigt. Eine Person verhielt sich (von außen betrachtet) sonderbar. Sie trug eine dunkelgefärbte Sonnenbrille, wechselte immer wieder den Platz oder ging raus und rein. Alle Anwesenden saßen ruhig auf ihren Plätzen und ließen sie gewähren!

Erst nach der Veranstaltung dämmerte es mir, dass dieses Verhalten, dass mir sehr sonderbar erschienen war, für mich ein Spiegelbild sein könnte!

Ich fragte mich: „Wann und wo verhalte ich mich so, wie die Person sich verhalten hat?" Mir fiel sofort ein, dass ich mich früher im SATHYA-SAI-ZENTRUM und anderswo oft übertrieben „still und meditativ" verhielt. Besonders bei der Begrüßung und bei der Verabschiedung wäre es angemessener und netter, ein paar liebevolle, aufmunternde, scherzhafte, aufheiternde und wohlwollende Worte zu wechseln!

Also erstens, ich sollte und könnte lernen, meine „Abschott-Brille" in passenden Momenten abzunehmen.

Es gehört auch eine Menge Mut dazu, bei solchen oder ähnlichen Veranstaltungen mehrfach den Platz zu wechseln. Also wenn wir uns tatsächlich unwohl fühlen auf unserem Platz, so sollten wir mutig genug sein, unseren Platz zu wechseln – auch wenn andere dieses Verhalten nicht verstehen.

Wir sollten gut für uns sorgen (solange wir andere nicht belästigen oder wesentlich stören), auch dann, wenn anderen dies sonderbar erscheint.

Übrigens: Diese **SPIEGELTÜR** ist spiegelglatt. Wenn wir über andere urteilen, uns über sie lustig machen, sie verächtlich beobachten oder abwertend über sie sprechen und so weiter, dann rutschen wir garantiert aus und tun uns selbst weh.

Vielleicht hilft es, in schwierigen Situationen, also wenn etwas Ungewöhnliches – etwas, was nicht unseren Gewohnheiten entspricht – geschieht, sich innerlich zurückzulehnen und das Geschehen ohne Wertung, also neutral und mit Abstand, zu betrachten- so, als ob soeben ein Theaterstück „live“ aufgeführt werden würde. Später sollten wir dieses Theaterstück im Innern noch einmal überdenken und es nutzen als Lernlektion!

Folgende Fragen sind hilfreich:
„Wann und in welchen Situationen verhalte ich mich genauso beziehungsweise ähnlich oder im übertragenen Sinne?

Was kann ich daraus für mich lernen? Und so weiter …“

Dein Govinda wünscht dir und sich selbst viel ERFOLG und gutes GELINGEN beim Entdecken (Aufdecken, „Decke wegziehen“, „Decke heben“) der eigenen Fehler und Schwächen und dem ***liebevollen UMGANG*** *damit! Wir sollten uns in dieser Hinsicht selbst so gut behandeln, wie wir es mit unserer/m* ***besten Freund/in*** *tun würden!*

28. Weisheitstür: Schönheit

Diese WEISHEITSTÜR **„SCHÖNHEIT"** ist ein **Eingang** zur SEELE und zugleich ein SEELEN-**Ausgang:** **„SCHÖNHEIT,** die aus der *lichtvollen* SEELE hervorquillt und herrührt".

Diese **TÜR** leuchtet ***strahlendweiß.*** Die Farbe Weiß enthält alle Farben, daher sind in IHR alle visuellen Effekte enthalten. Alle Bilder und alles, was wir sehen, sehen wir nur, weil LICHT vorhanden ist.

Wir können uns vorstellen, wie wir vor der TÜR sitzen und sehnsüchtig **singen:**

„SCHÖNHEIT, offenbare uns *deine* **Geheimnisse!"**

SCHÖNHEIT

- ist himmelblau (jetzt in diesem Moment, subjektiv für mich).
- steckt in allen Farben und ist davon doch unberührt.
- ist überall erfahrbar und erkennbar.
- ist Natürlichkeit und Natur.
- ist ein Wechselspiel zwischen Innen und Außen.
- Erfreut uns und innere Freude öffnet uns für Schönheit.
- ist in der Schöpfung eine flüchtige Momentaufnahme.
- umgibt uns immer.
- ist überall und jeder Zeit erfahrbar.

SCHÖNHEIT ist in der Form der äußeren Schönheit vergänglich und unbeständig.

Die **SCHÖNHEIT** der SEELE ist immerwährend!

Schaut die *reine* **SEELE** auf die WELT, so wird sie nur REINES und SCHÖNES entdecken. Im Umkehrschluss bedeutet dies, dass wir, je häufiger wir **SCHÖNHEIT** wahrnehmen und erleben, näher an unserem ***seelischen*** **KERN** leben und dass wir lichter und reiner geworden sind.

Es wäre doch SCHÖN, sich der ***allgegenwärtigen*** **SCHÖNHEIT** mehr und mehr zu öffnen!

Weise ist es, **SCHÖNHEIT** im Außen zu genießen und sich gleichzeitig ihrer Wandelbarkeit, Unbeständigkeit und Vergänglichkeit bewusst zu sein. Wenn wir *unterscheiden* zwischen SCHÖPFUNG und **SCHÖPFER** und uns bewusst sind, was vergänglich ist und was ewig ist, dann schwimmen wir frei, leicht und unbekümmert (ohne Kummer) im LEBENSSTROM.

Wenn wir es schaffen, uns vertrauensvoll – ohne uns festzuhalten – vom STROM des LEBENS tragen und führen zu lassen, dann werden wir von Moment zu Moment von **SCHÖNHEIT** umgeben sein, weil wir wissen, dass **SCHÖNHEIT** und *innere* **FREUDE** die natürlichen ZUSTÄNDE unserer SEELE sind und sich dies im Außen spiegelt.

Die ***schöne*** **SEELE** (Baba, Amma, Gora, …, wir) wird stets viel SCHÖNHEIT und vor allem **Bewusstheit** in die WELT bringen.
In allem, was die ***schöne*** **SEELE** denkt, fühlt, erforscht, spricht, erlebt, schreibt, gestaltet, verschenkt, ausführt, tut und mit uns teilt, wird **SCHÖNHEIT** anwesend sein!

Wahre **SCHÖNHEIT** liegt in der *intensiven* WAHRNEHMUNG und BEWUSSTWERDUNG des Momentes beziehungsweise des Gleitens von Moment zu Moment.

Wisse, dass wahre, höchste und *immerwährende* **SCHÖNHEIT** und **FREUDE** aus einer *tiefen, inneren, unsichtbaren* QUELLE strömen!

Öffne dich der ***SCHÖNHEIT,*** *der gelösten* ***„Von-Moment-zu-Moment-SCHÖNHEIT“!***
Öffne dich der inneren ***SCHÖNHEIT!***

Dein Govinda, der die ***SCHÖNHEIT*** *liebt und sich mehr und mehr an der* ***SCHÖNHEIT*** *der SEELE und des SEINS erfreut, grüßt dein SEELENKIND und dein* ***SCHÖNHEITS****-KIND!*

Schließe die Augen (wenn du möchtest)!
Sei still und ruhig!
Komm bei dir an!

„SCHÖNHEIT liegt im **Auge des Betrachters / der Betrachterin!“,**
so heißt es.

Das (1.) OBJEKT, der/die (2.) BETRACHTER/IN und der (3.) VORGANG des Beobachtens, des Wahrnehmens und das Erleben der SCHÖNHEIT.

SCHÖNHEIT (1.) – *Dinge, Natur, Kunst, Literatur, Gesang, Menschen, Kosmos, …* im **Außen** macht auf Dauer nicht glücklich!
Wenn (2.) wir (3.) traurig, geschäftig oder unruhig sind und be-

sitzen wollen oder erwarten, durch die **SCHÖNHEIT** im Außen glücklich zu werden oder wir anderweitig blockiert sind, dann wird es uns nicht gelingen, Glück zu empfinden!

Eine (3.) *offene, innere, gelöste, ausgeglichene* und *freie* HALTUNG, ein ZUSTAND von „Aufnehmen ohne Festhalten-Wollen" und eine OFFENHEIT in VERBINDUNG mit **Wertschätzung** und **Liebe** – dies sind Voraussetzungen, um **SCHÖNHEIT** erkennen, wertschätzen, genießen und lieben zu können. Also, letztendlich benötigen wir *beständige* **Liebe** zu unserer *eigenen* ***inneren*** **SCHÖNHEIT**, zu uns selbst und zu unserem SELBST, um uns an ***äußerer*** **SCHÖNHEIT** erfreuen zu können!

Betrachte in deinem Innern dieses TOR!

In *goldenen* LETTERN und in *wunderschöner* SCHRIFT steht auf dem TOR:

„Erkenne und erlebe die **SCHÖNHEIT** deiner SEELE, deines SELBSTES, dann wird dir **SCHÖNHEIT** überall begegnen!

Schließlich wirst du in der Tiefe deines HERZENS an und in jedem *Menschen, Tier, Ding* sowie an jeder *Situation,* an jedem *Umstand,* an jeder *Begegnung* und an jeder *Lebenswendung* etwas **SCHÖNES** und **GUTES** finden, entdecken und erkennen!"

SCHÖNHEIT ist LIEBE!
SCHÖNHEIT ist GÖTTLICH!
SCHÖNHEIT ist GOTT!

Wenn du möchtest, dann formuliere nun deine *eigenen* SCHÖNHEITS- und WEISHEITS-GEDANKEN!

(3.) Öffne dich für *neue, weitmachende und liebevolle* **Betrachtungsweisen!**

Erkenne beispielsweise die **SCHÖNHEIT** eines **alten** – vielleicht schon **sterbenden** – *Menschen, Baumes, Gesichtes* oder *Körpers!*

Erkenne das *gelebte* LEBEN in ihnen, die WÜRDE des Daseins, den ZYKLUS des Lebens und das SEELENKIND darin beziehungsweise dahinter.

Das TOR geht abermals auf!

Feiere den *heutigen* TAG, feiere das JETZT und feiere das LEBEN, die FÜLLE und die **SCHÖNHEIT** des LEBENS.

Erlebe und erkenne die **SCHÖNHEIT** der WELT, der NATUR und der KULTUREN.

Erkenne das ***riesige*** **SCHÖNHEITS**-POTENZIAL in *dir* und in **jedem** einzelnen MENSCHEN, TIER, BAUM, DING etc.

Fördere, entwickle und trainiere diese **SCHÖNHEITS**-POTENZIALE!

Verhilf deinen *eigenen* **SCHÖNHEITS**-POTENZIALEN und den **SCHÖNHEITS**-POTENZIALEN deiner *Mitmenschen* zur Geburt!

Das SCHÖNSTE, was es gibt, (singend)

- ist HIMMELS-LIEBE zu erleben, *göttliche* GNADE zu empfangen, *göttlichen* SEGEN zu spüren und *himmlische* FREUDE zu leben.
- ist es bei DIR zu sein.
- ist HIMMELS-LIEBE, *göttliche* GNADE, *göttlichen* SEGEN und *himmlische* FREUDE zu **verschenken** und zu **verteilen**.
- …

*Öffne dich der **SCHÖNHEIT** in deinem Umfeld!*
*Gestalte **SCHÖNHEIT!***
*Genieße **SCHÖNHEIT** und genieße am meisten die innere*
SEELEN-SCHÖNHEIT!
*Erwache in und mit **SCHÖNHEIT!***
*Schlafe nachts mit **SCHÖNHEIT** ein!*
*Spaziere in und mit **SCHÖNHEIT** durch den Tag und durch*
dein Leben

– dein Govinda.

29. Weisheitstür: Neubeginn-Neustart

Diese **TÜR** ist nur schemenhaft zu erkennen.

SIE liegt noch im Nebel der **ENTSTEHUNG.**

SIE sieht aus wie eine *energetische* **Energiewolke,** die *alle* MÖGLICHKEITEN, *alle* WEGE und *alle* ZIELE **aller Menschen** im „nicht-manifestierten" ZUSTAND enthält!

Vor dieser TÜR, an unserem Stille- beziehungsweise Meditationsort, machen wir es uns bequem.

Wir entzünden außen und im Innern ein LICHT, ein FEUER und/oder eine SEGENS-FLAMME und ***rufen, sehnsüchtig-singend:***

„LICHT / *höchstes* **SEIN /** *alldurchdringendes, allgegenwärtiges, allmächtiges, allwissendes, formloses* und *alle Formen enthaltendes* **EINSSEIN /** *höchste* **WEISHEIT / WAHRHEIT / GOTT-VATER-MUTTER / …** (Wähle deine eigenen Worte!)

- reinige uns mit dem **Feuer,** dem **Licht** und der **Energie** des *höchsten* SEINS, der *reinsten* LIEBE und des *höchsten* WISSENS!
- lass uns baden in *deiner* LICHTFÜLLE!

So stehen wir **in** dieser TÜR und spüren, wie die ***allerhöchste*** **MACHT** uns reinigt, auflädt und erleuchtet!

Heute habe ich wiederholend dieses HERZENSLIED **gesungen:**

„ATMA RUPA BHAGAVAN
(Verkörperung das ATMAN),
PARAMATMA BHAGAVAN

(Verkörperung des höchsten ATMAN), ...,
HERR, FRAU, WESEN, VERKÖRPERUNG des AL-
LERHÖCHSTEN
SEINS ...“ –
wir bitten um deinen **SEGEN!“**

Deine **SEGENSFLAMME** durchflutet unser HERZENSLICHT, unseren *göttlichen* FUNKEN, unseren *göttlichen* KERN und unsere LICHTAURA!

Wir treten ein und werden noch mehr gereinigt und schließlich auch geführt!

Mit **DIR** im HERZEN, im DENKEN (in unserem GEIST), im FÜHLEN, in unseren WORTEN, in unseren WERKEN, in unserem VERHALTEN, in unserem TUN, in unseren AUGEN und in unseren SINNEN schreiten wir mutig auf *lichtvollen* **WEGEN** durchs Leben!

Wir **setzen uns ein** für das GUTE, für SCHÖNHEIT, das *höchste* WISSEN, die *höchste* WAHRHEIT, die REINIGUNG und ERHEBUNG der Weltgedanken-Atmosphäre und das WOHL *aller* **Menschen** und **Wesen!**

Höchste *und* ***allliebende*** **KRAFT,** mache uns zu einem

- WERKZEUG *deiner* ***Liebe***,
- einem WERKZEUG *deiner* ***Weisheit*** und
- zu einem WERKZEUG *deines* ***Wissens****!*

Ja, wir sind KINDER der *reinsten* **Liebe,** des *höchsten* **Wissens** und der **Weisheit**!

Alle unsere FÄHIGKEITEN, TALENTE und FERTIGKEITEN dürfen und sollten wir diesem **einen ZIEL** widmen:

„Mögen alle Menschen und Wesen in allen Welten glücklich sein!“

Ich **erinnere** mich an folgenden SPRUCH:
„Es gibt nichts **GUTES**, außer man tut es!“

Ja, so lasst uns damit beginnen und/oder fortfahren, GUTES zu denken, GUTES zu hören, GUTES zu sprechen, GUTES zu leben, GUTES zu verbreiten und GUTES zu schreiben und GUTES zu tun!

Dies ist der **Weg** vom Menschsein zur GOTT-WERDUNG!
Lasst uns zu **Vorbildern, Botschafter/n/innen, Leuchtsternen** und **Leuchttürmen** der WAHRHEIT, der LIEBE und des GUTEN werden!

Vorfreude!
Wir werden etwas NEUES beginnen, tun, erleben, ausführen oder erfahren!

Der **Zauber** des **NEUEN** liegt in der Luft!
Manche **NEUSTART-TÜREN** öffnen sich ganz leicht!
Wenn wir unserer SEHNSUCHT, unserer INTUITION, unserem HERZEN und unserem BAUCHGEFÜHL folgen beim Betreten der NEUSTART-TÜREN, dann kommen die ***neuen*** **RÄUME (TRÄUME)** zu uns!
Die NEUSTART-TÜR öffnet sich und wir können eintreten!

Diese **Bereitschaft**, *neue* WEGE zu gehen und die **Bereitschaft** uns von unserer INTUITION führen zu lassen, öffnet uns immer wieder ***neue*** **TORE** und **TÜREN!**

Manche **RÄUME (TRÄUME)** wollen wir auch wieder verlassen oder hinter uns lassen. Auch das ist sehr wichtig, zur *richtigen* ZEIT etwas zu beenden, abzuschließen oder sogar unfertig zurückzulassen!

Ja, wir dürfen (und sollten) dies tun, wenn es sich stimmig für uns anfühlt!

Das **Leben** ist ein *SPIEL,* ein *ABENTEUERSPIELPLATZ* und eine *ENTWICKLUNGS-, WACHSTUMS- und KREATIVITÄTS-PLATTFORM.*

In erster Linie ist es eine *PLATTFORM des* ***FLIESSENS*** und (gleichzeitig) *des* ***ruhigen SEINS*** im **Strom** der ZEIT, der ELEMENTE, der FORMEN, der VERÄNDERUNGEN und (vor allem) der LIEBE.

Je *gelassener,* je *gelöster,* je *freier,* je *spontaner* und je *„erwartungsfreier“* wir an diesem **LEBENSSPIEL** teilnehmen, umso schöner, leichter, erfüllter, kreativer, fröhlicher und glücklicher wird es!

Vieles ist nicht so wichtig, wie es scheint – eigentlich das Meiste!

Fühle dich frei – vollkommen frei –, deine *ureigenen* **Entscheidungen** zu treffen!

Wandle **spielerisch** durchs LEBEN, wie ein *frohes, glückliches* und *neugieriges* KIND!

Sei **entschlossen** immer wieder von neuem deinen *ureigenen* WEG zu gehen!

DU solltest DICH für all die ***neuen*** **RÄUME** und **TÜREN entscheiden,** die du selbst „super" findest, die DICH begeistern, die DICH erfreuen, die DIR Erfüllung versprechen und auch für jene, die sich DIR offenbaren!

Entscheide DICH für das, was DICH von HERZEN *anzieht* und *begeistert,* sowie für das, was DIR *entgegenkommt,* falls es sich stimmig anfühlt.

Folge DEINEM HERZEN, DEINEM *inneren* KIND, DEINER INTUITION und DEINEM BAUCHGEFÜHL!

*Genieße das **SPIEL des Lebens** im neuen Bewusstsein und mit diesem neuen Wissen!*
*Viel **FREUDE** und **ERFÜLLUNG** beim Gehen, Schweben, Fliegen, Schwimmen, Segeln und „Getragen-Werden" durchs Leben wünscht dir Govinda*

*Öffne dich den **wundervollsten LICHTWEGEN** und dem **wundervollen NEUBEGINN!***
Lasse dich führen und inspirieren!
Beginne jetzt

– dein Govinda.

30. Weisheitstür: Heilsame, bewusste, spürende und wahrnehmende Bewegung bzw. Körperstellung

Diese TÜR hat viele Namen für mich:
„Yoga, Hatha-Yoga, Sivananda-Yoga, Goralewski-Bewusstsein, Atem-Bewusstheit, Lebendigkeit, Körperspürerfahrung, differenziertes Kennenlernen des eigenen Körpers, Neues am und im Körper beziehungsweise an der Atmung kennenlernen und erleben, Anspannung-Kraft-Dehnung-Streckung-Haltekraft-Flexibilität, intuitive Bewegung, wohltuende Bewegung, Aufrichtung der Wirbelsäule, Weite und so weiter!“

Benutze *eigene* **Worte** und **Beschreibungen** für deine *eigenen persönlichen* ERFAHRUNGEN!

In diesem *wunderschönen* und *warmen* **STILLE-KONZENTRATIONS-RAUM** liegen mehrere Yogamatten und mehrere Decken!

Persönliches Beispiel: Drehung der Wirbelsäule

Lege dich auf den Rücken, setze die Füße auf und beginne, die Beine nach rechts sinken zu lassen!

Strecke die Arme in eine Linie und presse die Handflächen, Unterarm, Oberarm und Schultern – also die gesamte Armlänge – in den Boden!

Nimm in den Armen, in den Schultern, am Kopf, am gedrehten Brustkorb und am Becken den Bodenkontakt wahr! Atme in diese Stellen!

Drehe den Kopf allmählich weiter nach links und verlängere dabei den hinteren Halsbereich!

Jetzt lasse los, erlebe, spüre und nimm differenziert deinen Körper und deine Atmung war!

Spiele mit deinem Atem!

Lenke deinen Atem bewusst oder spontan in neue Bereiche („Reiche“) und Körperregionen.

Verweile drei bis fünf Minuten oder länger!

Atme tiefer, das heißt, atme vor allem länger und gründlicher aus!

Nutze die Bauch- und Brustkorbmuskulatur, um zu atmen!

Verlängere und intensiviere die Einatmung oder/und den Atem anhalten oder/und die Ausatmung!

Spüre beim Atmen die unterschiedlichen Atemräume: den Bauchraum, den Brustkorbraum, den Beckenraum, den oberen Brustkorbraum mit dem Schultergürtel und so weiter!

Entspanne dein Gesicht, deine Beine und übergib das Gewicht des Kopfes bewusst an die Erde!

Nimm nun die Drehung der Wirbelsäule möglichst differenziert wahr, vor allem im unteren Rücken und im Halsbereich – aber auch in der Brustwirbelsäule!

Forsche und erforsche!

Wo, in deinem Körper, nimmst du Dehnung wahr?

In welchen Bereich deines Körpers spürst du Muskelanspannungen?

Spürst du die Dehnung im unteren Rücken, an der gegenüberliegenden Schulter, im vorderen Bereich des Brustkorbes und/ oder wo noch?

Verstärke die Drehung immer wieder einmal und lasse dann wieder sämtliche Anspannung los!

Konzentriere dich immer wieder auf deine Atmung!

Atme mehrmals sehr tief und lange aus und ein, nutze dazu deine Bauchmuskeln, deine Brustkorbmuskeln, deinen untersten Bauch und deine Schultermuskulatur!

Strecke zwischendurch immer wieder einmal deine Arme! Stelle dir vor, dass dich jemand an den Händen zieht!

Nimm die Beckenstellung wahr!

Erlebe, wie kleine Veränderungen an deiner Beckenstellung sich anfühlen!

Was passiert im unteren Rücken, im …, wenn du kleinere Veränderungen zulässt oder initiierst?

Erforsche diese Stellung neugierig und genau.

Wo entsteht Weite?

...

Wechsle nun die Seite und wiederhole ausführlich, wie oben beschrieben, den ganzen Vorgang.

Dann folge deiner ***Intuition,*** *deinem* ***Körpergespür***
und deinem ***Körper!***
Lasse dich von ihren MÖGLICHKEITEN und ihren
BEDÜRFNISSEN positiv überraschen!
Nimm wahr und führe aus, was dein KÖRPER möchte!
Nimm wahr, wie dein KÖRPER, deine ACHTSAMKEIT und
dein GEIST dich überraschen!
Genieße *und* ***nutze*** *deinen KÖRPER, deine ACHTSAMKEIT und*
deinen GEIST und deren Möglichkeiten

– dein Govinda.

31. Weisheitstür: Lohn – Belohnung

Wer zahlt den LOHN aus?
Wenn dem **EINEN** alles gehört, so kommt auch alles von dem **EINEN!**
Wenn dem **EINEN** alles gehört, was gehört dann uns?

Was wir überwiegend – sei es bewusst oder unbewusst – denken, was wir überwiegend fühlen, was wir praktizieren und womit wir uns überwiegend beschäftigen, das wird mehr werden!
Dies können wir als „unser" **EIGENTUM** betrachten.

Wenn wir GUTES, WAHRHAFTIGKEIT, WEISHEIT, *reine* LIEBE, *innere* FREUDE, *inneres* GLÜCK, ZUFRIEDENHEIT und Ähnliches mehr **ernten wollen,** dann sollten wir damit beginnen oder damit fortfahren, GUTES, WAHRHAFTIGKEIT, WEISHEIT, *reine* LIEBE, *innere* FREUDE, *inneres* GLÜCK, ZUFRIEDENHEIT und Ähnliches mehr in uns, um uns, in unserem Umfeld und in der Welt **zu säen, zu pflanzen, zu kultivieren, wachsen zu lassen,** und **zu verbreiten!**

Es „lohnt" sich, dies mit BEHARRLICHKEIT und DISZIPLIN zu betreiben!

Das Beschreiten dieses ***edlen*** **Pfades** macht uns bereits sehr zufrieden!
RECHTSCHAFFENHEIT beglückt!
Ein *gutes* und *reines* GEWISSEN strahlt für sich und aus sich und (außerdem) fühlt es sich supergut an!

Ein/e **Weise/r belächelt** uns und unsere Welten und gleichzeitig **lächelt** er/sie nach innen, denn er/sie ist angeschlossen an die *höchste* QUELLE, die auch *feinste* und *reinste* FÜLLE- und FREUDE-SCHWINGUNG ist.

Was wir **gesät** haben, *das* werden wir **ernten!**
Wie der Same, *so* die Frucht!

Wenn wir LIEBE **ernten wollen,** dann sollten wir *stetig* LIEBE **pflanzen, pflegen** und **wachsen lassen!**

Was geschieht, wenn wir Macht, Gier, Zorn, Ärger, Neid, Unehrlichkeit, Falschheit, Eifersucht, Lüge, schädliche oder nutzlose Gedanken hegen und somit **säen?**
Was werden wir **ernten?**

Was geschieht, wenn wir dem Geld, dem Luxus und dem Reichtum hinterherlaufen – also nur materielle Gedanken **säen?**
Was werden wir **ernten?**

Was geschieht, wenn wir ein materialistisches und egoistisches Leben **führen?**
Was werden wir **ernten?**

Werden wir STILLE und *inneren* FRIEDEN **ernten**, wenn wir Geschwätzigkeit und überflüssiges, negatives oder sorgenvolles Reden **praktizieren?**

*Lasst uns ein **gutes, ausgeglichenes, mit LIEBE erfülltes** LEBEN führen und leben!*

Lasst uns unsere ***Potenziale*** *und* ***Fähigkeiten*** *für WAHRHAF-TIGKEIT, EHRLICHKEIT, WAHRHEIT, EINHEIT, LIEBE, GE-RECHTIGKEIT und MITGEFÜHL einsetzen und verbreiten!*

Lasst uns unsere ***Potenziale*** *und* ***Fähigkeiten*** *dazu nutzen,* ***edle*** *und* ***höhere*** *ZWECKE zu verfolgen und um* ***edle*** *und* ***höhere*** *ZIE-LE zu erreichen!*

Lasst uns unser ***Denken, Reden, Tun*** *und* ***Verhalten*** *positiver gestalten!*

Lasst uns stets das WOHL ***aller*** *berücksichtigen!*

Lasst uns jenes LEBEN ***führen,*** *welches wir* ***ernten wollen!***

Dies wird dazu führen, dass wir uns schon jetzt belohnt fühlen – dein Govinda.

32. Weisheitstür: Strom des Lebens

Auf dieser *wässrigen, strömenden, fließenden* und *goldglänzenden* **TÜR** sind sich *wandelnde* ***Worte, Wortspiele*** und ***Wortassoziationen*** zu erkennen:

„**STROM,** OM, strömen, verströmen, Ganges, Spree, Donau, Bächlein, Fluss, Flussarm, mächtiger Strom – ruhig dahinströmend, zusammenströmend, majestätisch fließend, sich schlängelnd, ausbreitend, von der Quelle bis zum Meer, ins Meer mündend, …!"

Dieser RAUM lädt dich ein, dich für *jene* BILDER und SYMBOLE zu öffnen, die *deinen* **LEBENSSTROM** symbolisieren!

Tritt ein und halte Ausschau nach *schönen, gleichmäßigen und gelassenen* ***Passagen*** und ***Verläufen***, die die *wunderbarsten* PHASEN deines LEBENS repräsentieren.

Erschaue nun ***Strom-*** *oder* ***Flussverläufe,*** in denen dein LEBENSLAUF harmonisch, erfüllt und wie von Zauberhand geführt verlief.

Erschaue ***Verlaufsabschnitte,*** in denen du dich geborgen und sicher gefühlt hast.

Erschaue ***Verläufe,*** bei welchen du wie durch ENGELSHÄNDE weitergetragen und weitergeführt wurdest zu *wunderschönen* LANDSCHAFTEN deines **SEELENPOTENZIALS.**

Vielleicht war der ***Verlauf*** gelegentlich turbulent, mitreißend und voller gefährlicher Strudel!?

Führte dich eventuell *dein* **WEG** durch Untiefen, durch wilde Strömungen, zu scheinbar unüberwindlichen Hindernissen oder er ließ dich an Wasserfällen in erschreckende Tiefen stürzen?

Bist du *eventuell* im Nachhinein sogar für die *vielfältigen* und *unter-schiedlichen* ***Verläufe*** deines LEBENSSTROMES, sogar für die Hindernisse und abrupten Veränderungen dankbar?

Erkennst du *eventuell* einen ***roten*** **Faden** oder noch besser eine ***goldene*** **Spur** auf *deinen einzigartigen* **WEGEN?**

Blickst du *eventuell* gebannt, sehnsüchtig oder wehmütig auf ***Flussverläufe,*** die ganz wunderbar waren, die dich beflügelten und die dir tiefe Erfüllung schenkten?

Du hast sicherlich schon ***Phasen*** der **STAGNATION** erlebt –

Phasen, in den DU geglaubt hast, dass sich nichts mehr bewegt;
Phasen, in denen DU hilflos warst;
Phasen, in denen du die falsche Richtung eingeschlagen hattest;
Phasen, in denen du geduldig abwarten musstest und
Phasen, in denen du feststecktest.

Sicherlich hast du auch schon oft erlebt, dass sich ***Phasen***, die du als unangenehm erlebt hast, sich nach einer *gewissen* ZEIT von selbst aufgelöst haben und du dich dann wieder in einer *wunderbaren, gemächlichen* ***Dahingleit-Phase*** wiedergefunden hast!

Nähere dich nun dem **STROM!**

Gleite hinein, bade, schwimme, genieße, schwebe, vertraue, spiele, entspanne und fühle dich sicher, getragen und geborgen!
Lasse dich positiv überraschen und lasse dich genussvoll treiben!
Schwimme, tauche und erfreue dich in jedem Moment
und an allem, was geschieht!
***Vertraue** auf deinen **LEBENSSTROM** und **genieße** ihn!*
Verströme FREUDE, LICHT, WISSEN,
DANKBARKEIT und LIEBE!
*Hege festes und stabiles **Vertrauen** in*
deinen LEBENSVERLAUF!
***Erreiche** deine HERZENSZIELE!*
Vertraue darauf, dass du geführt wirst!
***Genieße** deine LEBENSREISE und deine LEBENSPHASEN!*
Entspanne dich im STROM des Lebens,
lass dich überraschen und genieße

– dein Govinda.

33. Weisheitstür: Bestimmung

Manchmal entdecken wir *neue* TORE und TÜREN!

Wo eine Mauer war, dort öffnet sich plötzlich eine *neue* TÜR!

In einem uns *bekannten* RAUM, entdecken wir überraschenderweise auch immer wieder ***neue*** TÜREN und TORE!

Sackgassen entpuppen sich als *spannende* WANDERWEGE!

Wir finden immer wieder ***neue*** TORE, TÜREN, GÄNGE, DURCHGÄNGE ÜBERGÄNGE, EINGÄNGE, AUSGÄNGE und vieles mehr!

Wenn wir unseren ***Bestimmungen*** folgen und *edle* ***Ziele*** verfolgen, so werden sich wie von Zauberhand *viele, neue* und *wunderbare* TÜREN und TORE öffnen!

Solange wir forschen, unterwegs sind, weitergehen und auf den WEGEN unserer ***Bestimmungen*** unterwegs sind, werden wir auch immer wieder *neue, überraschende, hilfreiche* und *wunderbare* TÜREN, TORE, DURCHGÄNGE, ÜBERGÄNGE, EINGÄNGE, AUSGÄNGE und neue RÄUME finden!

Diese ***goldene*** und ***runde*** **TÜR** betrachtend, sehen wir eine oder mehrere *goldene* **Reliefspiralen**, die sich im *Mittelpunkt* der TÜR treffen beziehungsweise die alle in diesem *Mittelpunkt* enden.
Der *TÜRMITTELPUNKT* **strahlt** mit *wunderbarer* LICHTKRAFT und führt in *höhere* DIMENSIONEN!

Unterschiedliche **WORTE** sind entlang dieser **Spirale** zu erkennen:

„Dies alles und noch viel mehr steckt in dem Wort **BESTIM-MUNG!“**

BE(!) – (Englisch: Sein / Sei!) – **STIMME** (innere Stimme)

BEST – (Englisch: beste, bester) **STIMMUNG** – lausche deiner besten, inneren und höheren Stimme!
„Gestimmt“ – bringe dich immer wieder in gute Schwingung und Stimmung!

Stimme deine *inneren* INSTRUMENTE und deine FÄHIGKEI-TEN!

Praktiziere dein BESTMÖGLICHES **(BEST),** verbessere deine Fehler und schule deine FÄHIGKEITEN!

BEST – **IM**/MT! BEST – **IM**/ME (BESTIMME, BESTIM-MEN)!
Lasst uns MITBESTIMMEN!
Lasst uns das BESTE vom „IM-Herzen“ nach außen verströ-men!
Lasst uns das BESTE geben, um „IM-Wesentlichen“ verankert zu bleiben!
Lasst uns als einTeil fühlen vom Großen-und-Ganzen!
Lasst uns „IM“ Licht und „IM“ HÖCHSTEN verweilen und leben!

„MUNG“ (ähnlich wie MUND)
Lasst uns unser **Sprechen** nutzen um das BESTE, HÖCHSTE, REINSTE, LIEBENDSTE, ALLMÄCHTIGSTE und EDELSTE kundzutun und zu verbreiten!

„Bestimmt“ (Sicherlich) wird uns geholfen!

Wo es uns möglich ist, dort lasst uns selbst bestimmen, was das BESTE für uns und unseren Lebensweg ist!

Falls wir unsicher sind und nicht genau wissen, wie es weitergehen soll oder was das BESTE für uns ist, dann lasst unser SELBST bestimmen! Lasst uns nach innen lauschen!

Lasst uns unserer BEGEISTERUNG, unserem *inneren* GEWISSEN, unserem HERZEN und unserer *inneren* STIMME folgen!

Lasst uns **selbstbestimmt** sein!

Lausche, fühle, rieche, taste, sehe und höre das BESTE, nimm das BESTE wahr – nämlich *deine* **BESTIMMUNG!**

Tritt ein!

Du bist willkommen und wirst bereits erwartet!

Ist es nicht wunderbar, wieder bei dir selbst beziehungsweise beim SELBST anzukommen!

GOTT / AMMA / BABA spricht:

„**ICH** bringe LICHT, LIEBE, FREUDE, WAHRHEIT, (WISSEN und WEISHEIT) und SCHÖNHEIT in dein Leben.

Deine **BESTIMMUNG** ist es LICHT, LIEBE, FREUDE, WAHRHEIT, (WISSEN und WEISHEIT) und SCHÖNHEIT auf die **Erde,** in dein **Umfeld,** in dein **Leben** und in das **Leben** all derer zu bringen, die du triffst oder an die du denkst.“

- Du bist ein **Kind** des LICHTES!
- Du bist ein **Kind** der LIEBE!
- Du bist ein **Kind** der FREUDE!
- Du bist ein **Kind** der WAHRHEIT
- (des WISSENS und der WEISHEIT)!
- Du bist ein **Kind** der SCHÖNHEIT!“

„ICH BIN HIER, UM …!“ (singend)
(HIER = auf dieser Erde, in diesem Umfeld, in dieser Situation …)

Sinne über diese FORMEL (Ich bin hier, um …) nach, kontempliere über sie! Singe, sprich oder schreibe!

Lass es in dir **strömen!**
Lass es aus dir **herausströmen!**

Grabe tiefer, bis sich die *tiefere* SEELENSCHICHT zu WORT meldet und/oder bis die *tiefere* SEELENSCHICHT auf dem *geschriebenen* BLATT oder in deinem SCHREIBBUCH **sichtbar wird!**

ICH BIN HIER, UM… (singend)

- mit der *höchsten* KRAFT,
- mit GOTT,
- mit meinem *inneren* KERN,
- mit der *stärksten* KRAFT,
- im Segen des EWIGEN,
- mit der Fülle des LICHTES,
- mit meinem *göttlichen* VATER,
- mit meiner *göttlichen* MUTTER,
- in *seinem/ihrem* AUFTRAG

♥ zu lieben!
♥ das GUTE sowie *höhere* WAHRHEITEN zu erleben und zu verbreiten!
♥ die Welt und noch viel mehr deren SCHÖFER/IN zu lieben!

•

- *seine/ihren* SEGEN zu spüren, zu verbreiten und zu verteilen.
- im SELBST zu verweilen.
- GÖTTLICHKEIT / SEELE-SEIN zu manifestieren.
- GÖTTLICHKEIT / SEELE-SEIN auf die Erde zu bringen.
- *deine* GABEN und GESCHENKE zu empfangen und zu verbreiten.
- GLÜCK zu verbreiten, das nicht in dieser Welt zu finden ist.
- *deine* WEGE, die DU mir aufzeigst und die DU mit mir gehst, zu gehen.
- mit DIR und in DIR zu leuchten.
- DICH in die WELT zu bringen.
- mein *heiliges* ERBE (= GOTTESKIND zu sein) anzutreten.
- die MENSCHEN zu lieben und zu erwecken, so dass sie *ihr* ERBE (= GOTTESKINDER zu sein) antreten.
- gemeinsam mit DIR zu gehen.
- die **Botschaft** der EINHEIT *aller* MENSCHEN zu verbreiten.

WIR sind hier, um unseren ***BESTIMMUNGEN*** *zu folgen!*

Lasst uns unsere ***BESTIMMUNGEN*** *leben,*
feiern und genießen

– dein Govinda.

34. Weisheitstür: Trinität (Dreieinigkeit), Drei-König

DREIKÖNIGSTAG - Mittwoch, den 06.01.2021

Diese **TÜR** ist ein ***goldenes*** und ***gleichseitiges*** **Dreieck,** dessen eine Spitze nach oben zeigt.

In diesem TÜR-DREIECK sind mehrere *gleichseitige* DREI-ECKE zu erkennen.

Alle **Dreiecke** haben einen *gemeinsamen, zentralen* **Mittelpunkt,** der intensiv hell und **weiß-golden** strahlt.

Das ist der **STERN** *der WEISEN,* es ist das **LICHT** *der ERKENNTNIS,* das zur EINHEIT und zum EINHEITSBEWUSSTSEIN führt!

DREIECKE

- DREI ZEITEN: Vergangenheit, Gegenwart und Zukunft.
- Körper, Geist, Seele.
- DREI WELTEN: grobstoffliche Welt, feinstoffliche Welt (Gedanken, Gefühle, …), Seelenwelt.
- Erschaffung, Erhaltung (Wachstum, Veränderung), Auflösung („Vergehen", Zerstörung, Zersetzung, …).
- Geburt, Leben, Tod.
- Materie, Geist, Energie.
- Tamas (Trägheit), Rajas (Aktivität), Sattva (Reinheit).

Sie **alle** sind vorübergehend, also letztendlich nicht dauerhaft existierend!

Sie **alle** huldigen dem EINEN, so wie die drei Könige dem Jesuskind huldigen, sie kommen aus IHM und gehen wieder in IHN ein!

Lebe die **EINHEIT** von Kopf, Herz und Hand beziehungsweise die **EINHEIT** von Denken, Fühlen und Tun!

Das **EINE** ist GOTT, ATMAN, BRAHMAN, *höchstes* SEIN, EINS ohne ein ZWEITES, ... (Finde eigene Namen für das *unwandelbare* und *ewig* SEIENDE!)

Diese TÜR enthält im ZENTRUM das **AUGE GOTTES,** so wie es in der ägyptischen und christlichen Kultur oft abgebildet wurde.

Diese TÜR repräsentiert, unter anderem, den **WEG des Wissens,** der über Nachdenken, geistiges Erforschen und über intellektuelle Fähigkeiten und Mittel bemüht ist, die Wirklichkeit zu erfassen und zu erfahren.

Du betrittst den RAUM. Was siehst du? Was hörst du? Was fühlst du? Was spürst du? Was riechst du? Was erlebst du? Was empfindest du?

Egal, welchen WEG du gehst, vergiss nicht, dass das ***ZENT-RUM,*** *das* ***EINE,*** *die GRUNDLAGE allen SEINS ist!*

Verbinde dich mit dem ***ZENTRUM!***

Erforsche den MITTELPUNKT!

Erforsche das ***höchste SEIN!***

Lebe aus ***IHM,*** *in* ***IHM,*** *von* ***IHM*** *umgeben und für* ***IHN***

– dein Govinda.

35. Weisheitstür: Worte – Die Macht positiver Worte

Diese ***goldene*** **TÜR** flüstert:

„Komm, komm, komm, komm, komm näher, komm **OM, OH (-M)** komm,
OM – OM – OM, ...!“

Wenn wir sie betrachten, sehen wir zuerst nur *einzelne* BUCHSTABEN und schließlich das *gesamte* ALPHABET.

Schließlich erkennen wir ineinander verschlungene und miteinander verbundene sowie von Hand geschriebene GROSS- und KLEINBUCHSTABEN, die *kunstvoll, kreativ* und *intuitiv gemalt* wurden mit einer GOLD-ZAUBER-SCHREIBFEDER.

Die **BUCHSTABEN**, die diese ***goldene*** **TÜR** verzieren, wurden in einem ZUG (ohne abzusetzen) bzw. in einer *fortlaufenden* BEWEGUNG geschrieben.

Die Oberflächenstruktur dieser ***goldenen*** **TÜR** fühlt sich genauso an wie die Oberflächenstruktur von BAUMRINDEN, die von unterschiedlichsten Bäumen stammen.

Diese **TÜR** hat die Form eines *mächtigen* **BAUMSTAMMES.**

Während sie sich öffnet, **flüstert** sie:

„K – OM – M herein, lausche den GEHEIMNISSEN der **WORTE** und entdecke die ***positive*** **MACHT** der **WORTE!“**

Vielleicht hörst du deine *eigene* **STIMME** oder die **STIMME** eines *geliebten* MENSCHEN, ENGELS oder *freundlichen*

GEISTWESENS:
„Gottes**w**orte, Engels**w**orte, Feen**w**orte, Zauber**w**orte, Licht**w**orte, Macht**w**orte, Meister/innen/**w**orte, Weisheits**w**orte, Liebes**w**orte, Schlüssel**w**orte, Wunder**w**orte, Trost**w**orte, Heilungs**w**orte – heilende **W**orte, liebende und liebevolle **W**orte, wahrhaftige **W**orte, weise **W**orte, ermunternde **W**orte, beflügelnde **W**orte, erhebende **W**orte, segnende **W**orte, bedeutsame **W**orte, rettende **W**orte, begeisternde **W**orte, motivierende **W**orte, aufbauende **W**orte, heilige **W**orte, rettende **W**orte, fröhliche **W**orte, witzige **W**orte, humorvolle **W**orte, hoffnungsvolle **W**orte, Hoffnung schenkende **W**orte, feierliche **W**orte, intuitiv-passende **W**orte, kreative **W**orte, wunderschöne **W**orte, himmlische **W**orte, ergreifende **W**orte, magische **W**orte, natürliche **W**orte, erschaffende **W**orte, überzeugende **W**orte, leuchtende **W**orte, erhellende **W**orte, lichtvolle **W**orte, inneres Wissen vermittelnde **W**orte, wegweisende **W**orte, …“

In der Mitte dieses (Natur-)RAUMES steht *dein* **LIEBLINGSBAUM**. Vielleicht stehen da auch *mehrere* BÄUME?

Lasse dich auf seinen WURZELN nieder und lehne dich an den STAMM an oder befühle den STAMM mit deinen Fingern, deinen Händen oder deinem Rücken.

Umrunde ihn, küsse ihn (es sieht dich keiner – haha), umarme ihn und freue dich in seiner Nähe zu sein und spüre seine Kraft, Freundschaft und Liebe.

Was haben die letzten Sätze in dir bewirkt und erzeugt?

Ja, **Worte** können *innere* BILDER erzeugen, BOTSCHAFTEN vermitteln, GEFÜHLE und EMPFINDUNGEN erzeugen, neue WELTEN erschaffen, GEHEIMNISSE lüften, VERTRAUEN schaffen, heilen und LIEBE begünstigen und erzeugen!

Worte können noch viel, viel mehr!

Das gehörte ***Wort,*** das geschriebene ***Wort,*** das gedachte ***Wort,*** das geflüsterte ***Wort,*** das gesprochene ***Wort,*** das gesungene ***Wort,*** das laute ***Wort,*** das gerufene ***Wort,*** das energetische ***Wort,*** das energiegeladene ***Wort,*** das wirkungsvolle ***Wort,*** *das passende Wort,* das zutreffende ***Wort*** – **sie alle** helfen dabei, die Welt, unsere Mitmenschen, unser Leben, unseren Geist, unser Gemüt, unsere Körper und unsere Aura lichtvoller zu gestalten!

Es gibt **Worte,** die STIMMUNGEN, SCHWINGUNGEN und ATMOSPHÄREN erzeugen, die wir fühlen können!

Die **Intensität** *gesprochener* oder *gedachter* **Worte** hängt von der **Intensität** der *mitschwingenden* GEFÜHLE und der KRAFT des GEISTES ab!

Das, was wir denken, sprechen wir aus!
Das, was wir aussprechen, formt unsere HANDLUNGEN!
Das, was wir aussprechen, wird zu unserer REALITÄT!
Das, was wir denken und sprechen, *das* manifestieren (erschaffen) wir – das bringen wir in die WELT!

Sei gewarnt!

Bevor du sprichst, wähle *deine* **Worte** gründlich und mit BEDACHT aus!

Entsprechen sie der WAHRHEIT?
Kommen sie aus dem HERZEN?
Sind sie wertvoller als die STILLE?
Sind sie sinnvoll und HILFREICH?

Sprich möglichst **liebevoll** und *voller* ZUVERSICHT!
Sei achtsam, bewusst und vorsichtig mit deiner **Wortwahl!**
Kannst du nichts POSITIVES sagen, dann schweige!

Natürlich können wir **Worte** auch als Katharsis benutzen!

So können wir beispielsweise in einem geschützten Raum beziehungsweise Rahmen/Setting das „SCH…-**W**ORT“ oder ähnliche Worte langanhaltend aussprechen, ausrufen, sogar schreien und nach und nach damit spielen. (Siehe auch: „111. WEISHEITSTÜR: SPIELEN“.) Wir können dies so lange wiederholen, bis unser Ärger, unsere Wut, unsere Frustration und Ähnliches mehr, verflogen sind oder bis wir über unsere Macken und Fehler und über die Fehler und Macken anderer lachen können.

Ich wünsche uns, dass wir ***weiße, weise*** *und*
liebende MAGIER/INNEN *der* ***Worte*** *und*
des ***Wortgebrauches*** *werden, die sehr viel GUTES, SCHÖNES,*
ERHEBENDES, INSPIRIERENDES, WUNDERBARES,
WAHRES, HEILIGES, HELLES und HEILENDES
erschaffen *und* ***in die Welt bringen***

dein Govinda.

36. „Tür Zu!“- Geschichte

Besonders dann, wenn wir hektisch sind, uns anstrengen, zu viel arbeiten, „etwas“ fix erledigen wollen und uns „zu sehr“ bemühen, besonders dann, passiert es, dass sich MISSGESCHICKE **ereignen.**

Haste makes waste!

„EILE (HAST, HETZE, UNRUHE, ANGESTRENGT-SEIN) führt zur
VERSCHWENDUNG!“

Dieser Satz steht in Prashanti Nilayam (= Ort des höchsten Friedens) im Ashram von SATHYA SAI BABA auf einer der Tafeln, die öffentlich aufgestellt sind.

EIGENTLICH (Wenn dieses Wort gebraucht wird, dann ist meistens – zumindest zu einem gewissen Anteil – das Gegenteil wahr!) wollen wir Belohnung, Zufriedenheit und Freude ernten, wenn wir uns stark engagieren und wenn wir aus unserer Sicht sehr fleißig sind.

Wir glauben dann, es verdient zu haben!

Achtung: Das *subtile* EGO ist dann bereits am Werk!

Eine heikle Situation!

Hin und wieder beginnen wir in *schwierigen* SITUATIONEN zu verzweifeln, uns zu ärgern, uns selbst zu bemitleiden, zu jammern und/oder zu schimpfen.

Wir hadern mit anderen, mit der *göttlichen* FÜHRUNG, der **Situation,** den **Umständen** und/oder sogar mit **uns selbst.**

Es kann dann auch leicht geschehen, dass wir uns unseren FEHLER nicht eingestehen wollen und wir die Umstände oder andere Menschen für unser *selbst verschuldetes* MISSGESCHICK verantwortlich machen.

Seit einigen Jahren habe ich die Aufgabe des ALTAR-SCHMÜCKENS, die mir liegt und die ich meistens sehr gerne mache.

Im Laufe der Jahre ergab es sich, dass diese *ehrenamtliche* AUFGABE zu mir gefunden hat.

War es der Wille und Auftrag der *höchsten* MACHT?

An den indischen Festtagen half ich voller Begeisterung der damaligen Dekorateurin Irena. Ich liebte diese AUFGABE und empfand es als höchst ehrenwert, ihr bei dieser Aufgabe behilflich zu sein. Nach einigen Jahren starb sie plötzlich und unerwartet.

So kam es, dass ich diese *schöne* und *wunderbare* AUFGABE – Altardekoration – „hauptverantwortlich" übernehmen durfte.

Vor drei Tagen war es dann wieder soweit!

Ich fuhr mit dem Rad zur Werftstraße, zum SAI–Zentrum, um den ALTAR neu zu gestalten.

Ich war etwas in EILE und leicht gestresst.

Ich entfernte die weihnachtliche Dekoration und staffierte den Altar mit neuen hell- und dunkelblauen Tüchern aus.

Eilig brachte ich die zwei Föhren- beziehungsweise Tannenzweigbüschel samt Vasen mit Wasser, einem Plastikeimer und mehreren kleinen Plastikabfalltüten in den Flur.

Schließlich entschloss ich mich, schnell den Müll hinauszubringen.

Ich hatte mir heute vorgenommen, alles **zügig zu erledigen,** daher entschied ich mich, alles auf einmal in den Hinterhof zu den großen Mülltonnen zu bringen.

Kurz dachte ich auch noch, dass der SCHLÜSSEL eine *wichtige* **Rolle** spielen wird, daher ergriff ich ihn und steckte ihn ins Schlüsselloch.

Als ich meine Aktion abgeschlossen hatte und ich wieder zurück in die Räumlichkeiten wollte, stellte ich – wie in einem bösen Traum – fest, dass die TÜR verschlossen war.

Der SCHLÜSSEL steckte nicht außen, so wie ich es eigentlich geplant hatte. Leicht panisch, zumindest ziemlich beunruhigt, suchte ich nun ziemlich hektisch im Hinterhof und sogar in den Mülltonnen nach meinem SCHLÜSSELBUND – ohne Erfolg!

Schock

Erst jetzt wurde mir bewusst, dass ich anfing zu frösteln!

Mir wurde klar, dass ich mich selbst ausgesperrt hatte und dass sich alle meine Sachen – Jacke, Pullover, Geldbeutel und Handy – in den Räumlichkeiten befanden!

Folgende **GEDANKEN rasten** durch meinen KOPF und durch meinen GEIST:

„Das kann nicht sein!

Ich habe doch noch extra an den SCHLÜSSEL gedacht!

Ich will doch noch zum Teufelssee radeln und mein Winterschwimmen

genießen!

Außerdem wollte ich zwischen 14 und 16 Uhr bei mir zu Hause für meinen Sohn Essen zubereiten, der zu Hause via Internet im ersten Semester an der TU -Berlin studiert."

Zum Glück fing ich nach kurzer Zeit an, meine GEDANKEN zu **kontrollieren,** bat BABA um Hilfe und suchte nach Lösungen:
„Na gut, der Schlüssel liegt wahrscheinlich im Flur!"
Ich hatte in diesen Momenten des inneren **Aufruhrs** und der **Hektik** tatsächlich vergessen, dass ich den SCHLÜSSEL innen ins Schloss gesteckt hatte!

Nun fing ich an, BABAS Namen innerlich **auszurufen:**
„BABA, BABA, BABA bitte hilf mir!" In diesem Moment konnte ich noch nicht daran glauben, dass mir irgendjemand helfen könne.

Ich sammelte mich! Ja, ich brauchte einen Schlüsseldienst! Nun war klar, ich würde bei den türkischen Nachbarn im ersten Stock klingeln und um Hilfe bitten. Kurz darauf klingelte ich unten an der Außentür und schilderte kurz meine Misere. Eine Männerstimme antwortete, dass ich hochkommen könne. Also begab ich mich schnell in den ersten Stock und klingelte dieses Mal an der Wohnungstür.
Ein sehr netter Mann mittleren Alters mit etwas längeren Haaren öffnete mir. Er stand im Flur und trug einen blauen Trainingsanzug mit der Aufschrift eines Berliner Fußballvereins. Ich trat ein und sah durch eine weitere Tür seine Mutter oder Oma und noch einen weiteren jungen Mann im Wohnzimmer auf der Couch sitzen. Beide schauten in Richtung des Fernsehers, der wohl, aufgrund meines Klingelns, so vermutete ich, etwas leiser gestellt war.
Ich schilderte dem Mann noch einmal meine erbärmliche Lage! Ganz ruhig und entspannt bot er sich an, auf seinem Smartphone nach einem Schlüsseldienst in der Nähe für mich zu suchen. Als er einen Schlüsseldienst gefunden hatte, überreichte er mir netter-

weise sein Handy, sodass ich selbst beim Schlüsseldienst anrufen konnte!

Erleichterung

Hurra, RETTUNG naht!

In 20 bis 30 Minuten würde der Mann vom Schlüsseldienst hier sein! Hurra, danke BABA, Rettung naht!

Überschwänglich bedankte ich mich bei dem netten Herrn und ging im Hemd nach unten, um dort sehnsüchtig den Mitarbeiter des Schlüsseldienstes zu erwarten. Mir wurde kalt und ich schaute immer wieder auf meine Armbanduhr. Ich ging hin und her, machte ein paar angedeutete Kniebeugen und schnelle Kräftigungsübungen für die Arme, um gegen die Winterkälte anzukämpfen.

Es verging gefühlt sehr viel Zeit, bis der Monteur kam!

Nach einem kurzen circa *zweiminütigen, fachmännischen* **EINSATZ** des polnischen Mannes konnte ich wieder den Flur des SAI-ZENTRUMS betreten und stellte mit *großer* ERLEICHTERUNG fest, dass der SCHLÜSSELBUND an der Innenseite der Eingangstür baumelte.

Ich dankte BABA innerlich und ich war sehr froh, dass die Tür nicht beschädigt war und ich auch kein neues Schloss brauchte. Die „Bezahlung" war ebenfalls abenteuerlich. Doch diese zusätzliche Geschichte würde den Erzählrahmen sprengen. Zügig erledigte ich noch die restlichen, kleineren Arbeiten. Dann zog ich mich an, packte meine Radtaschen, schloss die Tür ab (dieses Mal von außen – hahaha), ging zu meinem Rad, schloss es auf und konnte mich nun endlich auf mein geliebtes Rad- Pferd setzen und nach Hause reiten, ähm radeln!

Als ich bereits im Tiergarten (Berliner Park) unterwegs war, erwachte meine BADESEHNSUCHT. Kurzum entschloss ich mich, doch noch die circa elf Kilometer zum Teufelssee zu radeln, um dort mein WINTERBAD zu nehmen.

Die Essenszubereitung für meinen Sohn, so meine Zeiteinschätzung, würde ich auch noch danach, ohne große Verspätung, vornehmen können.

Rasch fuhr ich nun, schon wieder etwas besser gelaunt, die nassen Straßen entlang. Der Himmel war grau und wolkenverhangen und es nieselte ein wenig. Das alles war mir einerlei! Ich war froh und glücklich, einen Entschluss gefasst zu haben!

Am Teufelssee angekommen, entkleidete ich mich schnell und zog geschwind meine Badehose an. Durch die schnelle Fahrt war ich leicht erhitzt und konnte es kaum erwarten, in die Fluten zu steigen. Der See war zum größten Teil bereits mit einer dünnen Eisschicht überzogen. Nur vorne am Einstieg gab es noch eine breitere Stelle, die noch eisfrei war.

Nichts wie hinein! HURRA! 20 schnelle, kurze, intensive Schwimmzüge. Den Kopf über Wasser haltend, schwamm ich in dem Bereich, der noch eisfrei war. HUCH, was für ein superschönes Gefühl dies doch war! Schließlich drehte ich mich um und schwamm auch wieder zurück.

An Land angekommen zog ich mich wieder rasch an und verstaute meine Sachen in den Radtaschen. Diese hängte ich ans Rad und schon befand ich mich auf dem Rückweg. Ich strampelte zügig die kleine und kurze Anhöhe hinauf. Oben an der Teufelsseestraße angekommen, trat ich ordentlich in die Pedale, erstens, um wieder warm zu werden und zweitens, um meinen Sohn nicht zu lange warten zu lassen.

Zu Hause angekommen, stellte ich zu meiner Erleichterung fest, dass ich mich nur leicht verspätet hatte.

Von den 120 €, die ich dem Mann vom Schlüsseldienst bezahlt hatte, wurden mir 100 € vom Leiter des Sathya - Sai - Zentrums erstattet!

Happy End!

Dein Govinda wünscht dir und sich selbst,
dass MISSGESCHICKE uns ***nicht aus der Fassung bringen!***
Weiterhin wünsche ich uns, dass wir in
KRISENSITUATIONEN ***mit GOTTES HILFE*** *schnell*
wieder ***lösungsorientiert denken*** *und* ***handeln*** *können und*
dass wir HILFE erhalten und annehmen!
Außerdem wünsche ich uns, dass all unsere
MISSGESCHICKE ***ein HAPPY END*** *haben mögen!*
PS: Heute Morgen stand bei mir dieses
THEMA bei meiner Themensuche sehr im Vordergrund,
daher habe ich mich entschieden diese sehr persönliche und
reale GESCHICHTE aufzuschreiben.
Diese **TÜR** *ist so völlig anders als alle bisherigen!*
Hoffentlich hat dich meine kleine GESCHICHTE dennoch inter-
essiert, erfreut oder sogar amüsiert!?

37. Tür - Tor - Eingang - Zugang: Erschaffung

Auf diesem ***goldenen* TORBOGEN** stehen in *großen, goldenen, geschwungenen* und *geschriebenen* WORTEN, die die Form eines HALBRUNDBOGENS annehmen:

„ENTSTEHUNG, WACHSTUM, REIFUNG, KREATION, ERFINDUNG,
GESTALTUNG, NEUSCHÖPFUNG, …"

„Kreativsein ist GÖTTLICH!
Nachahmung ist MENSCHLICH!" (Ein BABA-Spruch!)

Stell dir vor, dass dieses **TOR *alle*** TÜREN, TORE und EINGÄNGE ***aller* Gebäude** der WELT, die jemals erschaffen wurden, latent in sich birgt!

Lasse die ***allerschönsten*** TÜREN, TORE, EINGÄNGE und PORTALE vor deinem inneren Auge leuchtend und präzise entstehen!
Setze im GEISTE alle „Sinne" dafür ein:
„Schauen, genaues Betrachten, Hören, Lauschen, Riechen, Schnuppern, Tasten, Berühren, Schmecken und sogar deine höheren, inneren Sinne."

Bei deinem nächsten Gang ins Freie, lade ich dich ein, TÜREN und TORE **sehr bewusst anzuschauen** und **wahrzunehmen!**

Erschaffe im GEISTE deine *eigene* EINGANGSTÜR und tritt ein!

Dieser *riesige* RAUM verrät dir die *wesentlichen* GEHEIMNISSE rund um das Thema **ENTSTEHUNG** und **ERSCHAFFUNG.**

Es sind verschieden *große* und *kleine* TISCHE aufgestellt, auf denen gezeigt wird, wie *lichtvolle* **Ideen,** *begeisternde* **Visionen** und *leuchtend-geistige* **Werke entstehen**.

Entstehungsprozess – Entstehungsphasen – Entstehungszeiten – Entstehungsschritte – Entstehungsverläufe – *fertiges* **Werk**!

Entstehungszeit

Eine SKIZZE oder ein GEDICHT kann in *wenigen* **Minuten** entstehen!

Einige KATHEDRALEN sind über *mehrere* **Jahrhunderte** und über viele Generationen hinweg entstanden!

Alle KÜNSTE – Musik, Gesang, Tanz, Theater, Bildhauerei, Malerei, Dichtung, Schreibkunst, … – haben, wie auch alle Handwerke und Berufe, ihren jeweils *eigenen* **TISCH** oder sogar *eigenen* **RAUM.**

Wie entsteht etwas?

Meist beginnen wir ein **Werk,** ein **Projekt** und Ähnliches mehr, mit einer *leuchtenden* IDEE, einem GEISTESBLITZ, einer *höheren* INSPIRATION, einer *göttlichen* VISION oder mit einer *göttlich-himmlischen* EINGEBUNG!

Alle IDEEN, die aus einer *höheren* INSPIRATION, einer *göttlichen* VISION oder einer *göttlich-himmlischen* EINGEBUNG hervorgehen, **dienen dazu,** allen Menschen, allen Tieren, allen Pflanzen und der gesamten Erde **zu helfen.**

Sie **dienen** dazu, die Gesundung, die Entwicklung, die Besserung der MENSCHHEIT sowie die EINHEIT zu fördern und zu unterstützen.

Eine *innere* FREUDEN- und WISSENSQUELLE fängt an zu sprudeln!

Der WUNSCH, das *innere* FEUER und die BEGEISTERUNG etwas **S**chönes, **W**underbares, **E**rhabenes, **H**ilfreiches und **We**sentliches zu erschaffen, bestimmen *alle* ENTSTEHUNGSPHASEN aller *großen* **Meisterwerke**.

Oder ist eine ***höhere*** **MACHT** am Werk, die uns als Werkzeuge benutzt und die ihre *eigenen* PLÄNE verfolgt?

Innere FREUDE, innere ERFÜLLUNG, tiefe BEFRIEDIGUNG, höchstes WOHLGEFÜHL, starke BEGEISTERUNG, entspannte GELASSENHEIT, das Gefühl von „ERHEBUNG" und „ERHOBENSEIN", höchste ZUFRIEDENHEIT sowie eine starke liebevolle HINGABE an den **ENTSTEHUNGSPROZESS**, an das **WERK** und an den *inneren* **AUFTRAGGEBER (=** ***göttliche*** **INSPIRATION)** sind **Indikatoren,** die darauf hinweisen, dass wir geführt werden!

Wir sind nun ein **Kanal** oder ein **Werkzeug** dieser ***göttlichen*** **INSPIRATION**!

ENGELSGEDULD, BEHARRLICHKEIT, AUSDAUER und VERTRAUEN in den **Schöpfungsprozess** und den **SCHÖPFER** sind vonnöten, um den WEGWEISERN auf dem **PFAD der SCHÖPFUNG** folgen zu können!

Wenn wir das Gefühl haben, ES entsteht oder ES geschieht wie von allein beziehungsweise wie von ZAUBERHAND, dann sind wir auf dem ***göttlichen*** **PFAD der ENTSTEHUNG!**

Wenn wir selbst immer wieder überrascht und begeistert sind von dem Resultat und Ergebnis, das wir durch unsere HÄNDE und durch unsere EINGEBUNGEN erschaffen haben, dann sind wir auf dem ***göttlichen*** **PFAD der ENTSTEHUNG!** Es ist ein zutiefst *beglückendes* und *erfüllendes* GEFÜHL, daran mitwirken zu dürfen! Es ist *fantastisch!*

Also, meine lieben BAUMEISTER/INNEN und ERSCHAFFER/INNEN lasst uns ***schöpferisch, kreativ*** *und* ***konstruktiv*** *sein!*

Lasst uns mitwirken an ***SEINEN PROJEKTEN!***

Überlasst IHM die ZWISCHENRESULTATE, das UNFERTIGE, den PROZESS, das FERTIGE und das ENDPRODUKT!

Wenn ***SEIN starker ARM*** *es will, dann wird es* ***sich realisieren***

– dein Govinda.

38. Gold-Licht-Tür: Gebet

Vor dieser ***hell-leuchtenden, goldgelben*** **TÜR** stehend, beruhigt sich unser Geist.

Wenn wir wollen, können wir nun die Hände falten und uns ehrfürchtig vor diesem ***kraftvollen*** **LICHTINSTRUMENT** – SEELENGEBET, LICHTGEBET, HERZENSGEBET – verneigen!

Um zu beten, braucht es *keine* ANSTRENGUNG, sondern

- ein „LOSLASSEN“,
- ein „SICH-einer-**höheren MACHT**-ÖFFNEN“,
- ein „SICH-ÖFFNEN (nach innen, nach oben, in die Weite, …) hin zum **HÖHEREN** / hin zur ***höchsten*** **MACHT.**

ES ist sinnvoll sich der ***höchsten*** **MACHT** vollständig anzuvertrauen!

ES ist vonnöten ein *starkes* VERTRAUEN in die ***höchste*** **MACHT** und ***stärkste*** **KRAFT,** die auch in uns wohnt, zu haben und aufzubauen!

Es braucht ein

- SICH-DER-LICHTFÜLLE-ÜBERLASSEN,
- EINTAUCHEN in das MEER der SCHÖPFERKRAFT,
- EINTAUCHEN in das ***allumfassende*** **SEIN,**
- RUHIGSTELLEN des *wünschenden, wollenden* und *unruhigen* GEISTES,
- LAUSCHEN in die ***machtvollste*** **STILLE** – die alles vermag und alle Welten und Möglichkeiten in sich trägt,
- *inneres, weites, offenes* und *beglückendes* LÄCHELN – das weiß, dass alles gut ist,

- AUSBREITEN der SEELEN-LICHTFLÜGEL und
- HINEINGLEITEN in diese *andere, immer lichtvolle, erhabene* und *wahrhaftige* WELT!

Dann geht die TÜR, wie schon so oft, von allein auf!
Es wird hell, warm und sehr behaglich!
Es fühlt sich so an, als würden *uns* **ENGELSFLÜGEL** *wachsen* und als würden **ENGELSSCHWINGUNGEN** *unser Sein durchfluten!*

FRIEDEN, LIEBESLICHT, FREUDENLICHT, WEISHEITSLICHT und SEGENSLICHT umfluten uns, reinigen uns, durchfluten uns und breiten sich schließlich in uns aus!

Wenn wir zu diesem **LICHT** vorgedrungen sind, dann verschwinden in der Regel *alle* WÜNSCHE, *alle* BITTEN, *alle* BESCHWERDEN, *alle* ÄNGSTE und *alle* GEDANKENSORGEN von allein!

ES öffnet sich die ***innere*** **Lichtwelt.**

Die ***innere*** **Lichtwelt** hat sich uns geöffnet.
Die ***innere*** **Lichtwelt** arbeitet von nun an mit uns zusammen.
Die ***innere*** **Lichtwelt** nimmt uns als ihr WERKZEUG an.

Wenn dies geschieht, dann sind wir tief berührt und glücklich!
Wenn dies geschieht, dann haben wir nur noch drei **WÜNSCHE**:

1. Wir sind ausgesprochen dankbar und wollen unsere **DANKBARKEIT zeigen!**
2. Wir wollen **„durchstarten“!**
3. Wir wollen uns **würdig erweisen** hinsichtlich unseres AUFTRAGES oder PROJEKTES.

Daraufhin öffnen wir uns noch mehr den *guten* SCHWINGUNGEN und stellen *uns* und *unsere* TALENTE zur Verfügung, um ***lichte*** **WERKE** und ***lichte*** **AUFTRÄGE** auszuführen und zu erfüllen - mit dem **ZIEL**, LICHT, WAHRHEIT, WEISHEIT, BEWUSSTHEIT und LIEBE zu fördern und zu verbreiten!

Schließlich bleibt **nur** noch **ein** *mächtiger* **WUNSCH** übrig:

„LICHT / *höchste* ALLMACHT, nutze uns und unsere TALENTE, FÄHIGKEITEN und POTENZIALE, um *dein* **WERK** auszuführen, um *deine* **WAHRHEIT** und um *deine* **HEILS-RETTUNGS-FRIEDENS-WEISHEITS-BOTSCHAFTEN** zu leben und zu verbreiten!"

Mache uns zu deinem wirkungsvollen INSTRUMENT
in deinem ***göttlichen PLAN!***

Sieg dem LICHT

– Dein Govinda!

39. Gold-Licht-Tür: Atmung – Schlüssel des Lebens

Ohne Nahrung kann der Körper längere Zeit überleben!
Ohne Wasser kann der Körper ebenfalls eine gewisse Zeit überleben!

Ohne **ATMUNG** beziehungsweise ohne Sauerstoff kann der Körper nur wenige Minuten überleben!

Natürlich gibt es Ausnahmen. Yogis können mehrere Minuten, Stunden, ja, sogar Tage ihren Körper verlassen, der dann nicht mehr atmet, und dann wieder zurückkommen!

Inzwischen gibt es immer mehr Berichte und Erzählungen von Nahtod-Erlebnissen und einem Leben nach dem Tod. An dieser Stelle möchte ich die Autoren Raymond Moody und Alexander Eben sowie Elisabeth Kübler-Ross erwähnen. Des Weiteren gibt es auf „YouTube" zahlreiche Berichte, Erzählungen und Interviews zu diesen Themen.

Die Schlussfolgerung, die sich daraus ergibt ist, dass die **SEELE** den KÖRPER bewohnt und wir **SEELEN** sind.

Doch solange wir uns in unserem KÖRPER befinden, sollten wir dieses Körperinstrument genaustens erforschen, es gut behandeln, es wertschätzen, es rein und gesund halten und es dazu nutzen, mehr über unsere *wahre* NATUR herauszufinden.

Die **ATMUNG** ist das Bindeglied zwischen dem Energiekörper und dem physischen Körper.

Bewusster **ATEM** kann auf vielerlei Arten und Weise erfahren, erlebt erlernt und vollzogen werden.

Es sei darauf hingewiesen, dass ich das Thema ATMUNG nicht wissenschaftlich perfekt und allumfassend behandeln werde.

Im folgenden Abschnitt berichte ich von meinem *eigenen* WISSEN und von meinen eigenen *persönlichen* ERFAHRUNGEN und ERLEBNISSEN hinsichtlich der **ATMUNG**. Ich schöpfe dafür aus meiner *persönlichen* PRAXIS und meinen ERFAHRUNGEN als Yogalehrer, als Yogapraktizierender, als Goralewskischüler (Frieda Goralewski 1983-1989 war eine meiner Lehrerinnen) und als Atem-Forscher. Ich habe einfach spontan notiert, was mir zum Thema **ATMUNG** einfiel.

Atembeobachtungen der unterschiedlichsten Art:

- Verlauf des ATEMSTROMES durch die Nase
- Wahrnehmung von ATEMBEWEGUNGEN, so zum Beispiel das Heben und Senken der Bauchdecke im Liegen, Brustkorbbewegungen, Schlüsselbeinbewegungen, Zwerchfellbewegungen, Bewegungen im Rücken und in der Vorderseite des Beckens, im Liegen
- Erspüren der Kontaktstellen zum Boden hinsichtlich der Atmung und vieles andere mehr

Atemlenkung:

- konzentriertes BEWEGEN von Muskeln, die die Atmung verändern
- das ZUSAMMENZIEHEN einzelner Muskeln, Muskelgruppen oder Körperregionen – meist bei der Ausatmung
- lösendes, bewusstes ENTSPANNEN einzelner Muskeln, Muskelgruppen oder Körperregionen – meist bei der Einatmung
- ATEMEXPERIMENTE zum Erforschen und Kennenlernen der Atmung: Atemanhalten in Maßen, Muskelanspannungen

in Maßen übertreiben, Beispiel: den Bauch eingezogen lassen und trotzdem tief mit dem Brustkorb weiter atmen oder umgekehrt

Atem-Muskeltätigkeit erforschen, beobachten und sich ihrer bewusst werden / Vermittlung von Anatomiekenntnissen:

- Zwerchfell – Quermuskel, der den Bauchraum vom Brustkorbraum trennt
- Bauchmuskel – differenzierte Wahrnehmung der Vorderseite, der Seiten und der Rückseite (unterer Rücken)
- Schultergürtelmuskulatur – um die Schlüsselbeine, um die Schulterblätter herum, Raum zwischen den Schlüsselbeinen und Schulterblättern, Schultergelenken und so weiter
- um den Hals herum
- Halsmuskulatur – seitliche, vordere Verbindungen zum Schultergürtel
- Brustkorbmuskulatur – Zwischenrippenmuskeln, Vorderseite, Seiten, Rückseite: mittlerer und oberer Rücken, Brustbein, Wirbelsäule in diesem Bereich
- Gesicht – Kiefer, Kaumuskeln, Lippen, Zunge Hinterkopf, Kopfhaut
- Becken – Rückseite (Gesäßmuskeln, Bänder im Kreuzbein, …), Vorderseite (unterster Bauch), Beckenboden, Mitte (Hüftbeuger)
- Beine (Oberschenkel, Waden …)

Atemräume

- WO und WIE spüre ich die **Atmung?**
- **Ateminnenräume** wahrnehmen, die sich je nach Körperhaltung, Asana (= Körperstellung), Verlagerung, Bewegung, Muskelanspannung, Muskelentspannung und Ähnlichem mehr ändern

- Ausdehnung oder Zusammenziehung
- größer und kleiner werdende Ateminnenräume
- Strecken, Drücken, Ziehen, Einziehen, Pressen, Drehen, Wringen, Quetschen, Schrumpfen und vieles Ähnliches mehr
- Begrenzung der **Atemräume** durch den Kontakt mit Außenräumen beziehungsweise Außenkräften: Schwerkraft, Berührung, Bodenkontakt, Luftkontakt (auch Atmung)
- **Atemräume** in Kombination mit verschiedenen Körperstellungen und Körperpositionierungen: Umkehrstellungen, Stand, Bauchlage, Rückenlage, Seitenlage, Sitz, …

Atemintensität, Atemvolumen, Atemtempo, Atemführung, Atemarten:

- vertiefte, gründlichere, verlangsamte und verlängerte AUSATMUNG
- vertiefte, gründlichere, verlangsamte und verlängerte EINATMUNG
- ATEM ANHALTEN – nach der Einatmung, nach der Ausatmung oder zwischendrin
- *stufenweise* EINATMUNG bzw. AUSATMUNG
- **Kapalabhati** / REINIGUNGSATMUNG / *energetisierende* ATMUNG: kurze, schnelle, heftige Ausatmung unter Zuhilfenahme der Bauchmuskeln – 2 x tiefe Yogaatmung – langes Anhalten der Atmung 30 bis 90 Sekunden – normale Zwischenatmung
- **Anuloma Viloma** / *wechselseitige* NASENATMUNG: *Gleichmäßige* **2-phasige Atmung**: 4 Sek. einatmen – 4 Sek. ausatmen oder 6-6, 8-8, 10-10, 11-11, …, **2-phasige Atmung** mit *verlängerter Ausatmung:* im Verhältnis 4 Sek. einatmen 6 Sek. ausatmen oder klassisch 4 Sek. einatmen - 8 Sek. ausatmen oder 5-10 / 6-12 / 7-14 …

3-phasige Atmung: klassisch 4 ein – 16 halten – 8 aus / 5-20-10 / 6-24-12 / …

- ANHALTPHASE nach der Ausatmung. Experimentiere damit!
- ***volle* YOGA-ATMUNG**: wird in **3 Abschnitten** untergliedert: Bauch-Becken-Atmung // Brustkorb- und Flanken-Atmung // Schulter-, Schlüsselbein-, Schultergürtel-Atmung // Verlauf: komplette Ausatmung mit Einziehung des Bauches
  2-phasige Atmung
  Einatmung: Becken-Bauchraum, ca. 3/4/5/… Sekunden füllen! Weiter den Brustkorb ca. 3/4/5/… Sekunden und noch weiter Schlüsselbeinatmung 2-4 Sekunden füllen! Also insgesamt 8 -11 Sekunden! Später auch länger: 12-20 Sek.!
  ***Ausatmung*:** Schultergürtel- und Brustkorbatmung zusammen ca. 5 Sek., danach schließlich Bauchatmung und die vordere untere Beckenmuskulatur einziehen ca. 4 Sek.! Insgesamt ebenfalls 8-12 Sekunden! Später auch länger: 12-20 Sek.! Also *gleich lange* **Aus- und Einatmung**: 8-8 / 9-9 / 10-10 / …
- subtile, feine **Atmung** (fast gar nicht atmen) zum Beispiel bei der Meditation
- beobachtende **Atmung**
- freie Atmung - geführte **Atmung**
- fließende **Atmung – Atem**-Unterbrechung

Visualisierungsübungen

Du kannst dir vorstellen, SAUERSTOFF, PRANA, LEBENDIGKEIT, LICHT, *subtile* KRAFT, *innere* STÄRKE, GLEICHMUT, WISSEN, VERBUNDEN-SEIN, MITGEFÜHL, LIEBE, FRIEDEN, STILLE, AUSGEGLICHENHEIT, … **einzuatmen!**

Mit der **Ausatmung** lasse los, entspanne die Muskeln und stelle dir vor, obige Qualität zu speichern und gleichmäßig im physischen **Körper** und im **Energiekörper** zu verteilen! Du kannst PRANA, ENERGIE und/oder LICHT in und an bestimmte **Körpersysteme** – Organsystem, Gelenksystem, Drüsensystem, Muskelsystem, Sehnensystem, Knochensystem – **senden!**
Du kannst ES/SIE auch an genau *bestimmte* STELLEN und BEREICHE im **Körper** und in der **Aura** lenken!

Atemschulungsziele:

- erweiterte und vertiefte **Atmung**
- freiere **Atmung**
- bewusstere **Atmung**
- effektivere **Atmung** – mit weniger Aufwand mehr Sauerstoff und Prana aufnehmen, das heißt zum Beispiel, dass wir mit einem tiefen Atemzug so viel Sauerstoff aufnehmen, wie sonst nur mit vier bis fünf Atemzügen
- Kennenlernen und Erforschung der *eigenen* **Atemgewohnheiten** und des *eigenen* **Atemverhalten**
- Kennenlernen und Erforschung *neuer* **Atemmöglichkeiten**
- **Atembewusstsein** intensivieren: beteiligte Muskeln kennenlernen und bewusst einsetzen; Muskelanspannung und Muskelentspannung und ihren Einfluss auf die Atmung erforschen
- **Atmung** und **Bewegung** harmonisch verbinden: Sonnengruß, Katzenbuckel, Pferderücken, …
- **Atmung** und **Haltekraft** beziehungsweise Atmung bei Anstrengung: umgekehrtes V, Liegestützposition, Kopfstand, Krähe, …
- *differenziertere* ZUSAMMENHÄNGE erleben, erfahren und erforschen zwischen: Atmung und Drehungen, Atmung und Streckung, Atmung und Dehnung, Atmung und Kräftigung,

Atmung und Gleichgewicht, Atmung und Entspannung, Atmung und Stille

Weitere Themen und ZUSAMMENHÄNGE hinsichtlich **Atmung** und **Atemerforschung:**

- **Atmung** und Klangvibrationen bzw. Klangschwingungen,
- **Atmung** und Mantra,
- **Atmung** und Geist / Gefühle (Eine ruhige tiefe Atmung beruhigt Geist und Gefühle! Stimmt das?)
- **Atmung** und die Schärfung bzw. Verfeinerung der Sinne,
- …

Und noch vieles mehr gilt und gibt es zu erforschen, zu entdecken und zu nutzen, um dich weicher, weiter, ausgeglichener, innerlich stärker, lebendiger, (mehr) in dir ruhend und verbundener mit dir SELBST, mit dem KÖRPER, mit deiner ***ATMUNG,*** *mit deinem DENKEN, mit deinem SEIN, mit deinen POTENZIALEN und mit deinem SELBST, zu fühlen*

– dein Govinda.

40. Weisheitstür: Höchstes und ewiges Sein / Bewusstsein

Auf dieser **TÜR** stehen in *goldenen* BUCHSTABEN und SCHRIFTZEICHEN viele (vielleicht sogar alle) *unterschiedlichen* SCHRIFTSPRACHEN, die es auf der Erde gibt und je gab. Sie alle sind Bezeichnungen, Symbole und Begriffe für die ***höchste** und **unveränderliche*** **WAHRHEIT** – für das **EINE ohne ein Zweites!**

Auf dieser TÜR ist ein **Kreis** abgebildet.

Bei näherer Betrachtung verwandelt sich der **Kreis** in eine **Spirale,** die sich ins Innere des RAUMES ausdehnt.

Alle **Sprachen** und **Symbole** winden sich in KREIS- und SPIRALFORM.

Wie kann das **EINE** benannt werden, wenn es doch *sprachlose* STILLE ist?!

Alle SPRACHEN der Welt reichen nicht aus, um das **EINE** zu erfassen, zu benennen oder zu erfahren!

Tritt ein!

Dort, wo SPRACHE, FORM, GESTALT und MATERIE **enden,** dort **beginnt** das **EWIGE,** die *allesumfassende* und *allesdurchdringende* GEGENWART des ***göttlichen*** **SEINS.**

Im Innern dieses RAUMES wird eine Melodie hörbar, die die Formel

„DU bist DAS, was …!“ zum Leben erweckt.

Angenommen, es wird ein neues Lebewesen in den Tiefen des Meeres oder im Dschungel entdeckt. Weiter angenommen, die Entdecker/innen hätten keine Bilder gemacht und das Lebewesen dennoch gründlich erforscht. Sie würden uns jedoch dieses Tier begeistert beschreiben und von seinen Fähigkeiten und Eigenschaften berichten, sodass es uns möglich sein würde, eine Ahnung von dem fremdartigen Tier zu bekommen.

Genau dies haben alle HEILIGEN (w/m), RELIGIONSSTIFTER/INNEN, RISHIS (w/m), MEISTER/INNEN, WEISE (w/m), *spirituell ausgerichtete* MENSCHEN und *viele andere* MENSCHEN getan.

Sie haben uns von ihren *höheren* und *höchsten* BEWUSSTSEINSZUSTÄNDEN berichtet.

Lausche und höre, was sie zu sagen haben!

Sie alle **sprechen** und **singen** von der ***ewigen*** **WAHRHEIT** – auch genannt *höchstes* BEWUSSTSEIN!

Wir selbst stammen aus diesem SEELISCH-EINEN und *sind* ***ein*** **TEIL** *davon.* Also können wir ebenfalls, wenn wir nach innen lauschen und fragen, *eigene* ANTWORTEN finden!

Suche dir den *besten* und *passendsten* PLATZ in diesem RAUM aus, an welchem du staunen, lauschen, **kontemplieren** und **singen** kannst:

DU bist DAS (TAT TVAM ASI), was

- keine ZEIT kennt.
- in allen drei ZEITEN – Vergangenheit, Gegenwart und Zukunft – unverändert bleibt.
- rein, makellos und unbefleckt ist und immer bleibt.
- unberührt bleibt (*ewiger* ZEUG/E/IN).

- allgegenwärtig ist – also keinen Raum, keine Entfernung und keine Zeit kennt.
- alle WELTEN und alle WESEN durchdringt, bewohnt und lenkt.
- absolut ist.
- nicht geboren wurde und geboren wird und folglich auch nicht sterblich ist beziehungsweise nicht getötet werden kann.
- alles vermag, kann und bewirkt.
- größer als das Größte und kleiner als das Kleinste ist.
- immer da und nah ist.
- nicht kommt und nicht weggeht, da du immer da und nah bist.
- in *jedem* WESEN und MENSCHEN als *göttlicher* **KERN** vorhanden ist.
- ohne ANFANG und ohne ENDE ist.
- EINS ist ohne ein Zweites.
- allwissend ist – *höchstes reinstes* BEWUSSTSEIN.
- immer FÜLLE ist.

JA, tauche tiefer und tiefer in das Mysterium des **SEINS** *ein!*

Erforsche die **GRUNDWAHRHEIT!**

Erforsche dein eigenes ***ewiges*** **SEIN**

– dein Govinda.

41. Wonne-Ananda-Tür

Vor dieser ***goldgelben*** **LICHT-TÜR** stehend oder sitzend, erreicht dich bereits die **Strahlung** der *inneren* FREUDE!

Deine *innere* SONNE geht auf!

Es wird heller, froher, reiner, wärmer und lichtvoller in dir!

Deine *innere* SONNE beginnt, stark zu leuchten!

Grundlose, *nicht-vergängliche* SEELENFREUDE erfüllt dich!

Tritt näher und stelle dich in die **LICHT-TÜR!**

Verwandle dich selbst in diese **LICHT-TÜR,** die andere LICHT-TÜREN**,** LIEBES-TÜREN, WEISHEITS-TÜREN, HILFS-TÜREN, FREUDE-TÜREN UND GLÜCKS-TÜREN **öffnet,** sodass auch sie sich in **LICHT-TÜREN** verwandeln!

Stelle dir nun vor, während du in diesem ***Licht-Tür-Rahmen*** stehst, wie du dich in einen **LICHT-SEELEN-ENGEL** verwandelst!

Vielleicht stellst du fest, dass der KÖRPER nur ein Kleid für dieses *wunderbare* **LICHT-SEELEN-ENGEL-WESEN** ist!

Genieße das *goldgelbe* **FREUDE-LICHT** mehr und mehr!

Befreie dich aus der **Begrenzung** deines KÖRPERS und **fühle**, wie

- dein **LICHT** sich im Türrahmen ausbreitet und du dich in eine **LICHT-TÜR** verwandelst!
- dir **LICHT-FLÜGEL** wachsen!
- du **LICHT-HÄNDE** bekommst, die überall LICHT verbreiten und helfen!
- du im **GLANZ** von ANANDA (= Glückseligkeit) erstrahlst!

Fühle *unsägliche* FREUDE!

Du kannst *sehr viel* GUTES für andere, für alle Wesen und für die Welt tun!

Beginne damit, tue es, verwirkliche *dein* **LICHTPOTENZIAL** und das *innere* GLÜCK und die *innere* FREUDE werden deine ***ständigen* Begleiter** sein!

Erkenne und erfahre **deine** *innere* WIRKLICHKEIT!

DU bist ein **„Kind** der *inneren* WONNE“, ein **„Kind** von ANANADA/ GLÜCKSELIGKEIT“ und ein „Kind der *unsterblichen* SEELE“!

DU bist ein **„Kind** des LICHTES und der LIEBE“!

DU bist viel größer, mächtiger, weiter und strahlender als dieser KÖRPER!

DU bist viel leuchtender, reiner, freudiger und liebender, als du es dir vorstellen und erträumen kannst!

Erinnere dich!

*Erwache im **Licht** zu **deiner LICHT-NATUR!***

Lebe deine POTENZIALE, nutze alle deine TALENTE und deine FÄHIGKEITEN, um Freude, Glück, Weisheit, Humor, Frohsinn, höchsten Frieden und umfassende Liebe zu erzeugen, zu manifestieren und zu verbreiten

– dein Govinda.

42. Ich-Bin-Tür

Stelle dir vor, wie du an dieser **TÜR** sitzt oder stehst und beginne nun zu dieser TÜR zu **singen** und zu **flehen:**

„Wer bin ich? Wer bin ich? Wer bin ich?"

Sanft streichelt eine *liebevolle* HAND deine Wange und eine andere HAND legt sich beruhigend auf deine Schulter.

Sind es **ENGELS**-HÄNDE, **ENGELS**-FLÜGEL oder **ENGELS**-SCHWINGUNGEN?

Du **vernimmst** eine sehr *vertraute, weise und liebevolle* STIMME:

„Du bist mein KIND! Mein KIND, du bist mein KIND!"

„Du bist
- ein WONNE-KIND!
- ein SONNE-KIND!
- ein Kind des LICHTES!
- ein SEELEN-KIND!
- ein KIND der WAHRHEIT!
- ein KIND der Liebe!
- ein KIND der Unschuld und Reinheit!"

„Du bist *mein* KIND! Wie konntest du das nur vergessen!"

Liebevolle **ENGELS**-ARME ziehen dich zu sich!

Spüre tiefen FRIEDEN!

Lass los, werde innerlich ruhig und genieße diese *kosmische* UMARMUNG!

Die TÜR geht auf!

Die HERZENSTÜR geht auf!

Die TORE öffnen sich! Du trittst ein und beginnst, während Tränen fließen, **zu singen:**

„Ja, ich bin dein KIND!“

„Ich bin, ich bin, ich bin

- dein *liebstes* KIND!
- dein WONNE-KIND!
- wie ich bin!
- tiefes *reines* SEIN!
- im Wonne-Strom deiner LIEBE!
- der Strahl (und DU bist die SONNE)!
- der Tropfen (und DU bist das MEER)!
- auf dem Weg der BEFREIUNG (und DU bist befreit)!
- manchmal verzweifelt, enttäuscht und uneins mit mir (weil ich vergessen habe, wer ich bin)!
- frei, so zu sein, wie DU – göttliche LIEBE – mich formst!“

***Göttliche* LICHT-LIEBES-HÄNDE** formen dich!

Der ***göttliche* VATER,** die ***göttliche* MUTTER** und das ***göttliche* SEIN** halten dich in ***ihrem* LICHT** und formen dich mit himmlischem Vergnügen.

Stelle dir vor als wäre dein KÖRPER eine formbare Masse, ähnlich wie Plastilin.

SIE erschaffen aus dieser Plastilin-Masse Formen und Figuren, die deiner *innersten* Natur, deinen FÄHIGKEITEN, deinen TALENTEN, deiner LIEBESFÄHIGKEIT, deinem *innersten* WESEN, deinem LICHTWESEN und deiner Bestimmung entsprechen!

*Überlasse dich der **LIEBE** deiner **kosmischen ELTERN!***
Gib dich ihr hin!
*Überlasse dich den **göttlichen HÄNDEN!***
*Lasse dich vom **inneren LICHTKERN** führen!*

Öffne dich dem besseren NEUEN, der LEICHTIGKEIT und dem WERTVOLLEN in dir

– dein Govinda.

Dieser „WEG der Hingabe und der Erforschung“
braucht Beharrlichkeit!
*Vertraue deinen **inneren ELTERN** und deiner*
inneren FÜHRUNG!

43. Weisheitstür: Schatzkammer

Sitze vor der **SCHATZKAMMERTÜR,** überlege, schaue tief nach innen und **kontempliere:**

„*Was* sind ***wahrhaftig-zeitlose*** **SCHÄTZE?**

Was ist mir wertvoll?

Welchen REICHTUM strebe ich an?

Strebe ich hauptsächlich vergängliche Reichtümer an oder in erster Linie ***zeitlose*** **SCHÄTZE?**

Wer bewacht, beziehungsweise beschützt, diese **REICHTÜMER** bzw. diese *zeitlosen, im Inneren schlummernden* **SCHÄTZE?**

Wer beziehungsweise was sind SCHATZ-SPEZIALISTEN? – Heilige Schriften, Avatara (w/m), Weise (w/m), Heilige (w/m), das innere gute reine Gewissen, inneres Wissen, Rechtschaffenheit, Vorbilder (w/m) …

Was ist der wertvollste *zeitlose* **SCHATZ?** – Reine und selbstlose Liebe?

Wieviel ZEIT verbringe ich damit, *wahre* und *zeitlose* **SCHÄTZE** zu erforschen, anzusammeln, zu verbreiten und zu verschenken?“

Der *wertvollste* DIAMANT und der *wertvollste* SCHMUCK auf dieser Erde sind Sandkörner im Vergleich zu den ***inneren*** **SCHÄTZEN** und ***inneren*** **REICHTÜMERN.**

Gibt es HALSKETTEN, die ins Herz reichen und uns garantieren, dass unser Herz rein bleibt?

Gibt es ARMBÄNDER, die dafür sorgen, dass wir nur lichtvoll handeln?

Gibt es ZUNGEN-PIERCINGS, die garantieren, dass wir nur noch lichtvoll reden?

Gibt es KRONEN, die garantieren, dass wir lichtvoll denken, und garantieren, dass wir mit unserer ***reinsten*** **QUELLE** beziehungsweise mit unserem ***göttlichen*** **KERN** verbunden sind und bleiben?

Welche ***inneren*** **REICHTÜMER** beglücken mich?

Tritt ein in den Raum der ***zeitlos-inneren*** **SCHÄTZE!**

Du siehst hier so manche/n Bettler/in, Mönch (w/m), Yogi/ni, Fakir (w/m), Sufi (w/m), Entsagende/n und andere sonst eher unauffällige Personen, die hier als *reich-geschmückte* **Königin** und als *edel-gekleideter* **König** anzutreffen sind.

Schaue dich um!

Welche **SCHÄTZE** verbergen sich in DIR, die dir in der *nächsten* WELT weiterhelfen werden?

Jeglicher Ruhm, jeglicher Reichtum und jeglicher Schatz, der sich nicht in den Dienst der Liebe, in den Dienst der Nächstenliebe, in den Dienst der Menschheit, in den Dienst der Gesellschaft oder in den Dienst der Erde stellt, ist *wertloser* **Plunder!**

Einer der ***größten*** **SCHÄTZE** der Menschen ist die **Unterscheidungs-fähigkeit!**

Was ist **vergänglich** und kann somit kein *dauerhaftes* GLÜCK erzeugen?

Was ist **unvergänglich** und birgt in sich alle SCHÄTZE und REICHTÜMER aller Welten?

Ein weiterer ***großer*** **SCHATZ** ist **Furchtlosigkeit!**

Ein/e Heilige/r, der/die im SELBST ruht und im WISSEN des *BEWUSSTSEINS der Unsterblichkeit lebt-* wovor sollte er/sie sich fürchten?

Der ***wertvollste*** **SCHATZ** ist das **Wissen** vom **SELBST / vom ATMAN!** Noch *wertvoller* ist die **Vereinigung** mit diesem *ewigen, reinen, nicht geborenen* und *nicht-sterbenden, höchsten* BEWUSSTSEIN, WONNESEIN, WONNEBEWUSSTSEIN, ATMAN und SELBST.

Nutze alle *deine* **SCHÄTZE**, um die ***fünf menschlichen Werte*** – WAHRHEIT, RECHTSCHAFFENHEIT, LIEBE, FRIEDEN UND GEWALTLOSIGKEIT – zu praktizieren, zu leben und zu verbreiten, dann wirst du innerlich die **reichste PERSON** auf diesem Planeten sein!

Kostbare **SCHÄTZE sind unter anderem:**

„Deine ZEIT, dein DENKEN, deine ENERGIE, dein HANDELN, deine TALENTE, deine FERTIGKEITEN, deine STÄRKEN, dein WISSEN, deine KONZENTRATIONSFÄHIGKEIT, deine MÖGLICHKEITEN, deine SEHNSUCHT nach Höherem, deine WAHRNEHMUNG, deine ACHTSAMKEIT, deine WEISHEIT, deine ERFAHRUNGEN, dein MITGEFÜHL, deine LIEBE, deine *innere* FREUDE, deine FRÖHLICHKEIT, deine AUSGEGLICHENHEIT, dein *innerer* FRIEDEN, dein *inneres* LEUCHTEN, dein ENGELSEIN und noch vieles mehr!“

Wertschätze SIE!

Entwickle, kultiviere und entfalte **SIE!**

Nutze **SIE** und wende **SIE** zum Wohle aller Wesen an!

Orientiere dich an ***glücklichen*** **VORBILDERN,** deren *hauptsächliches* GLÜCK und deren *hauptsächliche* REICHTÜMER darin bestehen (oder bestanden), anderen zu dienen, anderen zu helfen, andere glücklich zu machen, anderen ihre inneren Potenziale zu eröffnen und der Menschheit ein leuchtendes Vorbild zu sein.

Auch hier handelt es sich wieder um REICHTÜMER, die nicht von dieser Welt sind!

Wir müssen nirgendwohin, um inneren REICHTUM erleben zu können. **ER/SIE/ES** *ist überall* – um uns, über uns, unter uns, in allem, was wir sehen und wahrnehmen und (sogar) in uns – als *höchste* REINHEIT, *höchste* WEISHEIT, *höchstes* WISSEN, *reinste* LIEBE, ENERGIE und *höchstes* BEWUSSTSEIN.

Wir haben den ***reichsten*** **VATER** und die ***reichste*** **MUTTER** aller Welten und aller Zeiten!

Wir sind *seine* KINDER!
Wir treten *sein* ERBE an!
Wir sind LICHT-MILLIONÄRE!
Wir sind LIEBES-MILLIONÄRE!
Wir sind SEINS-MILLIONÄRE!
Wir sind WONNE-MILLIONÄRE!

Für DICH – **BABA / GOTT / AMMA** – sind wir alle *wundervolle* SCHATZTRUHEN, die randvoll gefüllt sind mit **Kostbarkeiten**!

GOTT, greife hinein in *unsere* SCHATZTRUHEN und beschenke damit *deine* KINDER und *deine* WELTEN.

Diese SCHATZTRUHEN werden nie leer.

GOTT freut sich, wenn **ER** uns helfen darf, uns helfen kann und uns hilft!

Es macht **IHN** glücklich den Hilflosen zu helfen!
Es bereitet **IHM** *große* FREUDE zu schenken!
ER will uns damit zeigen, wie wir glücklich sein können.

Wir werden glücklich sein, wenn

- wir andern helfen.
- wir hilfsbereit sind.
- wir andere beschenken.
- wir den Hilflosen helfen.
- wir andere erfreuen und beglücken.
- wir unsere LIEBE verschenken, zeigen und ausdrücken.
- wir unsere **Gaben** (TALENTE, GÜTER, FÄHIGKEITEN, FERTIGKEITEN, …) verteilen und verschenken zum Wohle unserer Mitmenschen, zum Wohle aller Lebewesen und zum Wohle aller Welten.

Der *größte* SCHATZ (,)

- den wir besitzen, ist unsere LIEBE und unsere FÄHIGKEIT andere froh und glücklich zu machen!
- ist es, wenn wir uns als **KINDER** GOTTES, als **KINDER** der *höchsten* MACHT fühlen und erfahren!

Irgendwann **reift** in uns der WUNSCH **heran:**

„**GOTT**, wir **schenken** uns DIR als SCHATZTRUHEN!
Greife in uns hinein und beschenke damit *deine* KINDER!“

Genieße deine ***zeitlosen REICHTÜMER*** *und* ***SCHÄTZE****, praktiziere* ***SIE,*** *nutze* ***SIE,*** *setze* ***SIE*** *ein und tauche tiefer in* ***SIE*** *ein – um dein LEBENSZIEL zu erreichen und (noch wichtiger), um andern zu helfen, ihr LEBENSZIEL zu erreichen*

– dein Govinda.

44. Leuchtturmtür – Wolkentor und Weisheitstür: Singen (2. Teil)

Dieser EINGANG besteht aus einer *grauweißen* **Wolke!**

Schaue zur ihr nach oben oder schaue in *dein* HERZENSLICHT, dann siehst du dort einen *wunderbaren* LEUCHTTURM, der dir den **Weg** leuchtet zum **LICHTHAUS** und zur ***lichten*** **WELT.**

Das *folgende* **Lied**, tief erlebend, aus tiefstem Herzen, mit Liebe, mit innerer Begeisterung und vielleicht unter Freuden- und Liebestränen am Eingang, an der Schwelle, im **Türrahmen** zum LICHTRAUM beziehungsweise zur *lichten* WELT gesungen, öffnet alle WOLKENTORE und bringt dich zum **LICHTHAUS,** zum **LEUCHTTURM** und zu den ***lichten*** **WELTEN!**

Die LIEBE zu DIR (HERR / VATER / MUTTER / GÖTTIN / GOTT / LICHT / *höchstes* SEIN / …)

- öffnet mir/uns die TORE und die TÜREN.
- lässt FREUDEN-, GLÜCKS- und DANKESTRÄNEN fließen.
- leuchtet immer.
- ist allezeit süß.
- dehnt sich aus auf *alle* WESEN – auf deine Schöpfung.
- führt mich zu DIR.
- kennt *weder* ENTFERNUNG noch ZEIT, RAUM oder TOD.
- ist mein Beschützer.
- ist meine *wegweisende* LICHTQUELLE
- führt zum LEUCHTTURM.
- hüllt mich ein in LICHT.
- erfüllt mich mit *überirdischem* GLANZ.

- ist (selbst) ein LEUCHTTURM des Lichtes.
- *weiht* mein LEBEN.
- *brennt* als GOTTESSEHNSUCHT in mir.
- lässt mich DICH überall erkennen, erleben und erschauen.
- ist ein *riesiger* LICHTSTERN, der mich einhüllt in *rosafarbige* LICHT-WOLKEN.
- bringt mir *deinen* LIEBESSEGEN.
- dehnt sich aus über die *gesamte* ERDE und strahlt zu *allen* WESEN.
- *durchdringt* WOLKENTÜREN.
- bringt die Dunkelheit zum LEUCHTEN.
- dehnt sich aus. (9 x)
- formt mich zum LICHTSTERN.
- formt mich zum LEUCHTTURM.
- kennt alle Orte.
- kann blitzschnell an *allen* ORTEN sein.
- ist ein *reinigendes* und *verzeihendes* FEUER.
- führt mich an bestimmte ORTE, um zu helfen, zu lieben, zu leuchten und um LICHT *zu bringen.*
- fließt ohne Worte.
- macht mich zutiefst glücklich.
- leuchtet in mir für alle.
- bringt *mächtige* STRÖME des Friedens und der *inneren* FREUDE zum Fließen.

Singe leise, **s**inge innerlich, **s**inge beständig, **s**inge immer wieder, **s**inge kräftig und laut (wenn du niemanden störst), **s**inge allein, **s**inge in einer heiligen Gruppe, **s**inge zu den Bäumen, **s**inge zum Himmel, **s**inge zu den Sternen, **s**inge zur Sonne, **s**inge zum Mond, **s**inge am Morgen, **s**inge den ganzen Tag, **s**inge nachts, **s**inge zur Natur, **s**inge zu den Häusern, **s**inge zu den Straßen, **s**inge zu den

Flüssen, **s**inge für alle Menschen, Tiere und Pflanzen, **s**inge zum Meer und zur ganzen Erde, **s**inge bei jeder Gelegenheit, **s**inge zu allen Begebenheiten, **s**inge, so oft du kannst, also **s**inge ständig und **s**inge an jedem Ort und überall!

Lausche vor dieser TÜR stehend, entspannt liegend, sitzend oder flehend kniend sehnsüchtig nach innen.

Du kannst zuversichtlich sein, dass du sogleich oder in Kürze ein im Innern *tröstliches, erhebendes* und *lichtvolles* **LIED** vernehmen wirst!

Bei mir waren es heute Morgen zwei LIEDER, die **zu mir fanden:**

„Rejoice in the LORD always“ („Erfreue dich immer am HERRN“) und das MUTTER-LIED

„As I knee before you“ („Wenn ich vor dir knie“)

Beim LAUSCHEN und/oder MITSINGEN verändert sich die Schwingung unserer Aura!
Tränen fließen, dunkle Wolken lichten sich und das ***innere*** **LICHT** wird wieder heller und stärker!

Wieder einmal stellen wir fest, dass wir uns nicht zu „sorgen“ brauchen und dass unsere Probleme nichtig werden in dieser GNADENFÜLLE!

Tritt ein und nun **bete** aus *tiefer, innerer* HERZENSSEHNSUCHT: „…“

Erleichtere dich!

Weine und erlöse dich so lange, bis alles WOLLEN, BITTEN und WÜNSCHEN verschwindet!

Schließlich wirst du nur noch das BEDÜRFNIS haben, dich vor *seiner* GNADE, vor *seiner* LIEBE und *seinem* SEGEN zu verneigen!

Du wirst feststellen, dass du wieder in deinem ***inneren*** **LICHTKERN** angekommen bist – in *deiner* **SEELE.**

Lasse dich beim **Singen** von deiner ***innersten*** **QUELLE** nähren, dirigieren, inspirieren und leiten!

Singe gefühlvoll!
Singe begeistert!
Singe einfühlsam!
Singe gerührt!
Singe gerührt und berührt!
Singe unter Freuden-, Glücks- und Liebestränen!
Singe aus deinem tiefsten Inneren!
Singe aus *tiefem* HERZEN und voller Überzeugung!
Singe mit LIEBE und *tiefer* FREUDE!
Singe und erlebe beziehungsweise fühle das, was du singst!
Singe dich glücklich!
Singe frei, natürlich und spontan!
Singe gelassen und intuitiv!
Singe ergreifend und erhebend!
Singe und schwinge in den *heiligen* SCHWINGUNGEN deiner *heiligen* LIEDER!
Singe so, dass alle, die dir zuhören, auch wenn sie nicht körperlich anwesend sind, diese *wunderbaren* und *heiligen* SCHWINGUNGEN wahrnehmen und spüren!
Singe so inniglich, dass sich die Türen zu den inneren und *wunderbarsten* SEELENWELTEN öffnen!

Singe frei, spontan und voller *innerer* FREUDE, LIEBE und BEGEISTERUNG!
Singe so, dass es **in** DIR heller, weiter, weicher, liebender und strahlender wird!
Singe so, dass **alle,** die dir zuhören, sich erhoben und beglückt fühlen!
Singe so, dass **alle,** die dir zuhören, mit dir eintauchen in die *seelischen* und *lichten* WELTEN!

*Die **SEELE** ist stets **lichtvoll** und **glücklich** – sogar dann, wenn es in der Welt und in „unserer" Welt dicke Sorgen-, Problem- oder/und Angst-Wolken gibt!*

Doch Wolken sind nur vorübergehende Erscheinungen

– dein Licht-Engel und dein Govinda W. Lindner.

***Singe** mit solcher Intensität und Authentizität,*
dass alles in dir zu leuchten beginnt

– dein Govinda.

45. Weisheitstür zur Ewigkeit

Vor dieser **TÜR** stehend, sitzend oder bereits leicht schwebend (hahaha), ahnen wir, dass sich *hinter* dieser **TÜR** GEHEIMNISSE befinden, die uns in unserem *tiefsten* INNEREN altvertraut sind.

Diese GEHEIMNISSE werden sich mehr und mehr offenbaren, wenn die ZEIT dafür reif ist, wenn wir in unserer *seelischen* ENTWICKLUNG so weit sind.

Diese **TÜR** kann sich *überall* zeigen und offenbaren!

Diese **TÜR** öffnet sich, wenn wir singen, beten, meditieren, beglückende Aufgaben ausführen, vollständig in uns ruhen, uns erhoben fühlen, glücklich sind, uns verbunden fühlen mit den *lichten* KRÄFTEN und MÄCHTEN und wenn wir andere erfreuen, lieben oder beglücken!

Diese **TÜR** ist unsichtbar und dennoch fühl- und wahrnehmbar!

Diese **TÜR** hat die Fähigkeit, wenn sie sich öffnet, uns in eine *lichtvolle* DIMENSION, in *lichte* WELTEN und *lichtspendende* SCHWINGUNGSFREQUENZEN zu führen.

Manchmal geschieht diese **TÜRÖFFNUNG,** ohne dass wir es bewusst anstreben. Plötzlich befinden wir uns spontan in diesem *besonderen* EWIGKEITS-RAUM!

Dann fühlt es sich so an, als hätten wir unser *gefesseltes* und *erdgebundenes* RAUPEN-DASEIN verlassen!

Wir sind zutiefst erstaunt, wenn wir unsere *herrlichen* **SEELEN-SCHMETTERLINGS-FLÜGEL** wiederentdecken!

Wie leicht, wie fein, wie frei und wie wunderschön unsere **SEELEN-SCHMETTERLINGS-FLÜGEL** doch sind!

Wir fühlen uns in diesem EWIGKEITS-RAUM erhoben, schwebend, fliegend, glücklich, frei und weit.

Hier sind wir in der Lage, alle und alles *mit* und *in* **LIEBE** zu berühren, *allen* und *allem in* **LIEBE** zu begegnen und *allen* und *allem* unsere **SEGENSLIEBE** zu schenken.

In *jener* **WELT** gibt es kein Leid und keine Schwere.

Wie ein **ENGEL-SCHMETTERLING** überfliegen und durchqueren wir dieses REICH, das einer wunderbaren, blühenden Sommerwiese gleicht.

Diese ***lichte*** **WELT** ist viel feiner, reiner, heller, wunderbarer und viel wandelbarer als die physische Welt.

Wenn wir zurück durchs TOR schauen, erkennen und sehen wir, dass die ***feine*** **LICHTWELT** auch in der *physischen* WELT wohnt.

Dort, wo viele ***reine*** **SEELENKRÄFTE wirkten** und/oder immer noch wirken, dort sind ***wunderbarste und lichtvolle*** **WERKE** der MUSIK, der KUNST, der ARCHITEKTUR, der BILDHAUEREI, der LITERATUR, des SCHAUSPIELS, des TANZES, der WISSENSCHAFTEN (auch YOGA-WISSENSCHAFT), der BOTANIK, der NATUR, … **entstanden!**

Ja, **SEELE,** flieg, erhebe dich aus der Schwere des erdgebundenen Seins!

Erkenne dein **ENGEL-SEELEN-SCHMETTERLINGS-WESEN!**

Die POTENZIALE *deiner* FÄHIGKEITEN sind unbegrenzt!

Stelle sie in den DIENST der *reinen* **LIEBE!**

Genieße diesen ***Zustand*** der FREIHEIT des *überirdischen* SEINS und des *überirdischen* GLANZES!

Spiele, fliege, **singe,** erhebe dich und dehne dich aus!

Genieße die ***Verbindung*** mit den *anderen* **SEELEN-WESEN** und das GEFÜHL des EINSSEINS mit allen und allem!

Erinnere dich in der *irdischen* WELT so oft wie möglich an die ***lichte*** **WELT!**

*Erkenne nun mehr und mehr die **lichte WELT** in der NATUR, in allem GUTEN, SCHÖNEN, FROHEN, GLÜCKLICH-MACHENDEN und vor allem in der LIEBE.*
Ich wünsche dir, dass dir dies von nun an in der physischen Welt immer öfter glücken und widerfahren wird.

*Dein LICHT-EWIGKEITS-ENGEL-SCHMETTERLING, Govinda, grüßt deine **LICHT-EWIGKEITS-ENGEL-SCHMETTERLINGS-NATUR!***

46. Feuertür

Vor dieser **TÜR** sitzend, spüren wir die **Kraft des FEUERS** als **Kraft** der *Reinigung*, **Kraft** der *Umwandlung* und **Kraft** der *Transformation*.

Die FLAMME des Feuers symbolisiert das LICHT GOTTES.

Das LICHT GOTTES wiederum ist ein **Symbol** für das in jedem Wesen und in jedem Sein anwesende *höchste* BEWUSSTSEIN!

Anfangs spüren wir diese **FEUERTÜR** im Außen als *flackerndes*, *loderndes* und *brennendes* FEUER.

Je mehr wir uns dieser **FEUERTÜR** öffnen, umso mehr spüren wir FEUER um uns und in uns.

Nun sitzen wir im TÜRRAHMEN dieses ***heiligen*** **FEUERS** und wir besitzen FEUER-ARME, ein FEUER-GESICHT und einen KÖRPER aus FEUER, der unseren *physischen* **Körper** bewohnt.

FEUERTÜR, FEUERTÜR, FEUERTÜR (singend)

- öffne dich!
- zeige uns deine GEHEIMNISSE!
- wir gleiten, von einer magischen Kraft gezogen, in diesen FEUER-RAUM hinein!

Unsere SONNE ist ein **FEUER-Ball!**

FEUER

- schenkt Licht und Wärme und ist somit eine lebensspendende Kraft.
- verwandelt alles in Asche.

- verwandelt Holz, Kohle etc. in Wärme und Licht.
- ist im Innern dieser Erde.
- glimmt, flackert, lodert und brennt.
- ist beständig in Bewegung.
- ist spürbar.
- wärmt.

Zitat von SRI KALESHWAR (aus dem Internet: Feuerpujas Shri Kaleshwar in Europa, Januar 2022):

„DIE HEILENDE KRAFT DES FEUERS

Aufladen ist essenziel. Entladen ist weitaus wichtiger. Wenn ihr wisst, wie ihr entladet, seid ihr kraftvolle, erfolgreiche Personen. Entladen ist das Wichtigste. Warum ließ Shirdi Baba immer sein Feuer brennen? Er entlud die Karmas (= angesammelte Schuld) in die Dhuni (= Feuerstelle). Die Dhuni brennt weiter. Entladen. Es ist das Entladen."

Shirdi Baba war ein indischer Heiliger, der von 1835 (unsicher) bis zum 15. Oktober 1918 lebte.

Das **Taschenbuch** „SRI SHIRDI SAI BABA – Tatsachenberichte aus seinem Leben" (ISBN: 81 207 2836 X, Erstausgabe 2004, überarbeitete Neuausgabe 2012) ist sehr empfehlenswert, denn es beschreibt seine faszinierende Lebensgeschichte und berichtet von seinem einzigartigen Wirken als großer Heiliger!

Auch auf den **Internetseiten** „Yogawiki – Yoga Vidya: Shirdi Sai Baba" sind wunderbare Einzelheiten aus dem Leben und Wirken von Shirdi Baba zu finden!

Shirdi Baba lebte und wirkte circa 60 Jahre lang in dem kleinen indischen Dorf Shirdi in Maharashtra, östlich von Mumbai,

83 Kilometer von Ahmadnagar und 15 Kilometer von Kapagaron entfernt gelegen.

In der Dwaraka Mayi, so wird die verfallene Moschee genannt, in welcher Shirdi Baba lebte, brannte Tag und Nacht ein **heiliges Feuer**! Die Asche dieses Feuers, die Udi genannt wird, erhielt jeder Besucher und jede Besucherin kostenlos zum Abschied. Viele Wunder werden dieser heiligen Asche zugeschrieben. Die Asche hatte auch eine symbolische, spirituell erhebende und zugleich auch eine ermahnende Funktion. Sie sollte die Menschen daran erinnern, dass alles Physische (der Körper, Familienmitglieder, Orte und so weiter) vergänglich ist. Und gleichzeitig sollte die Asche symbolisch auf etwas hinweisen, das unvergänglich ist, denn Asche ist unzerstörbar und symbolisch betrachtet das Endresultat allen Physischen! Shirdi Baba wollte die Menschen geistig erheben und transformieren! Ein erster Schritt in diese Richtung ist zu unterscheiden zwischen dem, was vergänglich ist, und dem, was ewig währt.

Shirdi Baba lebte die Einheit aller Religionen und lehrte immer wieder und wieder, dass es nur ein GÖTTLICHES SEIN gibt, welches viele Namen und viele Formen hat.

Ich habe den Ashram (= Kloster) von Shirdi Baba 2015 besucht! Shirdi ist inzwischen ein nahezu in ganz Indien bekannter heiliger Pilgerort und zu einer Stadt mit 36.004 (2011) Einwohnern herangewachsen.

Im Ashram brennt immer noch das ***heilige*** **FEUER** von Shirdi Baba. Es wurde ununterbrochen über nunmehr mehr als 100 Jahre aufrechterhalten!

Ich persönlich habe mir zu Hause seit vielen Jahren angewöhnt, früh am Morgen bei KERZENSCHEIN, also bei lebendigem FEUER, an meinem Hausaltar zu sitzen, um zu beten, zu singen, zu schreiben und so weiter.

FEUER ist etwas sehr Natürliches, welches von uns Menschen seit Tausenden von Jahren genutzt wird, und FEUER ist für mich auch etwas Heiliges, wie ich bereits oben erwähnt habe.

Ich bin der festen Überzeugung, dass unsere *geistige* VORSTELLUNGSKRAFT ein sehr *machtvolles* INSTRUMENT ist.

Unsere *geistige* VORSTELLUNGSKRAFT kann das *physische* FEUER als Anregung verwenden, um sehr machtvoll in den *feinstofflichen* WELTEN positiv, reinigend und befreiend zu wirken.

Ach wie schön, nach etlichen bewölkten Tagen scheint zum ersten Mal wieder die Sonne, die sich soeben durch die Wolken geschoben hat und mir jetzt (9:40 Uhr am Montag, dem 3 Januar 2022) ins Gesicht strahlt! Sie strahlt zu meinem Schreibplatz in der Küche! Zufall? Sicherlich nicht, oder?

Das **Feuer** der SONNE, welches circa 150 Millionen Kilometer entfernt ist, brauchte etwas mehr als acht Minuten, um in Lichtgeschwindigkeit hierherzukommen.

Feuer-Rituale / vedische **Opfer-Zeremonien / Arati** – hier wird Kampfer verbrannt, als Symbol für das Ego, welches sich in Licht und Wärme verwandelt und sich dabei ganz auflöst! **Feuer-Tänze / Feuer-Lauf** – Mut bezwingt Angst und Kleinmut. **Opfer-Feuer** – schlechte Eigenschaften, Bindungen, Hindernisse etc. werden verbrannt. **Reinigungs-Feuer / Feuer-Zeremonie** – verbrenne falsche und einengende Selbstbilder und Bilder, die du dir von anderen machst! **Lager-Feuer / Magen-Verdauungs-Feuer / Leucht-Turm-Feuer** – früher wurde das Licht in den Leuchttürmen mit Holz beziehungsweise Kohle erzeugt. …

Feuer der Begeisterung: Was begeistert dich? Wofür brennst DU? …

Schaue in das Licht einer KERZEN-FLAMME!

Spüre dich selbst als LICHT und FLAMME!

Lichtvolle HÄNDE – handle warm und lichtvoll!

Lichtvoller KOPF – denke, schaue, höre, rede, esse lichtvoll und warm!

Lichtvolle BEINE – gehe lichtvolle Wege und gehe deiner Bestimmung entgegen!

Bringe LICHT, WISSEN, WAHRHEIT, ERKENNTNIS, WÄRME, LIEBESFEUER, HELLIGKEIT, BEGEISTERUNG und FREUDE in dein Leben, in dein Umfeld, in deinen Alltag, in deine Pflichtausübung, in deine Aufgaben, in deine Projekte und deine Ziele – und somit ***in die Welt***

– dein Govinda.

47. Tür zum Lichtschrein – Tor zum Lichttempel

Vor dieser TÜR stehend oder sitzend, spüren wir bereits tiefe *innere* FREUDE, *innere* GELASSENHEIT und *allerstärkstes* WOHLBEHAGEN!

Diese TÜR beziehungsweise dieses **TOR** strahlt **hell-weiß** und verbreitet *reinste* FRIEDENS-STRAHLUNG, FRIEDENS-ENERGIE, LIEBES-ENERGIE und *innere* GLÜCKSELIGKEIT!

Dieser **EINGANG** ist **reinweiß!**

Wunderschönste **Abbildungen,** die FRIEDEN, LIEBE und GLÜCKSELIGKEIT symbolisieren und vermitteln sowie **Abbildungen** und **Symbole,** die zu FREUDE, LIEBE, FRIEDEN und WONNE führen, werden darauf sichtbar, wenn wir die TÜR beziehungsweise das TOR auf uns wirken lassen.

Nun stehen oder sitzen wir bereits in diesem ***reinweißen*** **LICHT-EINGANG** und stellen fest, dass wir *reine, festlich-weiße* LICHT-KLEIDUNG tragen und mit LICHT-SCHMUCK (Ketten, Ringe, Armbänder, Gürtel, Ohrringe, Fußbändchen, Oberarmringe, …) geschmückt sind.

Ein **Licht-Feiertags-Festtags-Gefühl** breitet sich in uns aus!

Ein ***tiefes, inneres*** **Friedens-Lächeln** erfasst unsere gesamte Aura!

Ja, wir sind endlich wieder zu Hause – im REICH *unserer* **SEELE,** im REICH *unserer* **LICHT-NATUR.**

In *deinem* LICHTTEMPEL (froh singend)

- bin ich zu HAUSE.
- fühle ich mich zutiefst geborgen.
- fällt alles Schwere und Dunkle von mir ab.
- bade ich im LICHT-WONNE-BAD.
- empfange ich deinen LICHT-WONNE-LIEBES-SEGEN.
- wird in mir alles rein und fein.
- erwache ich aus dem Welttraum und erlebe *mein* LICHT-SEIN.

Vielleicht siehst oder empfindest du in diesem **Raum** deine/n SEELEN-LICHT-**MEISTER/IN,** SEELEN-LICHT-**ENGEL** und/ oder deine SEELEN-LICHT-**NATUR!**

Lasse dich vom **LICHT** verzaubern, umspülen, erweitern und durch-dringen!

Singe aus tiefer, innerer Überzeugung weiter und erlebe **LICHT**-FRIEDEN, **LICHT**-LIEBE, **LICHT**-WONNE und **LICHT**-SEGEN auf vielfältige Art und Weise:

In *deinem* LICHTTEMPEL

- ist alles, jederzeit GUT.
- wohnen sehr viele **LICHT**- und ENGEL-WESEN.
- jubilieren alle Menschen und Engel.
- singen wir.
- verwandeln sich unsere Klänge und Klang-Lieder beim Singen in *reinste* FRIEDENS-**LIEBES**-SCHWINGUNGEN.
- erblühen wir zu *wundervollen* **LICHT**-LIEBES-BLUMEN.
- strahlen wir als *hellleuchtende* **LICHT**-LIEBES-STERNE.
- verwandeln sich *alle* in **LICHT**-LIEBES- WESEN.
- fließt *reinste* **LIEBE** frei und natürlich zwischen den Anwesenden hin und her.

- sind alle in **LICHT**-LIEBE eingehüllt.
- fütterst DU uns mit *göttlichem* **LIEBES**-NEKTAR!“

Schaue, fühle und erlebe **LICHT**-Frieden, **LICHT**-Wonne und **LICHT**-Liebe!

Sei **LICHT**-Frieden, **LICHT**-Wonne und **LICHT**-Liebe!

Viele *wunderschöne* **LICHT**-WESEN, **LICHT**-ALTÄRE, **LICHT**-DEKO-RATIONEN, **LICHT**-QUELLEN, **LICHT**-FREUNDE und **LICHT**-FREUNDINNEN befinden sich in diesem RAUM.

Lausche hinein und erfahre die **Botschaften** dieses *altvertrauten* RAUMES, in welchem alles *rein-weiß* und *rosa* ist und aus *ein und derselben* **LICHT-QUELLE** besteht!

Die Videos von AMMA *„AMRITA GANGA, Episoden 1-8“* haben mich zu folgenden Zeilen inspiriert (Donnerstag, der 3. Februar 2022).

Im LICHTTEMPEL (singend)

- sind alle willkommen.
- herrschen immer GLÜCKSELIGKEIT, FREUDE, FRÖHLICHKEIT, HARMONIE, LEICHTIGKEIT und **LIEBE.**
- ist alles hell, leicht, froh und lichtdurchflutet.
- tragen alle **LICHT**-GEWÄNDER.
- wohnen alle *guten* EIGENSCHAFTEN.
- dürfen wir loslassen, weinen, feiern, singen und tanzen.
- sind wir geborgen.
- erstrahlen wir als **LICHT**-KINDER.
- erstrahlen wir als **LICHT**-SONNEN.
- erfreuen wir uns an *deiner* NÄHE und an *deiner* **LIEBES**-SCHWINGUNG.

- erfreuen wir uns an der NÄHE zu DIR.
- wachsen uns FLÜGEL aus Wonne, Licht und Liebe.
- sind wir *heilige* KINDER.
- sind wir *deine* **LICHT**-KINDER / **LICHT**-WESEN / **LICHT**-ENGEL.
- sind wir *heilige* WESEN.
- verbrennen alle Leiden, Sorgen, Ängste, Blockaden und Schuldgefühle.
- werden wir erlöst.
- sind alle Menschen und Geschöpfe liebenswert.
- schwingt *reinste* **LIEBE.**
- werden wir befreit.
- verwandeln wir uns in KINDER der Unschuld und des **LICHTES**.
- verbrennt jegliche Negativität.
- sind alle Menschen, Tiere, Pflanzen und Wesen glücklich.
- herrscht eine *wunderbare* ORDNUNG.
- werden *heilige* RITUALE vollzogen.
- werden unsere *feinstofflichen* KÖRPER gereinigt.
- wird sehnsuchtsvoll und *voller* **LIEBE** gesungen.
- sind alle Menschen, Tiere und Pflanzen glücklich und wunderschön.
- gibt es nur eine Währung: **LICHT**-WÄHRUNG.
- **entstehen, wachsen und gedeihen**
  ♥ wunderbarste **LICHT**-BLUMEN,
  ♥ wunderbarste **LICHT**-PROJEKTE und
  ♥ wunderbarste **LICHT**-WERKE!
- bewirken unsere Gedanken, Gefühle, Lieder, Worte, Gesten, Bewegungen Zeilen, Bilder, Kunstwerke und vieles Ähnliches mehr GUTES, HEILUNG, SCHÖNES, BEFREIUNG und vor *allem* **LIEBE** und *innere* **WONNE!**

- genießen wir GOTTESSTRAHLUNG!
- genießen wir *göttliches* **LICHT,** *göttliche* **FREUDE** und *göttliche* **LIEBE!**
- leuchten wir wie **LICHT**-ENGEL!
- erwacht unsere **ENGEL**-NATUR!
- sind wir eingehüllt in **LIEBES**-DECKEN!

Dort, wo *reine* **LIEBE** regiert, entstehen **LICHTTEMPEL!**

Mögen wir ***deinen*** **LICHTTEMPEL** möglichst oft in und um uns erleben, spüren und erbauen!

Es wäre wundervoll, wenn wir erkennen und erfahren würden:

„Wo auch immer wir sind, dort verweilen wir in

- *deinem* **LICHT**-LIEBES-WONNE-**TEMPEL** und
- *unserem* SEELEN-**LICHT**-LIEBES-WONNE-**TEMPEL!**

In *deinem* **LICHT**-LIEBES-WONNE-**TEMPEL** sind wir *geheiligte* und *gesegnete* SEELENKINDER!“

Dein **LICHT**-LIEBES-WONNE-**TEMPEL** hat viele Eingangstüren und Eingangstore.

Einen LICHT-, LICHT-, **LICHTTEMPEL** können wir überall dort erbauen, wo wir uns aufhalten!

Die **Erde** ist DEIN LICHT-, LICHT-, **LICHTTEMPEL!**
Auf ihr leuchten wir im **SEGENSMANTEL** *deiner* **LIEBE!**

Im SEELEN-LICHT-TEMPEL

- bewegen sich machtvolle **LICHT-** und **LIEBES**-STRÖME!

wandle ich auf

♥ *lichtvollen* WEGEN,♥ GOTTESWEGEN,
♥ LIEBES-**LICHT**-WEGEN,
♥ HIMMELS-WEGEN,
♥ *wunderschönen* **LICHT**-WEGEN und
♥ *herrlichen* **LICHT**-PFADEN!

- **gibt es eine LICHT-TÜR,**
♥ die führt zu DIR!
♥ die führt zu MIR!
♥ die führt zur SEELE!

- **gibt es**
♥ KRAFT-QUELLEN,
♥ HEIL-QUELLEN,
♥ **LICHT**-QUELLEN,
♥ LIEBES-QUELLEN,
♥ WEISHEITS-QUELLEN,
♥ FREUDE-QUELLEN und
♥ WONNE-QUELLEN!

- **gibt es**
♥ einen ZAUBER-STEIN,
♥ einen **LICHT**-STERN,
♥ eine LIEBESKRAFT-QUELLE und
♥ ein wunderbares LIEBES-**LICHT!**

- **brennt ein FEUER**
♥ der LIEBE,
♥ der WEISHEIT,
♥ des FRIEDENS,
♥ des SEGENS,

- ♥ der HEILUNG,
- ♥ der WAHRHEIT und
- ♥ der RECHTSCHAFFENHEIT!

Im LICHTTEMPEL deiner Gegenwart
- bin ich allzeit froh.
- bin ich innerlich ruhig.
- ruhe ich in mir.
- bin ich glücklich.
- bin ich wunschlos glücklich.
- herrscht die LIEBE vor.
- bin ich tief verankert in *meinem* SEELENLICHT.
- darf ich spielen, feiern und mich ausruhen.
- bin ich tief mit DIR und *meiner* SEELE verbunden.
- siegt das GUTE, das SCHÖNE, das WAHRHAFTIGE, das EHRLICHE, die WEISHEIT und das GLÜCKLICHMACHENDE.
- wird immer gefeiert.
- beantwortest DU alle FRAGEN.
- erhörst DU alle HERZENSGEBETE.

Hörst du den Willkommensruf:
„Mein **LICHT**-LIEBES-WONNE-FRIEDENS-**KIND,** du bist hier bei MIR immer willkommen!“

*Genieße die **LICHT-**UMARMUNG, die dich erhebt und zum Leuchten bringt!*
Verweile!
*Nimm diese **LICHT-**LIEBES-WONNE-FRIEDENS-ERFAHRUNG mit in deine Welt, in dein Leben und in deinen Alltag!*
*Erinnere dich immer wieder an **deine wahre LICHT-NATUR** und lebe danach*

– dein Govinda.

48. Wasserfalltor

Dieses **TOR** besteht aus einem ***wunderbaren*** **WASSERFALL!**

Geruchloses, reines, klares, durchsichtiges, frisches, angenehm-warmes und *gleichmäßig-fließendes* **WASSER** strömt in diesem TOR-BOGEN.

Halte zuerst einen Finger in den **WASSERFALL,** dann deine Hand und schließlich deinen Arm.

Spüre das Fließen, das Plätschern, das Wassergewicht und die wohltuende Massagewirkung, die mit dieser Wasserberührung einhergeht.

Lasse dir Zeit und genieße, indem du verschiedene einzelne Körperteile und -partien dem **WASSERFALL** aussetzt.

Nach einer Weile stelle dir vor, dass du völlig unter in diesem TÜRRAHMEN-**WASSERFALL** stehst.

Kraftvoll strömt und plätschert das **WASSER** auf deine Haut.

In verschiedenen Posen und Positionen – stehend nach vorne oder hinten gebeugt, sitzend, auf dem Bauch, dem Rücken oder auf der Seite liegend, genießt du die **WASSER**-MASSAGE.

Verweile an diesem *herrlichem* **WASSERFALL** so lange, bis es dich weiter hinein zieht in diesen **WASSER**-RAUM.

Das FLIESSEN wird allmählich schwächer und ruhiger. Schließlich breitet sich ein *wunderschöner, kleiner und ruhiger* **SEE** vor dir aus. Du gleitest in diesen **SEE** hinein und bewegst dich in langsamen Schwimm- und Tauchbewegungen durchs Wasser. Es gelingt dir, die Luft sehr lange mühelos anzuhalten, so dass du dich unter Wasser völlig entspannt der Schwerelosigkeit hingeben kannst. Du bewegst dich völlig frei, gelöst, entspannt, genussvoll und spontan in diesem *wunderbaren* **WASSER**-ELEMENT.

In der Mitte dieses *himmlischen* **GEWÄSSERS** sprudelt eine *warme* **QUELLE** auf dem Grund des kleinen Sees.

Öffne deine *inneren* AUGEN und erschaue wie sich *wundersame und wunderbare* **WASSER**-NIXEN (w/m) in diesem Gewässer tummeln.

Sie sind physisch nicht greifbar und dennoch umgeben sie dich, wie ein wohlig-weicher Strudel!

Tiefe ENTSPANNUNG durchströmt deinen gesamten Körper!

Es stellt sich ein tiefes WOHLGEFÜHL ein!

„Die *reinste* ERHOLUNGSOASE! Wie wunderbar!“ -

Diese zwei kurzen Sätze wiederholst du innerlich wieder und wieder, während du dich noch freier und geschmeidiger bewegst oder treiben lässt.

Jegliche Anspannung aus deinem Körper und deinem Gesicht verschwindet.

Jegliche emotionale und geistige Anspannung löst sich auf.

Ein Gefühl der VERBUNDENHEIT und eine *tiefe* DANKBARKEIT hinsichtlich dieser Erlebnisse durchfluten dich im Innern.

Die **WASSER**-NIXEN und das ***lebendige*** **WASSER** spüren *deine* DANKBARKEIT und verwöhnen dich nun noch mehr.

Lass dich treiben!
Erhole dich!
Schöpfe neue Kraft!
Gib dich dem Schweben und dem leichten Fließen hin!
*Das **WASSER** kennt keine Hindernisse, es fließt seiner Natur entsprechend!*
*So bleibe auch du dir treu und fließe deiner **göttlichen NATUR** deinem **göttlichen LICHT** und deiner **göttlichen VERVOLLKOMMNUNG** entgegen – dein Govinda.*

49. Weisheitstür: Spielen

Diese ***wundervolle*** **TÜR** öffnet sich erst, wenn wir wieder werden wie ein *glücklich spielendes* **KIND,** wenn wir uns erlauben, uns so frei zu fühlen wie ein *glücklich spielendes* **KIND**, wenn wir uns so bewegen und verhalten wie ein *glücklich spielendes* **KIND,** wenn wir wieder spontan sind, wie ein *glücklich spielendes* **KIND** und wenn wir uns und anderen erlauben, alles auszudrücken, was wir beziehungsweise sie fühlen oder wahrnehmen.

Diese **TÜR** ist sehr **bunt**.

Auf dieser **TÜR** befindet sich eine ***goldene*** **SPIRALE,** deren Beginn im Zentrum liegt und deren Ende ebenfalls im Zentrum liegt.

Konzentriertes, fokussiertes, hellwaches, entspanntes, bewusstes, spontanes, intuitives, fließendes und *abruptes* (die Aufzählung ließe sich fortsetzen) **SPIELEN,** welches alle Sinne, Fähigkeiten und Möglichkeiten mit einbezieht und sich ihrer bedient, belohnt uns bereits bei der Ausübung des **SPIELENS** in Form von *gesteigerter* LEBENDIGKEIT, sowie in Form von *bewusster* und *zentrierter* WAHRNEHMUNG unseres Körpers, unserer Gefühle, unserer inneren Bilder und unserer Gedanken.

SPIELEN wird begleitet von GEFÜHLEN wie *Sich-Erfüllt-Fühlen* und *Sich-Reich-Fühlen.*

SPIELEN führt zu *tiefer innerer* **Befriedigung**, zu einem *starken* **Gefühl** von „LOSGELÖST-SEIN“, zu **Gefühlen** der *„Inneren* EKSTASE und FREUDE“ sowie zu einem *langanhaltenden* HOCHGEFÜHL.

Diese **TÜR** zaubert bereits dann ein *wunderbares* LÄCHELN auf unsere Lippen und erhellt unser Gemüt, wenn wir sie von Weitem sehen oder wenn wir uns an sie erinnern.

Ein GEFÜHL von „Alles ist möglich!" und ein Erleben des GEFÜHLS „Das Leben ist wunderbar!" stellt sich beim **SPIELEN** ein.

***Echtes* SPIELEN**

- bezieht alles mit ein und nutzt alle Möglichkeiten.
- braucht keine aufwändigen Gerätschaften oder Vorbedingungen.
- *beglückt* die Spielenden.
- führt zu HARMONIE.
- führt zu *innerem* REICHTUM.
- reagiert auf *alle* MITSPIELER und auf das UMFELD nur dann, wenn es möchte.
- schafft *spontane, tiefe* und *wahrhaftige* VERBINDUNGEN zu den Mitspielern beziehungsweise Mitspielerinnen.
- ist jederzeit bereit, sich aus jeder VERBINDUNG und jedem ZUSTAND wieder zu lösen und neu zu beginnen.
- stellt eine VERBINDUNG her und ist im *ständigen* AUSTAUSCH mit dem *eigenem inneren „Erleben"* und *„Wahrnehmen"*.
- braucht SCHUTZ-, SPIEL- und RUHERÄUME.
- erzeugt eine *wohlig-angenehme* ATMOSPHÄRE.
- fürchtet sich vor keinem Ungeheuer – obwohl sogar gelegentlich Ungeheuer spielen.
- führt dazu, dass stets NEUES, SPONTANES und KREATIVES geschieht.
- passt genau zu unseren *innersten* BEDÜRFNISSEN.
- gibt uns die Möglichkeit, unsere *innersten* BEDÜRFNISSE zu erfüllen.

- befindet sich *im* FLUSS und hält dennoch gelegentlich sehr bewusst inne.
- ist mutig, getraut sich, *alle* GEFÜHLE – auch Zorn, Wut, Hass, Verletzlichkeit, Enttäuschung, Einsamkeit, Trauer, Verzweiflung, … – zu zeigen und spielt amüsiert mit ihnen.
- ist *heilsam.*
- belohnt alle SPIELENDEN mit einem GEFÜHL der tiefen Befriedigung, der gesteigerten Lebendigkeit und erhöhten Wachheit.

Es gibt *bewundernswerte* **Menschen,** die sich stets in der Nähe dieser TÜR aufhalten. Diese **Menschen** zeichnen sich aus durch ein *hohes* **Potenzial** an **gelebter** KREATIVITÄT, WAHRHAFTIGKEIT, SPONTANITÄT, AUTHENTIZITÄT und FRÖHLICHKEIT. Sie leben im *starken* **Maße** ihre FÄHIGKEITEN, TALENTE und POTENZIALE.

***Echtes* SPIELEN**

- erlaubt es uns, spielerisch alles auszudrücken z. B. sogar ERINNERUNGEN oder GEFÜHLE an Situationen, Begebenheiten oder Begegnungen, die uns belasten oder früher sogar traumatisiert haben. Diese ERLAUBNIS führt zu einem GEFÜHL der **Befreiung** und der **Angstfreiheit.**
- lässt uns authentisch werden.
- macht uns selbstbewusst und offen.
- fürchtet sich nicht vor Verletzungen oder dem Gefühl, abgewiesen zu werden.
- macht die Spielenden heil und ganz.
- integriert abgespaltene *innere* ANTEILE.
- ist eine SPIRALE! Es kommt aus dem INNERSTEN, bedient sich des Innersten, schöpft aus dem Innersten und führt wie-

der zum *innersten* SELBST, zur *innersten* QUELLE des Lebens zurück.

- fördert FROHSINN und GLÜCKLICHSEIN.
- kennt *keine* TABUTHEMEN.
- lässt uns in *alte* und *neue* ROLLEN schlüpfen.
- genießt es zu übertreiben und zu überspitzen.
- vertraut sich selbst.
- führt immer zu einer AUFLÖSUNG beziehungsweise zu einem HAPPY END.
- führt zu tiefer *innerer* GELASSENHEIT.
- führt zu einem *gesteigerten* SELBSTVERTRAUEN.
- ermöglicht und erlaubt es uns, der *gesamten inneren* BANDBREITE unseres LEBENS, unserer LEBENSTHEMEN und unserer GEFÜHLE **Ausdruck** zu verleihen.
- macht uns zu *glücklicheren, bewussteren, liebenswürdigeren* und *achtsameren* MENSCHEN.
- braucht weder Anfeuerung noch Applaus.
- ist sich selbst genug.
- lässt *unsere* AUGEN und unsere AURA leuchten.
- ist intuitiv und unvorhersehbar.
- führt zu VERSTÄNDNIS und FEINFÜHLIGKEIT.
- kennt weder „müssen“ noch „sollen“.
- ist frei von Erwartungen und setzt sich dennoch ein für die ERFÜLLUNG der *eigenen* BEDÜRFNISSE.
- ist höchst schöpferisch, kreativ und fantasievoll.
- ermöglicht DINGE, die die uns im Alltagsleben als unmöglich erscheinen.
- schöpft aus *unsichtbaren* QUELLEN und *unsichtbaren* REICHEN.
- erlaubt es uns, zwischen verschiedenen *inneren* und *äußeren* WELTEN und ZEITEN hin und her zu wandern.

- fügt *innere* und *äußere* WELTEN und ZEITEN zusammen, stellt neue Verbindungen her und löst sie wieder auf. Dadurch und daraus entsteht ein *wunderbares* GANZES.
- erfindet sich immer wieder neu.
- erschöpft sich nie.
- findet immer wieder neue AUSDRUCKSFORMEN und *neue* WEGE sich auszudrücken.
- schöpft immer wieder neu aus der *ewigen* QUELLE des MOMENTES und des In-Verbindung-Stehens mit unserem *innersten* WESENSKERN.
- führt uns immer wieder zu unserer *innersten* QUELLE *allen* SEINS und *allen* GLÜCKES.
- hinterlässt auch nach dem Spiel sehr *angenehme, wohlige* SPUREN, die uns ein LÄCHELN auf die Lippen zaubern.
- enthält in sich selbst *höchste* ERFÜLLUNG.
- müht sich nicht ab und verschleißt nicht unsere Körper und Energien.
- erfüllt uns mit *ungeahnten* KRÄFTEN.
- können wir erleben beim **Z**uhören, beim **L**auschen, beim **N**achahmen, beim **G**rimassieren, beim **T**anzen (Contact Improvisation, Improvisation, Kreativer Tanz und so weiter), beim spielerisch-kreativen **Y**oga, beim **U**nterrichten, in **G**esprächen, bei **B**egegnungen, beim **T**heaterspielen und **T**heatermachen … - letztendlich überall!

***Spiele** dein Leben!*

*Lasse dein Leben zu einem **Spiel** werden!*

***Spiele** das Spiel des Lebens mit Freude, Gelassenheit und Begeisterung!*

*Bringe **„SPIELEN“** in dein Leben, in deinen Alltag!*

***Spiele** den ganzen Tag über!*

__Spiele__ dein Leben lang!
Sei mutig und __spiele__ in allen Lagen des Lebens!
__Spiele__ in und bei deinen Aufgaben und Pflichten!
__Spiele__ bei und in allen Begegnungen!
Wenn dir die Fähigkeit zu spielen abhandengekommen ist, dann erlaube dir ab jetzt, wieder zu __spielen!__
__Spiele__ und werde dadurch froher und glücklicher!
__Spiele__ auf deine ureigene Art, möglichst immer und überall!
__Spiele__ und erlebe, wie du freier, spontaner, authentischer und glücklicher wirst.

Möge es dir gelingen

- *in allen LEBENSBEREICHEN spielerisch zu sein und __spielerisch__ zu handeln!*
- *in allen ANGELEGENHEITEN deines Lebens __spielerische__ ANTEILE einzubauen!*

Mögest du ein __glücklich-spielendes SEELENKIND__ sein!

Dein Govinda.

50. Weisheitstür: Göttlichkeit der Natur – Natur ist Göttlich

Alles ist aufeinander abgestimmt – das Feinste, das Feine, das Grobe und das Größte!

Alles greift ineinander!

Alles ist miteinander – oft unsichtbar – verbunden!

ALLES ist EINS!

Es handelt sich bei dieser **TÜR** um eine **DOPPELTÜR.**

Obige Sätze und Ähnliches mehr stehen auf der *einen* DOPPELTÜRHÄLFTE dieser ***herrlichen*** **GOLD-TÜR** in deiner Lieblingssprache und in den Sprachen, die du liebst, geschrieben!

Die Buchstaben, Schriftsymbole und Schriftzeichen aller Zeiten und aller Kulturen können auf dieser TÜR sichtbar werden!

Auf der *zweiten* DOPPELTÜRHÄLFTE, die mit goldenen Lettern verziert ist, werden allmählich Buchstaben und Worte in unterschiedlichen Größen und Schriftarten sichtbar!

Das Wort **N-A-T-U-R** offenbart sich dir märchenhaft auf tausend und eine Art.

NATUR ist das

- was immer NA (-H) (-TUR) (= nahe TÜR) und da ist.
- was uns immer umgibt.
- in was wir leben.
- woraus Körper geformt sind.
- was Körper ernährt.
- was aufeinander abgestimmt ist.
- was ohne menschliches Wirken existieren kann und existiert.
- was ohne Menschen existieren kann.

- was stets im WANDEL ist.
- was *unzählige* SCHÖNHEITEN und GEHEIMNISSE in sich birgt.
- was alle *irdischen* SCHÄTZE enthält und hervorbringt.
- was uns SCHUTZ, BEHAUSUNG und OBDACH bietet.
- was *unzählige* WESEN beheimatet.
- wovon wir Menschen *ein* TEIL sind.
- was sich stets neu formt, formiert und wandelt.
- was die kleinste Ameise, Viren und den größten Wal beheimatet.
- was *eigene* GESETZMÄSSIGKEITEN hat.
- was uns immer und überall begleitet und umgibt.
- was uns in vielerlei Hinsicht VORBILD sein kann.
- was uns GEDULD, DEMUT, STÄRKE, ANPASSUNGSFÄHIGKEIT, WANDELBARKEIT, AUSDAUER, BESTÄNDIGKEIT, SELBSTLOSIGKEIT, LIEBE und Ähnliches mehr lehrt und vorlebt.

NA-TUR (= nahe TÜR)

- offenbart die GEHEIMNISSE des Lebens.
- ist wahrhaftig.
- besteht aus einer Mischung der ELEMENTE.
- ist wunderbar, wundervoll, voller WUNDER, vielfältig, wunder-schön, machtvoll und zauberhaft.
- ist NATÜRLICHKEIT.
- ist, wie sie ist.
- ist mächtig.
- ist LEBENSFLUSS.
- basiert auf KOOPERATION und INTERAKTION.
- basiert auf Erneuerung und WANDEL.
- ist VERBUNDENHEIT.

- ist nicht kopierbar – außer vom SCHÖPFER selbst.
- ist schöpferisch und sehr kreativ.
- ist unaufhaltsam.
- ist einzigartig und mannigfaltig.
- ist *göttlich*.
- enthält als Schöpfung die Merkmale des SCHÖPFERS, so zum Beispiel „Überall-seiend“, „In-allen-Zeiten-seiend“, …

*Erlebe und lebe **NATÜRLICHKEIT!***
*Nimm die **NATUR** bewusst wahr – in kleinen DETAILS,*
in großen ERSCHEINUNGSFORMEN und in ihren größeren ZUSAMMENHÄN-GEN!
*Erfreue dich an **IHR!***
*Fühle dich verwandt mit **IHR** – Indianersprache:*
Bruder, Schwester, Sonne, Mond, Fluss, Berg, Baum, Wind, See, Meer, Pferd, … – und mit der gesamten Schöpfung

dein Govinda.

51. Licht-Burg-Tor

Das **LICHT-BURG-TOR** ist für mich am leichtesten zu erreichen durch die **Wiederholung** meines *liebsten* GOTTESNAMEN.

Singe innerlich, kraftvoll, melodiös, kreativ, voller Begeisterung und variantenreich!

Diese *ätherische* **LICHT-FESTUNG** erstrahlt in *hellen, wunderschönen* und *leuchtenden* **LICHT**-FARBEN!

Ich **singe** heute den *einfachen,* geliebten und für mich sehr *bedeutungsvollen* NAMEN **BABA** in Verbindung mit den Worten OM und NAMO:

„(BABA OM) (5 x) NAMO."

BABA steht für **B** = **B**eing (Sein) – **A** = **A**wareness (Bewusstsein) – **B** = **B**liss (Segen) – **A** = **A**nanda (Glückseligkeit) oder **A**tman (höchstes Sein)!

NAMO bedeutet „Ich verneige mich vor …"

Manchmal verschwindet diese **LICHT-FESTUNG** im Nebel unseres weltlich-materialistischen Alltags! Gelegentlich zweifeln wir an ihrer Existenz, denn hin und wieder rückt sie im Getriebe des Alltags weit weg, sodass wir glauben, sie existiere gar nicht!

Wenn wir ernsthaft, ausdauernd, spielerisch-genussvoll, mit Freude und mit bewusstem Singen unseren **Lieblings**-GOTTES-

NAMEN (OM Jesus, OM Licht, OM höchstes Sein, OM Buddha, OM Baba, OM reinste Liebe, …) wiederholen, dann verstärkt sich das LICHT der **LICHT-BURG** wieder. Die **LICHT-BURG** wird dann wieder *heller, strahlender, sichtbarer, fühlbarer* und *realer* für uns!

Das *heilige* **LICHT-TOR** ist unser **Lieblings-**GOTTESNAME beziehungsweise unser **Lieblings-**MANTRA**.**

Beginne an einem ruhigen, stillen Kraftort – innerlich oder leise –, *deinen* **HERZENS-**GOTTESNAMEN variantenreich, *voller* SEHNSUCHT, *voller* LIEBE und *voller* DANKBARKEIT bewusst, kreativ-lebendig und wiederholend **zu singen!**

Spiele mit den TÖNEN, dem RHYTHMUS, der MELODIE und verinnerliche, das heißt, erlebe die BEDEUTUNG des gesungenen Wortes oder Textes!

Durch das SINGEN der HERZENS-GOTT-NAMEN

- holst du die **LICHT-**FESTUNG / LICHT-BURG zu dir!
- verstärkst du deine **LICHT-**BURG!
- erschaffst du deine **LICHT-**BURG!
- verschaffst du dir Zugang zur **LICHT-**BURG!

Stelle dir nun vor, dass du der **LICHT-**FESTUNG ganz nah bist!

Erschaue das einladende und *leuchtend-helle* **TOR!**

Singe weiter und tritt ein!

Starke **LICHT-KRÄFTE** umgeben und durchfluten dich! Folgendes LIED wird **hörbar:**

„Dein NAME

- ist eine **LICHT-**FESTUNG.
- ist eine **LICHT-**BURG.
- schützt mich.

- nährt mich.
- erfüllt mich mit Segen.
- ist mein **LICHT-**ZUHAUSE.
- führt mich.
- ist das *reinste* **LICHT.**
- ist ein **LICHT-**FEST und **LICHTER-**FEST.
- ist *stärkste* SEGENS-KRAFT.
- leuchtet in mir.
- hilft in jeder Situation.
- verbindet mich mit meinem SEELEN-KERN / SEELE-SEIN.
- ist die *mächtigste* LIEBES-KRAFT.
- erreicht alles.
- lädt mich auf mit **LICHT-**ENERGIE.
- ist der *erreichte* SEHNSUCHTS-ORT.
- stimmt mich zuversichtlich und hoffnungsfroh.
- macht mich glücklich.“

SINGE, SINGE, SINGE
und der Tag, ja, das Leben gehört wieder dir!
*Verschenke **dein LICHT** an das, was dich begeistert,*
was dich erfüllt, was dir Freude bereitet,
was dich froh und glücklich macht!

*Dein zeitweiliger **LICHT-**BURG-BEWOHNER Govinda, grüßt dich, du **LICHT-**BURG-BEWOHNER.*

52. Segenstür – Segenstor

Dieser EINGANG besteht aus ***zwei*** *großen, goldenen* **TORFLÜGELN.** Auf *jedem* der **TORFLÜGEL** ist jeweils eine ***riesig-segnende*** **HAND** abgebildet, deren Fingerspitzen nach oben zeigen.

Bereits vor dieser TÜR ist eine *starke, wohlwollende, freudige, energetisierende, vertraute, liebende* und ***segnende*** **KRAFT** zu spüren.

Nähere dich demütig!

Es fühlt sich so an, als würden diese ***riesigen*** **HÄNDE** dich wie LICHTHÄNDE oder ENGELSFLÜGEL umhüllen. Diese Empfindung verstärkt sich, während du im TORBOGEN stehst.

Erlaube dir nun, dich wie ein *junges* **Menschen-Küken** zu fühlen, dass von den **LICHT-FLÜGELN** seiner **LICHT**-HAND-FLÜGEL-MAMA beschützend-liebevoll umhüllt und eingehüllt wird.

Vielleicht ist es auch der **LICHT**-PAPA oder es sind beide **LICHT**-ELTERNTEILE.

Fühle die *schützende, wärmende, erhellende* und *erhebende* WIRKUNG dieses **SEGENSTORES.**

Das **TOR** öffnet sich vor deinem inneren Auge.

Nimm nun einen *weiten* und *hellen* **RAUM** wahr.

Dieser *gold-schimmernde* und *runde* **LICHT**-RAUM strahlt in seinem Mittelpunkt besonders stark.

Eine *riesige goldene* **LICHT**-LOTUS-BLUME befindet sich im **Zentrum** dieses RAUMES.

Auf diesem **LICHT**-LOTUS erscheint allmählich beziehungsweise manifestiert sich jetzt *deine* **LIEBLINGS**-GOTTHEIT oder einfach nur eine *mächtige* **LICHT**-SONNEN-KUGEL.

Lasse dich davor nieder!

Empfinde, beobachte und erlebe nun, was passiert!

Vielleicht spricht diese GOTTHEIT, diese KRAFT, dieses LICHT mit dir in Gedanken?!

Vielleicht ist dir diese GOTTHEIT vertraut!?

Beobachte wie sie **Gesten** ausführt oder anderweitig agiert.

Eventuell lässt diese **LICHT**-KRAFT dir eine *wichtige* BOTSCHAFT zukommen?!

Sei still und werde innerlich vollkommen ruhig!

Warte!

Empfinde und empfange!

Dieser **LICHT**-LOTUS beherbergt alle GÖTTER und GOTTHEITEN, das heißt, dieses Licht kann jede Gottheit und alle Götter hervorbringen.

Verweile in diesem **SEGENS-RAUM** bis du völlig gesättigt und glücklich bist!

LICHT-, LICHT-, LICHT-, LICHT-HÄNDE

- verzaubern dich.
- bezaubern dich.
- umgeben dich.
- umhüllen dich.
- reichen dir die HAND.
- streicheln dich sanft und liebevoll.
- steuern *dein* GESCHICK.
- entzücken immer wieder.

- leuchten in *herrlichen* FARBEN.
- winken dir überall freundlich zu.
- sind immer da für dich.
- warten überall auf dich.
- erwachen in DIR.
- ermöglichen es dir innerlich zu fliegen.
- fördern dich in *allen* ASPEKTEN deines Lebens.
- ermöglichen dein LICHT-WACHSTUM.
- beschenken dich wieder und wieder.
- erreichen dich überall.
- streuen **LICHT**-ASCHE und **LICHT**-BLÜTENBLÄTTER auf dich und deinen Weg.
- formen und verwandeln Hände in **LICHT**-BLUMEN-HÄNDE.

Riesige **LICHT-, LICHT-, LICHT-, LICHT-HÄNDE** (singend)

- regieren *alle* WELTEN.
- regieren über GEIST, ZEIT, RAUM und MATERIE.
- leuchten stark.
- können alles bewirken.
- verbinden und koordinieren alle *guten* KRÄFTE und manifestieren sich dann als **LICHT**-WERKE, **LICHT**-ZEICHEN, **LICHT**-LEHREN und **LICHT**-WUNDER.
- leuchten immer in *deiner* NÄHE.
- verweilen über dir.
- verweilen bei dir.
- verteilen und verbreiten LIEBE, FRÖHLICHKEIT und WONNE.
- erschaffen SCHÖNHEIT.
- erwachen in dir.

- bestimmen *deine* WEGE.
- erleuchten *deine* WEGE.
- führen dich auf *deinen* WEGEN.
- bringen dich *zum* LEUCHTEN.
- leuchten auch in dir.
- manifestieren sich durch DICH - dein Denken, Sprechen, Verhalten und Tun.
- behüten dich wie ENGELSFLÜGEL.

LICHT-, LICHT-, LICHT-, LICHT-BLUMEN
- entstehen in *meinem* HERZEN.
- wachsen in *meinem* HERZEN.
- verströme ich.
- verteile ich an ALLE, die mir begegnen und ALLE, an die ich denke.
- bewirken nur GUTES.

In *deiner* LICHT-LIEBES-SEGENS-KRAFT
- verwandeln wir uns in LIEBENDE.
- bestimmt die LIEBE, was geschieht.
- entfalten wir unser **LICHT,** unsere *wahre* **LICHT**-GRÖSSE und unsere **LICHT**-SCHÖNHEIT.
- entdecken wir unsere **LIEBES**-POTENZIALE, **LIEBES**-SCHÖPFUNGS-POTENZIALE und unser **LIEBES**-WIRK-KRAFT-POTENZIAL.
- bewältigen wir *alle* **LICHT**-AUFGABEN bestens.
- **verwandelst DU uns in**
  ♥ **LICHT**-LIEBES-FREUDE-STERNE,
  ♥ **LICHT**-LIEBES-FREUDE-BRINGER/INNEN,
  ♥ **LICHT**-LIEBES-FREUDE-VERTEILER/INNEN,
  ♥ **LICHT**-LIEBES-FREUDE-BOTSCHAFTER/INNEN,

♥ **LICHT**-LIEBES-FREUDE-GENIESSER/INNEN,
♥ **LICHT**-LIEBES-FREUDE-SPENDER/INNEN und
♥ **LICHT**-LIEBES-FREUDE-MENSCHEN!

- **werden wir zu**
  ♥ **LICHT**-LIEBES-AUTOR/EN/INNEN,
  ♥ **LICHT**-LIEBES-GESTALTER/N/INNEN,
  ♥ **LICHT**-LIEBES-KÜNSTLER/N/INNEN und
  ♥ **LICHT**-LIEBES-KINDERN!

Durch den SEGEN der LICHT-LIEBES-SEGENS-HÄNDE

- erschaffst und erzeugst DU durch und mit uns die wunderbarsten **LICHT**-WERKE.
- fühlen wir uns als *ein* **Teil** von DIR.
- fühlen wir uns mit *unserer* **LICHT**-SEELE verbunden.
- werden wir zu **LIEBENDEN.**

*Dein Govinda wünscht dir einen herrlichen gesegneten Tag und den tiefen und **vollen SEGEN** dieses **SEGENSTORES**.*

Mögen deine LEBENSTAGE gesegnet sein!

*Mögest du dich **täglich** vom **SEGENSTOR gesegnet fühlen!***

53. Sonnen-Tor

Wenn wir vor diesem **TOR** sitzen oder stehen, dann erleben wir all die fantastischen **Sonnenaufgänge** und **Sonnenuntergänge** noch einmal, die wir in diesem Leben bereits erlebt haben.

Wir werden uns dieser *machtvollen* LICHT- und FEUER-KRAFT ganz bewusst, das heißt, wir erleben, spüren und erfahren sie an uns und in uns.

Das LICHT der **SONNE** braucht etwas mehr als acht Minuten, um von der SONNE in Lichtgeschwindigkeit zu uns zu kommen.

Die SONNE ist circa 150 Millionen Kilometer von der Erde entfernt.

Der SONNENRADIUS beträgt circa 700.000 Kilometer, das entspricht dem 109-fachen Erddurchmesser.

Die Masse der SONNE übertrifft 330.000 Male die Masse der Erde.

Die SONNE ist also ein *gigantischer* **FEUERPLANET!**

Das *äußere* LICHT der SONNE, das circa **acht Minuten** benötigt, um die Entfernung von der Sonne zur Erde zurückzulegen, ist nur ein ABGLANZ des *inneren* LICHTES.

Unser SONNENSTERN ist circa 120x so groß wie unsere Erde.

Wie klein sind wir Menschen und wie groß sind wir doch als SEELEN-KINDER und als *grenzenlose* SEELE, die verbunden ist mit dem ALL-EINS-SEIN.

Das *runde, goldgelb-weiße* und *strahlende* **SONNEN-TOR** verwandelt sich und zeigt in *wunderbaren* FARBEN einen *einzigartigen* **Sonnenaufgang**.

Das FARBENSPEKTRUM reicht von Weiß, Gold, Orange, Gelb, Rosa und rötlichen Farben bis hin zu unterschiedlichen Lila-Farbtönen.

Wer mit dem **GAYATRI-MANTRA,** dem LICHT-**SONNE**-MANTRA vertraut ist, kann es nun singend mit voller Bewusstheit rezitieren.

> **OM** BUR, BUVAH, SVAHA,
> **TAT** SAVITUR VARENYAM,
> BHARGO DEVASIAH DIMAHI,
> DIO YONAH PRADCHODAYAT

In diesem MANTRA **heißt es** unter anderem:

„OM (=**AUM)** durchdringt alle drei Welten (physische, feinstoffliche und seelische). **TAT** (ein Begriff für das EWIGE, IMMER-SEIENDE) manifestiert sich (unter anderem auch) in der *lebensspendenden* KRAFT der Sonne. Diese KRAFT verehren wir. Über diese *strahlende* KRAFT meditieren wir. Möge diese KRAFT beziehungsweise dieses LICHT unseren *Geist* (auch unseren *Körper* und unsere *Aura*) **erleuchten!"**

Während wir dies **singen,** erleben wir das LICHT stärker und stärker in uns!

Wir können nun visualisieren, wie das TOR aufgeht!

Die **Geheimnisse** des LICHTES und der SONNE offenbaren sich uns in Bildern, Erlebnissen, Antworten und Visionen!

Der **SONNEN**-GRUSS, das SURYA NAMASKAR, wird hier auf vielfältige Art und Weise praktiziert und erklärt.

Der *körperliche* BEWEGUNGSABLAUF wird hier **kombiniert** und **gekoppelt** mit den *vielfältigen* BEGRIFFEN, die die EIGENSCHAFTEN der **SONNE** aufzählen.

SONNE, DU

- lebensspendende KRAFT!
- Jahreszeiten bestimmende KRAFT!
- Tag und Nacht bestimmende KRAFT!
- auflösende, verbrennende und zerstörende KRAFT!
- Welten erleuchtende KRAFT!
- lichtspendende KRAFT!
- nährende KRAFT!
- Wachstum ermöglichende KRAFT!
- Wachstum fördernde KRAFT!
- verwandelnde und transformierende KRAFT!
- wärmende und erhitzende KRAFT!
- Wellen- und Schwingungs-KRAFT!
- …

Der Bewegungsablauf des **SONNEN**-GRUSSES wird in diesem RAUM mit *verschiedensten* **Mantras** (AUM / GAYATRI /…) rezitiert!

Die **SONNE** beziehungsweise das LICHT der **SONNE** und deren Eigenschaften können uns helfen, uns dem EWIGEN, dem ALLDURCHDRINGENDEN, dem ALLGEGENWÄRTIGEN, dem ALLMÄCHTIGEN, dem ALLWISSENDEN, dem ALLLIEBENDEN, der WEITE ohne ENDE, dem STILLE-MEER und dem SEINS-MEER anzunähern.

Erfreue dich an diesem **LICHT** und am **LICHT** der ERKENNTNIS!

Forsche weiter!

Erlebe mehr und mehr das ***höchste innere LICHT*** *und das* ***höchste BEWUSSTSEIN,*** *das weder Licht noch Dunkelheit kennt und fern ist von allen Gegensatzpaaren*

– dein Govinda.

54. Weisheitstor: Dankbarkeit

Du bist eingeladen, gedanklich vor diesem **TOR** sitzend über **DANKBARKEIT** nachzusinnen.

Nach und nach verwandelt sich dieses **TOR** in dein ***persönliches*** **DANKESTOR.**

Fühle, erschaue innerlich, taste innerlich, beobachte innerlich, erlausche, rieche und erforsche dieses **DANKBARKEITSTOR.**

> Wie schmeckt DANKBARKEIT?
> Wie riecht DANKBARKEIT?
> Wie fühlt sich DANKBARKEIT an?
> Mit welchen Gefühlen ist DANKBARKEIT verbunden?
> Wie sieht DANKBARKEIT aus – im doppelten Sinne?
> Wie drückt sich DANKBARKEIT aus?
> Was bewirkt DANKBARKEIT?

All deine *vergangenen* PROBLEME und SCHWIERIGKEITEN sind hier an diesem **TOR** an eine Pinwand geheftet!

Deine *vergangenen* PROBLEME sind hier nur noch *kleine, bedeutungslose* ZETTELCHEN, die im Wind flattern.

Auf den ZETTELN sind die Probleme durchgestrichen und mit dem Vermerk **„Erledigt!“** oder **„Gelöst!“** versehen! Erinnere dich an das, was ehemals für dich *riesige* PROBLEME waren, und erinnere dich daran, wie diese PROBLEME **sich aufgelöst haben** – mit und ohne deine Beteiligung!

Die *unsichtbare* **MEISTER/INNEN-HAND,** manchmal ZUFALL genannt, hat dich immer geführt, dich immer begleitet, dir immer geholfen und hat alles auf ihre Art und Weise gelöst und erlöst!

Stelle dir vor, dass deine (scheinbaren) *gegenwärtigen* PROBLEME auch nur *flüchtige* ERSCHEINUNGEN sind, wie WOLKEN, die am strahlendblauen Sonnenhimmel vorüberziehen!

Konzentriere dich auf die LÖSUNGEN, auf das, was dir geschenkt und gegeben wurde, und noch wichtiger:

„Erlange und erarbeite dir eine *gelöste* und *gelassene innere* HALTUNG zum Leben und zu allem, was geschieht.

Öffne dieses **TOR** und dir wird es möglich sein, *reichlich innere* und *äußere* GESCHENKE, REICHTÜMER, LÖSUNGEN, ERFOLGE, LÖSUNGSWEGE, LÖSUNGSHALTUNGEN und GNADENBEWEISE erkennen, aufzählen und benennen zu können.

Verglichen mit den kleinen ZETTELN an der Tür bietet dieser RAUM eine *immense* **Fülle** an- ERFÜLLUNG und DANKBARKEIT.

Die ***eine Hälfte des* RAUMES** zeigt dir Symbole, Situationen und Angelegenheiten, die deinen MITMENSCHEN *halfen* und *guttaten.* Betrachte diese Hälfte des Raumes aufmerksam. Du wirst in ihr erkennen, dass du in vielen Angelegenheiten und in vielen Situationen, die deine Mitmenschen erlebten, daran *beteiligt warst* und *dazu beigetragen hast,* deine dich *umgebenden* MITMENSCHEN, **zu erfreuen** und **ihnen zu helfen.**

Manchmal geschah dies, ohne dass es dir bewusst war und ohne, dass du es beabsichtigt hast.

Viele MENSCHEN, TIERE und PFLANZEN *hegen* DIR *gegenüber* und vor allem dem *höchsten* SEIN gegenüber **Dankbarkeitsgefühle.**

Die ***andere Hälfte des*** **RAUMES** enthält all das, was DIR half, was DIR gegeben und/oder geschenkt wurde.

Nimm dir Zeit, diese FÜLLE von *Einzelheiten, Personen* und *Begebenheiten* bewusst zu betrachten und wertzuschätzen.

Zähle oder schreibe sie auf!

Verneige dich nun vor dem *höchsten* SEIN!

Bedanke dich für alle *großen* und *kleinen* DINGE, WUNDER, ZEICHEN, HILFEN, LÖSUNGEN und ERFÜLLUNGEN sowie für ***alle*** *inneren* und *äußeren* **Reichtümer**, die DIR geboten, geschenkt, gereicht und zugesteckt wurden – auch für jene, die auf wundersame Art und Weise zu dir fanden!

Sei dir mehr und mehr **all** der **Reichtümer** und **Geschenke** des Universums bewusst, die dich stets umgeben und die du stets nutzen darfst.

Weitreichende *materielle* und vor allem *nicht-materielle* **Geschenke** des Universums, die dich innerlich beglücken und dich immer wieder erfreuen, werden dich immer begleiten!

Sieh immer wieder das GUTE, SCHÖNE, ERFOLGREICHE und POSITIVE – auch in (scheinbar) schwierigen Zeiten!

*Entwickle und vertiefe **DANKBARKEIT!***
SIE wird es dir danken!
***DANKBARKEIT** wird dich stets und überall belohnen, erfreuen und beschenken*

– dein Govinda.

55. Weisheitstor: Stille

Wenn sich dieses **TOR** öffnet, dann tauchen wir ein in *reinste* und *erhabenste* SCHWINGUNG!

Die Welt und jegliches Denken bleiben draußen vor dem TOR!

Ein sehr *tiefer, langer* und *bewusster* **Atemzug** kann uns bereits **STILLE** und BEWUSSTHEIT vermitteln.

Tauche ein in **STILLE,** atme **STILLE,** fühle **STILLE** und nimm die **STILLE**-KRAFT wahr.

Dehne dich aus, werde hell, werde frei, werde leuchtend und breite deine *machtvollen* **STILLEFLÜGEL** aus.

Erhebe dich, fühle die *innere* **RUHEKRAFT** und die *wunderbaren* **SCHWINGUNGEN** dieser *alles enthaltenden* KRAFT.

STILLE

- ist die Grundlage *allen* SEINS.
- ist SEELEN-NAHRUNG.
- nährt.
- ist GOTT.
- ist.
- erwacht nicht und schläft nicht.
- wird nicht gefunden und geht nicht verloren.
- umgibt und durchdringt uns immer – auch wenn wir es nicht immer wahrnehmen.
- ist *potenzielle* KRAFT.
- ist EINHEIT.
- ist BEWUSSTSEIN.
- nicht zerstörbar und wurde nie geboren.
- ist zeitlos.

- kennt *keine* ENTFERNUNG.
- ist überall gegenwärtig.
- ist eigenschaftslos.
- ist ein SCHLÜSSEL zum HIMMEL und zum *inneren* GLÜCK.
- ist alles.
- enthält alles.
- ist nichts.
- ist SEIN.
- ist FRIEDEN.

Alles kommt aus der **STILLE!**
Alles mündet wieder in **STILLE** ein!

Willkommen im SEIN, willkommen in der ***STILLE***
und willkommen in der SEELE

– dein Govinda.

56. Regenbogen-Tor

Dieses **TOR** ist riesengroß.

Dieses **TOR** ist nicht greifbar und nur vorübergehend real.

Dieses **TOR** strahlt in Rot, Hellrot, Orange, Hellorange, Hellgelb, Gelb, Hellgrün, Grün, Türkis, Hellblau, Blau, Dunkelblau, Hellviolett und Violett.

Der **REGENBOGEN** braucht Sonne, Regen, einen Betrachtungs-Standpunkt und Beobachter/innen!

Der REGENBOGEN

- ist eine *flüchtige* ERSCHEINUNG.
- ist eine *magisch-mystische* ERSCHEINUNG.
- ist eine MISCHUNG aus Licht, Wasser und Luft.
- ist das TOR zu einer *anderen* DIMENSION.

Tritt ein!

Erinnere dich an „deinen" *schönsten* REGENBOGEN!

Was symbolisiert der REGENBOGEN?

Wofür steht der REGENBOGEN?

Weißes LICHT enthält ***alle*** FARBEN!

Alle FARBEN zusammen ergeben ein ***weißes*** LICHT!

Gibt es *Regenbogen*-**Engel?**

Gibt es *Regenbogen*-**Zufälle?**

Gibt es *Regenbogen*-**Wunder?**

Gibt es *Regenbogen*-**Geschichten?**

Ja, es gibt ***Regenbogen-Geschichten*** und eine davon erzähle ich dir jetzt!

Als ich im Sommer 2017 das GRAB meiner Mutter in Plößberg (Bayern), während eines Kurzurlaubes bei meiner Schwester besuchte, erlebte ich ein *besonderes* ***Regenbogen-Wunder!***

An dem BADESEE, genannt Plößberger-Weiher, wo ich soeben schwimmen gewesen war, zogen mächtige Wolken auf. Ich war gerade beim Abtrocknen, als sich plötzlich die Wolkendecke öffnete und zwischen den Wolkenbergen die Sonne hervorbrach, in Form von kräftigen, mächtigen Sonnenstrahlen, die jetzt meinen Körper erwärmten. Dies ermunterte mich, mein Handtuch auf dem Rasen auszubreiten und mich daraufzulegen, um die Strahlen und die Wärme der Sonne nach dem kühlen Bad zu genießen. Ich war sehr glücklich und ich empfand dieses beeindruckende Wolken-Sonne-Naturschauspiel als ein ZEICHEN!

Ich hatte nun die Eingebung, ich solle doch schon heute, also gleich nach dem Baden, zum Friedhof fahren, um dem Grab meiner Mutter einen Besuch abzustatten.

Ich erinnere mich noch genau, dass es ein DONNERSTAG war, also für alle SATHYA-SAI-Devotees ein *heiliger* TAG.

Es war bereits spät am Nachmittag. Ursprünglich wollte ich diesen Besuch zusammen mit meinem Sohn am Freitag abhalten, doch ich folgte meiner Intuition, ging zu meinem Mietauto und fuhr zum circa einen Kilometer entfernten Plößberger Friedhof.

Der FRIEDHOF befindet sich neben der *wunderschönen katholischen* KIRCHE, mit der mich noch viele Kindheitserinnerungen verbinden.

Die *wohlvertraute große* KIRCHE mit ihrem mächtigen Zwiebelglockenturm steht auf einem Hügel, der sich nahezu am Rande des Ortes befindet. Die KIRCHE erstrahlte in hellgelber (ins Ocker übergehende) Wandfarbe und wirkte wie neu gestrichen.

Die Marktgemeinde PLÖSSBERG hatte, als ich dort noch 1982 lebte, zirka 1.000 Einwohner.

Ich parkte meinen Mietwagen auf dem kleinen, leeren Parkplatz, der sich zwischen Kirche und Friedhof befindet.

Es fing an zu regnen! Ich gab mir innerlich einen Ruck. Fest entschlossen, mein Vorhaben durchzuführen, zog ich meine Jacke an, öffnete die Autotür, schloss den Reißverschluss und stülpte meine Kapuze über den Kopf, um mich vor dem stärker werdenden Regen zu schützen!

Die wenigen Schritte zum schmiedeeisernen Eingangstor legte ich entschieden langsam zurück! Ich öffnete das Tor. Es quietschte beträchtlich!

Ich betrat den FRIEDHOF und schloss das Tor wieder. Entschlossenen Schrittes ging ich vorbei an der Kapelle und bog rechts in den Hauptweg ein. Ich wusste, dass nun bald auf der linken Seite des Weges das Familiengrab der „LINDNERS" sichtbar werden müsste. Zu meiner Überraschung fand ich es nicht!

Stattdessen schaute ich den WEG entlang und sah plötzlich einen riesigen, deutlich sichtbaren, in *herrlichen Farben strahlenden, wunder-schönen* ***Regenbogen,*** der, wie ein *riesiger* TORBOGEN, das auf dem hinteren Teil des Weges stehende, zentrale HOLZKREUZ, an dem eine vergoldete, menschengroße Jesusstatue hing, umgab und umrahmte!

Was für ein *wundervoller* ANBLICK!

Die Sicht reichte von diesem Friedhofshügel aus weit über die sommergrüne Mittelgebirgslandschaft der Oberpfalz, über die sich ein *gigantisch-großer und majestätischer* ***Regenbogen*** erstreckte.

Langsam ging ich den Weg weiter. Den Besuch des Grabes meiner Mutter vergessend, erfreute ich mich – nahezu überirdisch – an diesem *mystischen* NATUR-SCHAUSPIEL.

Als ich nahe genug an das vom ***Regenbogen*** umrahmte KREUZ herangetreten war, konnte ich die in *goldenen* BUCHSTABEN verfassten Worte erkennen, die auf der am Hauptbalken des Kreuzes angebrachten Tafel standen.

Die Inschrift lautete: **„Ich bin die Auferstehung und das Leben!“**

Nun „wusste“ ich, warum ich das GRAB „übersehen“ hatte.

Die **SEELE** ist unsterblich!

Mir fiel der Oster-Bibel-Spruch von JESUS ein:
„Warum sucht ihr den LEBENDEN unter den Toten!“
Also ja, meine Mutter, ihre SEELE, lebt!

So stand ich da und betrachtete den *gigantischen* ***Torbogen-Regenbogen,*** beziehungsweise das *riesige* ***Regenbogentor.***

Er symbolisierte für mich das **EINTRITTSTOR** zu einer *anderen, feineren, wunderbareren* WELT, die mir **Botschaften** zukommen ließ.

Bei der genaueren Betrachtung der Szenerie erkannte ich nun noch einen *zweiten kleineren* ***Regenbogen,*** der sich unterhalb des mächtig-*großen* ***Regenbogens*** befand! Dieser war schwächer, kleiner und nur zu einem Viertel an den Rändern sichtbar.

Mir kam sofort **folgende Botschaft** in den Sinn:

„JESUS, AVATARE, MAHATMAS sind volle, ganze und sehr *strahlende* ***Regenbogen,*** während meine Mutter, ich und viele andere erst *angedeutete* ***Regenbogen*** sind.

Der voll *entfaltete* ***Regenbogen*** entspricht der voll *entfalteten* SEELE, während der *kleine* ***Regenbogen*** die SEELEN repräsentiert, die sich auf dieser Erde und in anderen Welten noch vervollkommnen müssen und somit mit großer Wahrscheinlichkeit wieder reinkarnieren werden."

Beglückt, hellwach und verbunden mit einer *anderen* DIMENSION, realisierte ich nun wieder den sich verstärkenden Regen.

Ich schaute mich nach einem „REGENSCHUTZ" um und fand tatsächlich, wenige Meter entfernt an einem *kleinen* BÄUMCHEN, das seitlich am Weg stand, eine kreisrunde, circa regenschirmgroße, trockene Fläche. Der Boden rings um das Bäumchen war trocken geblieben! „Wundersam?!", dachte ich staunend! Heute war schon so viel Wundersames geschehen, sodass ich diese zufällige oder sollte ich sagen „gefügte" BEGEBENHEIT nicht weiter untersuchte. Ich nahm die Einladung dieses Bäumchens dankend an und stellte mich unter. Ich schaute den Weg entlang und vernahm erst jetzt, dass den ganzen Weg entlang, kleine Bäume standen, die alleeartig gepflanzt waren, doch keiner, soweit ich es von hier aus überblicken konnte, wies eine so klare und eindeutige Trockenfläche auf wie dieser BAUM, unter dem ich nun stand.

Ich lächelte zum GÖTTLICHEN und bedankte mich herzlichst!

Diese Szene verkündete mir abermals eine *wichtige* BOTSCHAFT:

„GOTT sorgt für uns! GOTT lässt uns nicht im Regen stehen!"

Nach einigen Minuten brachen wieder *mächtige* SONNENSTRAHLEN durch die sich verziehende und auflösende Wolkendecke. Es nieselte nur noch leicht.

Nun ging ich den Weg zurück und fand problemlos das Grab. Ich hatte das Grab beim ersten Mal nicht gefunden, weil der Grabstein noch nicht darauf stand. Am Grab angelangt, beugte ich mich hinunter zu dem kleinen Weihwasser-Gefäß, hob den Deckel herunter, ergriff das kleine Bürstchen, das sich darin befand, und besprenkelte das Grab mit geweihtem Wasser.

Danach zog ich mein Vibhuti-Döschen (Döschen mit heiliger Asche) aus meiner Hosentasche, öffnete es und verstreute etwas Asche auf dem Grab. Dann faltete ich meine Hände und schaute für wenige Augenblicke zum Grab. Nach kurzer Zeit erhob ich meinen Blick wieder und nahm abermals WEITE, NATUR, SCHÖNHEIT und FRIEDEN wahr.

Ich dankte dem **GÖTTLICHEN** für diese *wundervollen* ERLEBNISSE, ZEICHEN und BOTSCHAFTEN und wünschte der SEELE meiner Mutter alles Gute auf dem Weg zur Vollkommenheit.

Nach kurzer Zeit verließ ich beglückt die Grabstelle und schlenderte in Richtung Ausgang.

Bei einigen Gräbern verweilte ich kurz, betrachtete sie intensiv und erfreute mich an den gelungenen Steinmetz-Arbeiten und an der Steinschmiede-Kunst.

Am *gusseisernen* TOR angelangt, schaute ich noch einmal, mich umwendend, dankbar und glücklich zum HIMMEL.

Die ***Regenbogen*** hatten sich nun gänzlich aufgelöst, doch wie ihr Leser und Leserinnen bemerkt habt, haben diese ***Regenbogen*** sich tief in *mein* HERZ und *meine* ERINNERUNGEN eingeprägt!

Wunderbarste ***Regenbogen****-Lichter,* ***Regenbogen****-Eingebungen,* ***Regenbogen****-Segen und* ***Regenbogen****-Erkenntnisse wünscht dir*

– dein Govinda.

57. Weisheitstor: Gleichmut

Wenn wir unzufrieden sind, wenn wir uns unausgeglichen fühlen, wenn wir verzweifelt sind, wenn wir uns fürchten, wenn wir traurig sind und vieles Ähnliches mehr, dann sollten wir *innerlich um* **HILFE** *bitten.*

Wir sollten dann darum bitten, unsere MITTE so schnell wie möglich wiederzuerlangen und darum bitten, unsere AUSGEGLICHENHEIT zurückzuerlangen.

Bereits der Anblick und die Sehnsucht nach diesem ***goldenen*** **WEISHEITSTOR** des **GLEICHMUTES** verleihen uns *inneren* MUT und *neue* STÄRKE.

Dieses *einzigartige, riesige* und *manchmal sehr kleine* **Dreieckstor** thront über allen Dingen und ist mit der *nach oben gerichteten* SPITZE immer mit den ***höheren*** **LICHTWELTEN** verbunden.

Dies **bedeutet:**

„Nur die *freie, nicht gebundene* und *mit der* LICHT-WELT *verbundene* **SEELE,** die sich nicht mit dem physischen Körper und/ oder der physischen Welt identifiziert, **ist immer gleichmütig**!“

Wenn uns bewusst wird, dass *jegliche* SCHÖPFUNG wandelbar und vergänglich ist, dann ist dieses **TOR** stets *in unserer* NÄHE.

Wie können wir es schaffen, hinsichtlich der WELT und den in ihr *stattfindenden* EREIGNISSEN gegenüber, gelassen zu bleiben?

Wie gelingt es uns in Bezug auf die VERÄNDERUNGEN unserer **Körper** und in Bezug auf die VERÄNDERUNGEN aller **Körper,** ausgeglichen und gleichmütig zu bleiben?

Der *innere* **Abstand** hilft uns dabei!

Wie können wir *inneren* **Abstand** aufbauen beziehungsweise erzeugen?

Alles, an was wir übermäßig gebunden sind, sorgt irgendwann für Unausgeglichenheit.

Alles, bei dem wir empfinden, glauben oder denken: „Dies gehört uns!“ - macht uns empfänglich für Unausgeglichenheit.

Wenn wir *keinerlei* **Erwartungen** an nichts und niemanden haben, wenn wir um die VERGÄNGLICHKEIT der **Welt** und ihrer **Objekte** stets wissen, dann haben wir *inneren* **Abstand** erzeugt!

Wenn wir die NATUR (auch ihre Vergänglichkeit) der Schöpfung, des Lebens und der Lebewesen akzeptieren können, wenn wir wunschfrei sind, wenn wir niemanden und keine Situation verändern wollen, wenn wir die Welt und ihre Ereignisse so „nehmen“ und akzeptieren können, wie sie sind, wenn wir gelassen als *unbeteiligte/r* ZEUG/E/IN beobachten können, dann haben wir *inneren* **Abstand** zur Welt und ihren Ereignissen.

Stets gleichbleibend mutig sein und zu ALLEM, was geschieht, JA zu sagen, das gelingt nur den MAHATMAS, den *großen* SEELEN.

Folgende innere HALTUNG, wenn sie zu unserer *inneren* ÜBERZEUGUNG geworden ist, wird uns helfen, unser Leben bestmöglich zu meistern:

„ALLES, was geschieht, sollten wir als ***seinen*** **WILLEN** akzeptieren! *Seinen* **WILLEN** respektierend sollten wir danach streben stets rechtschaffen und liebend zu denken, zu reden und zu handeln!“

Dies wird uns zu den WEGEN der MAHATMAS führen.

Wenn wir die **Erkenntnis** erlangen und die **Erfahrung** machen, dass *unsere* GEFÜHLE tatsächlich *unsere* GEFÜHLE sind, das heißt, dass wir selbst **verantwortlich sind** für das, was wir fühlen, unabhängig von allen äußeren Geschehnissen, dann sind wir diesem SEELEN-TOR ebenfalls sehr nahe!

Eine kleine Geschichte, die ich bei einem der AMMA-Besuche in Deutschland über ALEXANDER DEN GROSSEN vernommen habe, die eine Schülerin von AMMA erzählt hatte, gebe ich hier sinngemäß wieder:

„Als ALEXANDER DER GROSSE nach Indien kam und bereits viele Länder erobert hatte und ein sehr mächtiger Herrscher war, begab es sich, dass er mit seiner Reiterschar auf einen Yogi traf, der ihm den Weg versperrte. Dieser YOGI ignorierte den mächtigen Feldherrn und zollte ihm weder Ehrerbietung noch Respekt!

Alexander ärgerte sein Verhalten. Er machte Halt beim YOGI, stieg vom Pferd und gab ihm zu verstehen, dass er ein mächtiger Herrscher sei und er ihn jederzeit bestrafen oder töten könne.

Der YOGI, tief ruhend in seinem wahren Sein, antwortete:

„Du kannst zwar meinen Körper verletzen oder töten, doch mein *unsterbliches* **WONNESEIN (= SEELE-SEIN)** berührt dies nicht!“

Diese Antwort überraschte Alexander und es wird gesagt, dass er von da an, seine Eroberungen nicht weiterführte!“

Wenn wir uns übermäßig mit unserem KÖRPER, unserem BESITZ, unseren BEZIEHUNGEN, unseren ROLLEN, unseren ANSPRÜCHEN, unseren DENKMUSTERN, unseren WÜNSCHEN und unseren ERWARTUNGEN identifizieren, dann ist es *nicht möglich,* **gleichmütig zu bleiben!**

Wenn wir unseren GLEICHMUT verloren haben, dann sollten wir fragen und bitten: „Wie können wir unsere **AUSGEGLICHENHEIT** und **GELASSENHEIT** zurückerlangen?“

Wenn wir uns in *unerwarteten* oder *unerfreulichen* SITUATIONEN befinden, können wir uns innerlich an die ***höchste*** **MACHT** (oder den/die *höchste/n* und doch *persönliche/n* MEISTER/IN) wenden und mit IHM/IHR **kommunizieren:**

„**BABA,** das ist jetzt nicht dein Ernst!

Was hier zur AUFFÜHRUNG kommt, ist anscheinend *dein* **WILLE!**

DU spielst mit MIR und den EREIGNISSEN!

Ich glaube fest daran, dass nichts zufällig geschieht und DU **REGIE führst** in allen DRAMEN, LUSTSPIELEN, TRAGÖDIEN und KOMÖDIEN des **Lebens!**

DU verfolgst *deine* **GOTTESPLÄNE!**

Ich werde *deine* **GOTTESPLÄNE** akzeptieren, auch dann, wenn ich SIE nicht verstehe und SIE mir manchmal fremd und unverständlich sind oder sogar als ungerecht erscheinen!“

Oder:

„Ich verstehe nicht, was hier schiefläuft!

Ich verstehe auch nicht, warum hier etwas schiefläuft, doch ich vertraue DIR, dass **DU Regie** *führst* und alle *leitest!*

So **hilf** mir bitte, klar den nächsten SCHRITT in Richtung VERBESSERUNG und **GLEICHMUT** zu erkennen und ihn zu gehen!

Zeige mir auf, was ich tun kann, um meinen **GLEICHMUT** wiederzuerlangen.

Stärke mich und hilf mir möglichst immer öfter **gleichmütig** zu bleiben!“

58. Weisheitstor: Kraft der Verwandlung

Stelle dir vor, an einem **Wintermorgen** aus dem Fenster zu schauen. Die Sonne ist bereits am hellblau-leuchtenden Himmel aufgegangen.

Wenn du dies tust, dann hast du bereits dieses **TOR** durchschritten!

Hurra, es hat über Nacht geschneit!

Der **SCHNEE** bedeckt Dächer, Bäume, Wege, Straßen, Höfe, Parks, Äcker, Wiesen, Wälder und weite Landstriche!

Der **SCHNEE** ist eine von vielen *wunderbaren* NATURKRÄFTEN und -MÄCHTEN!

Alle *menschlichen* **Werke** sind, verglichen mit der **KRAFT** der NATUR, bedeutungslose „Peanuts" („Erdnüsse").

Wie viel Wasser bringt ein Regenschauer und wie viel Wasser bringt ein Dauerregen? Müssten Menschen die Landschaft wässern oder mit Schnee bedecken, würde dies machbar sein? Wenn ja, wie lange wären sie damit beschäftigt!

Immense **NATURKRÄFTE** wirken ständig ohne menschliches Zutun! …

Die **Sonne** geht täglich auf! Das Licht und die Wärme, welche wir Menschen auf dem Planeten Erde produzieren, machen nur winzige Bruchteile des LICHTS und der WÄRME der Sonne aus.

Hätten wir eine Zeitraffer- und eine Zeitbeschleunigungsmaschine, die wir in die Zukunft und in die Vergangenheit lenken könnten, dann würden wir schnell erkennen, wie mächtig die **Wandlungen** auf der Erde sind.

Es gab einen Urkontinent und jetzt gibt es Kontinente.
ALLES, jegliche Materie ist stets im Wandel!
Können wir dann dauerhaftes Glück aus Materiellem beziehen?
Unsere **Körper**, im Zeitraffer betrachtet vom Baby bis zum alten Menschen, sind nie beständig, also immer im Wandel.
Sie sind Seifenblasen auf dem Ozean des Seins!
Wie entkommen wir den verführerischen Fängen der Vergänglichkeit?
Dualität und die Pole der Gegensätze- wann verlieren sie ihre Macht über uns?
Bei einer **Waage** gibt es *eine* STELLE beziehungsweise *einen* PUNKT, an der/dem Ausgleich herrscht.
Diesen PUNKT, diese STELLE **gilt es zu finden:**

„AUSGEGLICHENHEIT, *ewige/*r ZEUG/E/IN, MITTE, UNVERÄNDERLICHKEIT, UNBERÜHRT-SEIN von Veränderungen, …"

Das geht nur dann, wenn *wir nicht gebunden sind* an MATERIE und *nicht verstrickt sind* in MATERIELLES.
Wir können nur *unberührt bleiben,* wenn wir uns nicht mit MATERIELLEM (nicht einmal mit dem eigenen Körper) identifizieren!
Es geht nur dann, wenn wir eindeutig und immer wissen, *was veränderlich ist* und **was nicht!**

Wenn wir uns der **ELEMENTE** (Erde, Feuer, Wasser, Luft und Raum) und deren VERMISCHUNG und VERÄNDERUNG immer öfter bewusst werden, dann erahnen wir zumindest, dass diese WELT *nicht von Bestand ist.*
GEDANKENSTILLE!

MEER des Bewusstseins!
Innere GELASSENHEIT und *inneres* VERBUNDEN-SEIN mit dem EWIGEN, mit dem EINEM, mit dem UNWANDELBAREN, mit dem ÜBERALL-SEIENDEN, mit dem ALLES-DURCHDRINGENDEN, mit dem ALLMÄCHTIGEN und dem *immer gleichbleibenden, reinen* und *höchsten* BEWUSSTSEIN – das wäre die Lösung!

Einerseits dürfen wir uns zutiefst erfreuen an den WANDLUNGEN und dem SPIEL des Lebens und andererseits ist es gut, innerlich den ***Abstand*** *zu wahren und WANDLUNGEN zu akzeptieren –*
ohne mit der Wimper zu zucken

– dein Govinda.

59. Tor der Nähe zu Gott – Tor zum göttlichen Sein

Dieses **TOR** leuchtet sehr, sehr stark und intensiv.

Dieses *hell-leuchtende* **LICHT-TOR** ist durchzogen von und gewebt aus *hell-leuchtenden, kleinen* und *großen, rosafarbenen* und *herrlich- duftenden* BLÜTENBLÄTTERN.

In diesem **TOR-BOGEN** stehend, fallen alle Lasten, alle Gedanken und jegliche Schwere von uns ab! Wir genießen die *innere* WONNE und öffnen uns mehr und mehr dem *leichten* und *liebenden* SEIN.

„Leuchte, strahle und liebe, denn du bist MEIN!“, hören wir eine sanfte, klare und *vertraute* STIMME, die zu uns spricht.

Wir sind angekommen bei UNS und in UNS!

Öffne deine *inneren, nicht physischen,* AUGEN und schaue in diesen RAUM!

Welche BILDER tauchen in dir auf?

Nimmst du *innerlich* BEGEBENHEITEN wahr?

Hörst du *innere* STIMMEN?

Eine *liebevolle* und *vertraute* STIMME **spricht** zu dir:

„Mein SEELEN-KIND,

- endlich bist du zu mir gekommen!
- ich habe lange auf dich gewartet!
- ich wusste, dass du kommen würdest!
- nimm und empfange jetzt meine LIEBE!“

Stelle dir nun vor, dich in diesem **NÄHE-RAUM-TRAUM** zu befinden!

Du fühlst dich in LIEBE verbunden mit allem, was dich umgibt!

Du möchtest am liebsten alles und alle umarmen, liebevoll berühren oder begrüßen!

Tritt noch näher heran und gelange in das **Zentrum** dieses **RAUMES!**

Leuchtende, herzliche und *liebende* AUGEN betrachten dich in RUHE, mit *reiner* LIEBE!

Deine AURA wird reiner, heller und leuchtender!

Du bist rundum glücklich, froh und voll *innerem* STRAHLEN!

Bleibe, solange du willst!

*Komm immer wieder zu diesem **TOR des göttlichen SEINS***
*beziehungsweise zu diesem **RAUM** zurück!*
***Beide** werden dich immer wieder erfrischend beglücken*

– dein Govinda.

60. Du bist das goldstrahlende Tor!

Stell dir vor du würdest in einem *lichtdurchfluteten* **TORBOGEN** stehen!

Goldene STRAHLEN durchkreuzen dich in zwei Dimensionen, so als wärst du selbst ein ***goldener*** **TORBOGEN** oder ein ***goldenes*** **TOR.**

Bewege dich in diesem TORBOGEN als ***goldener*** **TORBOGEN!**

Strecke dich und dehne dich aus!

Ziehe und erschaffe nun in deiner Vorstellung goldene Linien sowie kräftige Bündel von Strahlen, die du mit deinen Fingern und/oder Augen lenkst. Sie werden so groß wie Balkenstrahlen.

Tanze im *goldenen* LICHTTOR ein *goldenes* LICHTTOR!

Bewege dich im *goldenen* LICHTTOR wie ein *goldenes* STRAHLEN-LICHTTOR. Sei strahlend-hell und bewege dich ziehend, schiebend, schwebend, sinkend, drückend, streckend, zielgerichtet oder Umwege einbauend, in Bögen und vielen anderen Bewegungsformen.

Fühle und bewege dich als *goldener* KRAKE, als *körperbewusste/r* PANTOMIM/E/IN, der/dem alle Bewegungsmöglichkeiten zur Verfügung stehen.

Verwandle dich in ein *goldene*s TOR!

Spiele und verhalte dich wie ein *goldene*s TOR!

Verwandle dich durch Gestik, Mimik, Haltung, Körperausdruck, Blick, Atmung und Bewegung in ein *goldenes* STRAHLEN-TOR.

Tanze ein *goldenes* TOR!
Bewege dich wie ein *goldenes* LICHTTOR!
Lass dich überraschen von *neuartigen* **Bewegungen**, die du spontan und intuitiv ausführst und umsetzt.

Ich wünsche dir heute viel Freude, Spaß und Vergnügen
am freien, bewussten, leichten und kreativ-lichtvollen
LICHTTOR Bewegungstanz!
***Begegne** heute anderen als **strahlendes LICHTTOR** und*
nutze andeutungsweise dazu eine oder einige von den oben
beschriebenen Möglichkeiten!
***Erkenne** heute in anderen und in allem, was dich umgibt,*
*strahlende **LICHTTORE!***
Dein tanzendes und goldenes
TANZ-BEWEGUNGS-LICHT-TOR,
Govinda, sendet dir LICHTSTRAHLEN!

61. Tempeltür - Tempeltor

An der Eingangsschwelle dieses **TEMPELTORES** / dieser **TEMPELTÜR,** schließen wir die Augen voller Vorfreude und voller Freude darüber, dass wir an dieser **Stelle** sein dürfen und dass wir hier, an diesem **Punkt** unserer ENTWICKLUNG sind.

Es ist angenehm warm. Einige Vögel zwitschern und die Sonne ist kurz davor, aufzugehen. Ein wunderbarer Morgen ist angebrochen. Noch ruht das geschäftige Treiben der Welt. Wir sind voller feierlicher Freude und genießen bereits jetzt die *friedlich-segensreiche* ATMOSPHÄRE dieses Ortes.

Sei nun innerlich still, offen und empfänglich!

Schwenke, in Gedanken verehrend, eine Feuerschale vor dieser TEMPELTÜR.

Entzünde ein Räucherstäbchen und schwenke sie vor dieser *heiligen* TÜR.

Du kannst auch *kostbare* STEINE oder sonstige dir *bedeutsame* GEGENSTÄNDE vor diesem **TEMPELTOR** niederlegen.

Falls du noch andere *innere* IMPULSE und IDEEN hast, dann folge ihnen.

Nimm nun diese *äußere* TEMPELTÜR beziehungsweise dieses *äußere* TEMPELTOR deutlich wahr.

Erschaue zeitgleich eine *innere* TEMPELTÜR beziehungsweise ein *inneres* TEMPELTOR, welche den **EINGANG** zu deinem ***heiligsten*** **INNERSTEN** symbolisieren. Vielleicht ähneln sich das *äußere* und *innere* TEMPELTOR?

Warte ab, genieße schon jetzt den *einkehrenden* FRIEDEN und die *innere* STÄRKE und die in dir ruhende KRAFT ***des*** **SEINS.**

Die TEMPELTÜR geht auf.

Deine *innere* FREUDE steigert sich, während du eintrittst.

Dir wird ein PLATZ zugewiesen oder du suchst dir intuitiv den „richtigen“ Platz.

Der *gesamte* RAUM vibriert in *machtvoll-starken* **FRIEDENS-** und **LICHT**-SCHWINGUNGEN.

Setze dich an *deinen* PLATZ und spüre, wie diese **LICHT**-KRAFT dein *gesamtes* SEIN erfasst und erfüllt.

Vielleicht **singst** du wiederholend vor *innerem* GLÜCK:

„OM, OM, OM!“

Ich **singe** nun wiederholend:

„BABA OM!“

Jegliche SCHWERE, jegliche UNRUHE, jegliches WOLLEN und jegliche DUNKELHEIT **verschwindet!**

Alle *inneren* LASTEN, alle WÜNSCHE, alle ERWARTUNGEN und alle GEDANKEN **lösen sich auf!**

Du ruhst in DIR.

Du ruhst im *höchsten* SEIN.

Dies ist ein Zustand des LOSLASSENS und der GELÖSTHEIT.

Dich erfüllt ein machtvolles Gefühl des grundlosen GLÜCK-LICH-SEINS. Lausche deinen *inneren* BOTSCHAFTEN und erschaue *innere* BILDER.

Höre deine *innere* STIMME.

Hörst du die **Stimme** *deines* SEELENFÜHRERES, die **Stimme** *deiner* SEELENFÜHRERIN?

Umgibt und durchdringt dich *wonnevolle* STILLE?
Genieße und verweile!
Meine BOTSCHAFT **lautete** soeben:

„Aus LICHT geboren und wieder ins LICHT gehend!“

Voller SEGEN und DANKBARKEIT winke ich, Govinda,
dir zu und wünsche dir, dass du den ***allerhöchsten SEGEN***
immer besser und immer häufiger ***empfangen mögest!***

62. Hellrosafarbenes-Leuchtendes Herzenstor - Herzenslicht

Nimm dir Zeit für *dein* **HERZENSTOR,** denn es ist die PFORTE zu deinem *innersten* **HERZENSLICHT.**

Dieser EINGANG ist gelegentlich versteckt und in manchen Zeiten verborgen sowie scheinbar unauffindbar.

Lasse dich an einem *ruhigen* und *stillen* KRAFTORT nieder, entzünde ein Licht und beginne dann leise wiederholend **zu singen:**

„HERZENSTÜR, HERZENSTOR, HERZENSLICHT,

- zeige dich!
- habe ich dich verloren?
- habe ich dich vernachlässigt?
- verzeihe mir, dass ich dich so selten aufsuche.
- leuchte stark und leuchte hell in mir.
- ich weiß, du warst immer hier, und dennoch habe ich mich deiner sanften und lieblichen Stimme hin und wieder verschlossen.
- ich schwenke jetzt das Verzeihens- und Reuelicht in Gedanken vor dir, bis du dich wieder zeigst und mir offenbarst."

Warte, singe weiter und sehne dich nach dem HERZENSLICHT.

Ist es dir möglich *dein* HERZENSTOR in der Ferne sehen?

Bist du in der Lage dein HERZENSTOR in deiner Nähe wahrzunehmen?

Spürst du dein eigenes *inneres* HERZENSTOR in dir?

Befreie dich von Unrat und Unrast.

Was auch war, das HERZENSLICHT brannte immer für dich und in dir, denn es war und ist unauslöschlich!

Reue-, Verzeihens- und Sehnsuchtstränen
- führen uns zum HERZENS-LICHT-TOR!
- reinigen das HERZENS-LICHT-TOR und legen es frei.
- lassen das HERZENS-LICHT-TOR erstarken, wieder lebendig werden und im neuen Glanz erstrahlen.

Ja, es kann schmerzlich sein, sich Fehler einzugestehen oder zu erkennen, wie viel Zeit und Energie wir für unbedeutende und unwesentliche Ziele vergeudet haben.

Das **Wesentliche**, wenn wir diese Erde verlassen, wird sein, uns zu messen an den FRAGEN:

„Haben wir geliebt? Haben wir ausreichend geliebt?“

Wenn dies bisher nicht der Fall war, dann sollten wir uns **fragen:**

„*Warum* haben wir uns blockiert und uns vom HERZENS-WEG abgewandt?“

Enttäuschungen, Verletzungen, unsere Angst, enttäuscht und/oder verletzt zu werden und vieles andere kann uns dazu geführt haben.

Einerlei!

Suche jetzt den ZUGANG zu *deinem* **HERZEN!**

Singe weiter!

Beginne jetzt damit **LIEBE** zu erlernen, zu entfalten und zu verströmen!

Vielleicht erstrahlt nun eine *rosafarbene* HERZENSTÜR beziehungsweise ein *rosafarbenes* HERZENSTOR in der **Form** eines ***wunderschönen*** **HERZENS?!**

In der **Mitte** des HERZENSTORES strahlt ein *goldweißes* LICHT, eine *kleine starke* SONNE oder ein *starkes helles* FEUER.

Tritt näher!

Es wärmt dich und verbrennt alle Unreinheiten.

Es verbrennt auch Erinnerungen an vergangene schmerzhafte Ereignisse.

Du spürst, wie du nach und nach freier und gelöster wirst.

HERZENSLICHT (singend)

- scheine hell und scheine stark.
- leuchte mir den *heiligen* WEG.
- verbrenne meine Trauer und meine Ängste.
- streichle mich mit deinem LIEBESLICHT.
- befreie dich in mir.
- DU warst immer nah bei mir.
- DU bist immer da für mich.
- hülle mich ein in *deine* LIEBE.
- *deine* LIEBE ersehne ich.
- sei stark in mir.
- DICH trag ich auf Händen.
- DU bist die LIEBE meines Lebens.
- in allen Angelegenheiten eile ich zu DIR.
- in allen Angelegenheiten hilfst DU mir.

Fühle, wie *dein* **HERZENSLICHT** sich jetzt in dir ausdehnt und ausbreitet!

ES bringt dich zum LIEBESLEUCHTEN!

Sende dir selbst, dich sehend in vergangenen Situationen, LIEBE zu!
Sieh, wo und wann du geliebt hast!
Erblühe erneut!
Nimm dir fest vor, dich von nun an um *dein* **HERZENSLICHT** zu kümmern, es stetig brennen zu lassen, es zu vergrößern, es zu beschützen und es zu fördern!

Öffne *deine* HERZENSTÜR!

Und dann denke, sprich, schaue, höre und handle in VERBINDUNG mit *deinem* **HERZENSLICHT!**

Viele *kleine* HERZENSTÜREN werden sich noch öffnen!
Viele *kleine* HERZENSTÜREN werden dir dankbar sein!

SEI das ***strahlende*** *und* ***befreite HERZENS-LICHT-KIND,*** *das du im tiefsten Innersten bereits bist!*

Wage es, mehr zu lieben, offener zu sein und authentischer dir und anderen gegenüber zu sein

– dein HERZENS-LICHT-FÜRSORGER Govinda.

63. Licht-Eltern-Tor (1. Teil) - Göttliche Mutterliebe

Beginne wiederholend zu **singen:**

„MUTTER des Lichtes, MUTTER der Liebe …“

Schwenke die Feuerschale gedanklich vor diesem TOR.

Stelle dir vor, dass sich auf der *linken* TORHÄLFTE deine Repräsentantin der **MUTTERLIEBE** manifestiert.

Bei mir ist es AMMA – MATA AMRITANANDA MAYI MA.

Auf der *rechten* TORHÄLFTE erscheint dein Repräsentant der **VATERLIEBE.**

Bei mir ist dies BABA – SATHYA SAI BABA.

Lade deine **LICHTELTERN** ein oder bitte SIE, zu ihnen kommen zu dürfen!

Singe dankbar und sehnsüchtig weiter (siehe oben)!

Vielleicht werden die **Bilder,** die sich als *goldene* RELIEFS auf der TÜR befinden, jetzt lebendig.

Bringe ihnen Verehrung, Dankbarkeit, Sehnsucht, Liebe, Echtheit und Offenheit dar.

Es kann sein, dass du das Gefühl entwickelst, gesehen, erkannt, und tief geliebt zu werden.

Singe mit *tiefer* ÜBERZEUGUNG weiter:

„MUTTER des Lichtes, MUTTER der Liebe, MAM, MA, MUTTI, MAMA, AMMA (oder andere Kosenamen)

- schenke mir *deinen* SEGEN!
- …!“

Spüre, schaue nach innen und erlebe dein sehnsüchtiges **Singen!**

Eventuell sind *deine inneren* **Bilder** jetzt sehr lebendig oder es steigen *positive* **Erinnerungen** in dir auf!?

Ich rücke nun näher und lasse mich vor meiner **LIEBES-LICHT-MUTTER** nieder.

AMMA sitzt in einem *strahlend-weißen* SARI voller *mütterlich-göttlicher* LIEBE auf einem Thron ohne Lehnen vor mir.

AMMAS *strahlend-mitfühlender* LIEBESBLICK berührt mich und zieht mich näher zu IHR.

Schließlich zieht **AMMA** mich, *ihr* **LIEBES-LICHT-KIND,** zu sich und umarmt mich.

AMMA umarmt mich natürlich, weich und liebend und **flüstert** mir ins Ohr:

„You are my **darling son / sun!**
Du bist mein **Lieblingssohn!**
Du bist meine **Lieblingssonne!“**

Überflutende FREUDE, HERZÖFFNUNG und *überströmende tränenreiche* LIEBE sind die Folgen!

Ich **flüstere AMMA** ins Ohr:

„AMMA, AMMA, AMMA – ich **liebe** DICH!“

Ich verweile, koste aus, genieße und **singe** weiter:

„MUTTER des Lichtes, MUTTER der Liebe,
- ich halte DICH für immer fest!
- DU bist für immer mein!“

AMMA streichelt mich liebevoll und hält mich weiter in ihrer *liebenden* UMARMUNG. Schließlich gleitet mein Kopf auf *ihren* SCHOSS.

Ich darf so lange bleiben, wie ich möchte!

ZEITLOSIGKEIT, KÖRPERLOSIGKEIT und *stärkste* **Schwingungen** des FRIEDENS und der LIEBE durchdringen und umhüllen mich.

Ich bin sehr glücklich.

Bei der Verabschiedung drückt **AMMA** mir ein Vibhuti-Päckchen und ein Bonbon in die Hand. Wir schauen uns noch einmal tief in die Augen – voller Liebe, voller Verständnis und voller Wissen.

Zum Abschied gleite ich hinab zu *ihren* FÜSSEN, küsse sie, berühre sie zart mit meinen Fingern und führe diesen Segen mit meinen Fingern zu meiner Stirn.

Schließlich formen sich meine Hände zu einem Namaste.

Das **LICHTELTERN-TOR** ist auf!

Ich setze mich in den LICHT-RAUM ganz in *ihrer* NÄHE.

Ich erlebe eine *wundervolle innere* VISION.

AMMAS LICHT und das LICHT der in ihrer Nähe sitzenden **Personen** formen ***einen*** **LICHTTEMPEL.**

Alle, die sich in diesem DARSHAN-SEGENS-RAUM befinden, sind durchdrungen von und eingehüllt in **LIEBESLICHT.**

Es existiert nur noch diese ***eine*** **LIEBES-SCHWINGUNG.**

Göttliche **MUTTERLIEBE**

- ist sehr sanft und gleichzeitig unendlich stark und machtvoll.
- hält dich liebevoll in *ihren* ARMEN – auch wenn dein Körper beispielsweise krank, schwach und müde ist.

- gibt, gibt und gibt.
- schenkt, schenkt und schenkt.
- tröstet, tröstet und tröstet.
- liebt dich zutiefst und SIE zeigt dir dies auch.
- muntert dich auf.
- nimmt dich vollkommen an.
- lächelt dich an.
- streichelt liebevoll deine Wangen.
- küsst dir deine Hände, deine Wangen und deine Stirn.
- muntert dich auf.
- füttert dich mit GÖTTERSPEISE.
- streut LIEBES-LICHT-BLÜTENBLÄTTER auf dein Haupt, in dein Herz und auf deinen Wegen.
- kann alles bewirken.
- durchdringt *alle* WELTEN.
- befreit dich von allen Lasten, Sorgen, Nöten und Gedanken.
- stimmt und macht dich froh und glücklich.
- führt dich zu deinem *innerem* HIMMEL-SELIGKEITS-REICH.
- fließt vollkommen leicht und natürlich.
- ist sehr beständig.
- nimmt *alle* MENSCHEN liebevoll an.
- ist die **Urquelle** *aller* LIEBE und *allen* SEINS.

Später **singst** du vielleicht:

***„Göttliche* MUTTERLIEBE**

- verteile ich.
- verschenke ich.
- beflügelt mich.
- umgibt mich überall.

- durchströmt mich.
- lebe ich in allen Bereichen meines Lebens!“

So oder so ähnlich habe ich es öfter bei AMMA,
bei mir zu Hause am Altar, mit meiner Liebsten
(die übrigens AMRITA heißt), mit meinem Sohn
(der RAMSIN heißt – ähnlich wie „RAM SAI“),
mit Freunden, in der Natur, bei SATSANGS,
in Gruppen und anderswo erlebt

– dein Govinda.

Erlebe deinen eigenen inneren
göttlichen MUTTER-LIEBES-SEGEN!

64. Licht-Eltern-Tor (2. Teil) - Göttliche Vaterliebe

Wende dich nun dem *rechten goldenen* TORFLÜGEL zu. Betrachte diese *unebene* und *goldene* TORSEITE ausführlich und intensiv.

Stelle dir nun vor, wie sich dieser ***rechte goldene*** **TORFLÜGEL** verwandelt und dir das BILD deines ***väterlichen*** **GOTTES** – **GOTTVATERS** – offenbart.

Beginne zu **singen:**

„VATER des Lichtes, VATER der Liebe, PAPA, PAPI, PAPS,
(oder andere Kosenamen**)**

- zeige DICH
- schenke mir deine LIEBE und deinen SEGEN
- …"

Erschaue und erlebe nun innerlich, wie du das ***goldene*** **TÜRRELIEF** liebevoll und forschend berührst.

Dein ***väterlicher*** **GOTT-ELTERNTEIL** wird nun auf IHM sichtbar, spürbar und lebendig - in FORM von Erinnerungen, Visionen, Gefühlen, inneren Bildern, inneren Worten, inneren Berührungen oder Ähnlichem mehr.

Sehne dich noch mehr nach *seiner* LIEBE, *seinem* SEGEN, *seiner* FÜRSORGE und GEBORGENHEIT!

Komm noch näher!

Betrachte das *goldene* TÜRRELIEF intensiv, verweile davor und gib dich mehr und mehr der *väterlichen fürsorglichen* LIEBE hin!

Reiche jetzt deinem, dich ***liebenden*** **LICHT-VATER**, alle deine Lasten, Sorgen, Ängste und Schuldgefühle dar!
ER ist der liebende **VATER,** dem du alles übergeben kannst!
Streife dich aus und übergib IHM alles Negative!
Rücke noch näher heran!
Vielleicht wird *dein* TÜRFLÜGEL-BILD nun lebendig?!

Bei mir ist es SATHYA SAI BABA.
BABA sitzt auf einem festlich-feierlich geschmückten STUHL mit Lehne. **ER** schaut sanft, liebevoll und fürsorglich zu mir.
Gelegentlich wirkt *sein* **BLICK** entrückt so, als ob ER *andere* WELTEN sehen würde.
BABA bewegt seine **HÄNDE** und FINGER *langsam, anmutig, zart, gestenreich und voller* **Bedeutung!**

SEINE / SAI-NE HÄNDE sprechen mit mir und teilen mir mit:

- „Mein KIND, lass los!
- Öffne *dein* HERZ!
- Alles ist möglich!
- Empfange *meinen* SEGEN!
- Liebe, liebe, ja, liebe ALLE und ALLES, denn ich bin in ALLEN und in ALLEM!
- Sorge dich nicht!
- Mache dir keine Sorgen, um nichts und niemanden, denn ALLE sind in GOTTES HAND und ALLES befindet sich in GOTTES HÄNDEN!
- Befreie dich selbst!
- Lebe dein Leben sinnvoll, kreativ, schöpferisch und ausgeglichen!
- Würze dein **Leben** mit SPIEL, FREUDE, GELASSENHEIT und LIEBE!

- Sei glücklich!
- *Jeder* TAG ist neu und kostbar!
- Beschenke dein SEELEN-KIND und alle SEELEN-KINDER (Menschen, Tiere, Pflanzen, Natur, Elemente, …) mit deiner Liebe, deinem Wohlwollen, deiner Freude, deiner Freundlichkeit, deinem ansteckenden Glücklich-Sein, der Ausübung deiner Talente und Fähigkeiten!
- Mache andere glücklich!“

Nun spüre ich **seinen** *ruhigen, allwissenden, durchdringenden und liebevollen* **BLICK** auf mir ruhen!

Alle Gedanken, Sorgen und Ängste lösen sich nun vollends auf!

ZEITLOSIGKEIT, WONNE, das tiefe **Gefühl** „GELIEBT-ZU-SEIN“ und das **Gefühl** von ZUGEHÖRIGKEIT bestimmen diese **Begegnung**!

Tiefer **FRIEDEN** und das **Gefühl** „ALLES-IST GUT! - ALLES-IST-SCHÖN!“ bemächtigen sich meiner, während ich abwechslungsreich, spontan, kreativ, mit innerer Sehnsucht, voller Dankbarkeit, voller Freude und Liebe, *wiederholend* **singe:**

„BABA OM, … (108 x)“

Alle meine *wichtigen* FRAGEN werden im Innern beantwortet!

In diesem ZUSTAND der **Wonne lösen** sich all meine GEDANKEN, all meine WÜNSCHE, all meine FRAGEN und all meine ERWARTUNGEN **auf!**

***GOTTVATER** beschenkt dich mit seinem ERBE (göttliche WONNE - himmlische LIEBE - reines BEWUSSTSEIN)!*

Übergib IHM alle BRIEFE!

Überlass IHM alle RESULTATE, die sich aus deinen Handlungen ergeben!

Lass los und sei glücklich!

*Höre auf deine **innere Stimme,** deine **Intuition** und dein*
Gewissen - SIE** sind die **SEELENKINDER,
die dich sicher führen

– dein Govinda, der ein SEELEN-KIND ist
und die wunderbarsten LICHT-ELTERN hat!

Wir alle haben wunderbare SEELEN-LICHT-ELTERN und
gleichzeitig sind wir ebenfalls SEELEN-LICHT-ELTERN!

65. Tor des heiligsten Seins

Dieses **TOR** kann sich in jedem Moment und an jedem Ort zeigen und öffnen, denn ALLES ruht und befindet sich im ***reinen*** **SEIN.**

Wie, wann und wo erkennen wir dieses TOR?
Wie können wir es wahrnehmen und nutzen?

Dieses TOR ist einerseits so groß wie ein ***winzig-goldener*** **Punkt** und andererseits *größer* als der ***größte*** **Raum,** *größer* als das ***größte*** **Tor,** *größer* als die **Erde,** *größer* als das **Universum** und *größer* als alle **Universen,** die existieren, existierten und je existieren werden.

Was heißt das?

Der ***goldene*** **Punkt** steht für Erkenntnis, Fokussierung, Einpünktigkeit, Sammlung, Konzentration, Leer-Werden, Dabei-Bleiben und Tiefer-Bohren.

Wenn wir tiefer „bohren“, achtsam werden und uns fokussieren, dann wird der ***goldene*** **Punkt** zu einer ***goldenen*** **LINIE,** zu einem ***goldenen*** **Strahl** oder zu einem ***goldenen*** **Scheinwerfer** der Erkenntnis.

Das ***größte*** **TOR** steht für alles, was existiert, für alles Materielle, was sich in IHM befindet.

Singe oder **höre** die *singende* STIMME:

„Tritt ein, tritt ein, tritt ein

- in den *heiligen* SCHREIN,
- in das *heilige* SEIN,

- in das *ewige* SEIN,
- in das SEIN hinter dem Schein!

Erkenne die WIRKLICHKEIT!

Erkenne die WAHRHEIT!

Erkenne das **SEIN** in ALLEN, in ALLEM und ÜBERALL!

Trenne SEIN, *wahres* **SEIN** und *unvergängliches* **SEIN** vom SCHEIN und vom VERGÄNGLICHEN.

Frage dich stets: **„Was** vergeht? - **Was** bleibt, wenn alles PHYSISCHE vergangen ist?"

Dieses ***heiligste*** **SEIN** wurde nie geboren und ist unzerstörbar und unsterblich, also ist es *ewig* und *immer seiend.*

Rufe oder **singe** innerlich:

„Allgegenwärtiges, ewiges **SEIN,** zeige **DICH** – offenbare **DICH!"**

ES antwortet:

„Verstumme und werde ruhig und still!

ICH bin mit dem VERSTAND, mit dem DENKEN und mit den SINNEN **nicht erfassbar!**

ICH wohne in der **Tiefe** der GEDANKEN-STILLE – in der **Tiefe** des NICHT-DENKENS! - in der **Tiefe** der deiner SEELE! "

Der/Die SUCHENDE/R **fragt:**

„Wie kann ich DICH erreichen?"

ES antwortet:

„ICH bin doch da, immer nah, immer da!

ICH bin um dich, über dir, unter dir, neben dir, hinter dir und sogar in dir!

Lass los und tauche in **MICH** ein!

ICH bin die ***ewige*** **STILLE** und doch sind *alle* KLÄNGE in **MIR,** kommen aus **MIR** und verklingen wieder in **MIR!**

Auch wenn ich überall bin - suche **MICH** nicht im Außen!

Wertschätze und liebe mich im Außen, doch finde **MICH** in **Dir!**

Du brauchst nicht zu suchen!

Reinige deine Sensoren!

ICH bin da!

ICH bin in dir und überall!

ICH bin!

ICH!"

Lebe im RAUM des ***heiligen SEINS!***
Denke, handle, spreche und fühle im ***SEIN*** *und*
aus dem ***SEIN*** *heraus!*
Ruhe im ***SEIN!***
Lebe in der ständigen GEGENWART des ***SEINS!***
Gehe tiefer und tiefer, erahne, erkenne den ***URGRUND***
allen ***SEINS*** *– das* ***reine BEWUSSTSEIN***

– dein Govinda.

66. Schneetor

Sonntag, der 7. Februar 2021

Hurra, es hat geschneit!

Eine *große* SCHNEEWEHE hat dieses **TOR** bis zur Hälfte zugeweht.

Wandere zurück zu *schönen* SCHNEE-EIS-ERLEBNISSEN in deiner Kindheit, in deiner Jugend oder in deinem Erwachsenenleben.

Dieses SCHNEETOR enthält sämtliche ERINNERUNGEN, BILDER und ERLEBNISSE hinsichtlich des Themas **Winterfreuden.**

Wühle und räume das TOR mit Händen, Füßen und vollem Körpereinsatz frei!

Lache, lächle und sprich mit dem Schnee!

Spiele mit ihm, so als wäre er ein *kostbarer* SPIELGEFÄHRTE!

Lasse dich in den *weichen* PULVERSCHNEE sinken oder fallen!

Spring in ihn hinein!

Schiebe ihn, wirf ihn in die Luft, quetsche ihn und schmiege dich an ihn!

Niemand beurteilt oder bewertet dein *verrückt-ausgelassenes* SPIEL!

Also lass deinem *inneren* SCHNEE-SPIEL-KIND freien Lauf!

Huch, plötzlich ist das TOR offen!

Spring hinein!

Hui, es geht den BERG hinunter auf der **Schlitten-Bahn.**

Auf dem Bauch liegend oder sitzend, geht es die Bahn hinunter. Wunderschöne Winterlandschaft umgibt dich. Hohe Schneeverwehungen befinden sich links und rechts der Rodelbahn. Die Sonne scheint hell und fröhlich. Die Nadelbäume wirken wie eingepudert mit einer dicken Schicht aus herrlich-weiß-zartem Puderzucker.

Unten angekommen triffst du deine Spielgefährten und Spielgefährtinnen. Ihr hängt die Schlitten aneinander und stapft, fast schon schwitzend, den Berg hinauf. Viele, viele Male geht es hinauf und wieder, husch, hinunter. Was für ein Spaß, was für ein Vergnügen, welche Freude!

Irgendwann, im Laufe des Nachmittags kommt es dir in den Sinn Schneehöhlen in den Schneewehen zu bauen. Was für ein Abenteuer! Es entstehen Höhlen, Gänge, mehrere Eingänge und Schnee-Bohrlöcher, die Luft und Licht hereinlassen.

Vielleicht entstehen auch **Sch**neefrauen, **Sch**neemänner, **Sch**neekinder, **Sch**neetiere, **Sch**neeautos, **Sch**neefantasiewesen, **Sch**neeburgen, **Sch**neehäuser, **Sch**neemulden oder Ähnliches mehr.

Plötzlich weht ein starker Wind. Du nutzt deine **Schneebehausung** als Versteck. Es ist mucksmäuschenstill. Du bist umgeben von dicken Schneewänden. Fühle dich in deiner Schneebehausung sicher, behütet und geborgen. Das Heulen des Windes lässt nach.

Du springst, läufst oder kullerst erneut den Berg hinunter. Auf halber Strecke findet eine **Schneeballschlacht** statt. Juchzend und vor Lachen glucksend reiben sich die Kinder hier, halb spielerisch, halb kämpfend, gegenseitig Schnee ins Gesicht. Wir nannten dies in meinen Kindertagen „einseifen“.

SCHNEE, SCHNEE, SCHNEE *–*
was bist du doch für ein wunderbarer GESELL!
Mit DIR und durch DICH haben wir so viel SCHÖNES erlebt!

Danke DIR – dein Govinda!

67. Weisheitstor: Geborgenheit

Dieses **TOR** ist in der Mitte *flauschig weich* und *warm!*

Der Rand des TORES beziehungsweise der TORBOGEN ist sehr stabil. Das heißt, **GEBORGENHEIT** braucht einen *gewissen* **Rahmen** der Sicherheit, einen *sicheren* **Ort,** *sichere* **Bedingungen** und ein *sicheres* **Umfeld.**

GEBORGENHEIT steht in Verbindung mit

- Loslassen,
- Sich-zeigen-Dürfen,
- Sich-entspannen-Dürfen,
- Sich-fallenlassen-Dürfen,
- Sosein-Dürfen-wie-wir-sind,
- Akzeptanz und Selbstakzeptanz,
- Ruhe und innerer Ruhe,
- Abschalten-Können,
- Spielen-Dürfen,
- Ausprobieren-Dürfen,
- Sich-pudelwohl-fühlen und
- mit Selbstliebe und Liebe.

GEBORGENHEIT sollten wir möglichst oft ermöglichen und verspüren.

Wenn dies nicht der Fall ist, was ist dann aus dem Lot?

Welche *äußeren* und *inneren* **Faktoren** stören unsere GEBORGENHEIT?

Was brauchen wir, um uns GEBORGEN zu fühlen?

Was können wir für unsere GEBORGENHEIT tun?

Was können wir dazu beitragen, damit sie zu uns kommt?

Sind wir *echt* und *authentisch?*

Kommt unser *inneres* KIND „auf seine Kosten"?

Gibt es *räumliche, persönliche* und *zeitliche* **Inseln** der GEBORGENHEIT?

Können wir GEBORGENHEIT mit unseren Lebenspartnern und Lebenspartnerinnen, mit unseren Kindern, mit einem Freund beziehungsweise einer Freundin, in Gruppen, bei der Arbeit und so weiter erleben?

Erst wenn wir uns wieder sehr geborgen mit uns SELBST und in uns SELBST fühlen, dann können wir GEBORGENHEIT *ausstrahlen, vermitteln* und *authentisch mit anderen erleben.*

Wenn wir froh und glücklich sind, dann fühlen wir uns GEBORGEN.

Was macht uns froh, erfüllt uns und schenkt uns FREUDE und *inneres* GLÜCK?

Dieser RAUM ist voller *guter* **Erinnerungen** an Momente, Zeiten, Situationen, Bilder und Erlebnisse der *tiefen* GEBORGENHEIT.

LIEBE **bringt** GEBORGENHEIT und **schenkt** GEBORGENHEIT!

Rückzug, Besinnung, Ausruhen, „Neue-Wege-Beschreiten" und „reinigendes Weinen" helfen uns, zur GEBORGENHEIT zurückzufinden und sie wieder zu erleben.

Akzeptanz und „In-Kontakt-Treten" mit unseren unzufriedenen, traurigen, enttäuschten und anderen „*inneren* ANTEILEN" sowie Offenheit und Ehrlichkeit hinsichtlich unserer *eigenen* GEFÜHLE führen uns zu **Gefühlen** von GEBORGENHEIT.

Erschaffe Voraussetzungen für GEBORGENHEIT!
Setze dich ein für GEBORGENHEIT!
Erlebe GEBORGENHEIT!
Nimm dir Zeit für GEBORGENHEIT!
Öffne dich für GEBORGENHEIT!
Lasse für SIE los!
Tauche in SIE hinein!

Lasse dich oft sinken in die liebenden Arme *der* ***GEBORGENHEIT*** *und schöpfe neuen Mut und neue Kraft aus IHR*

– dein mitschwingender, GEBORGENHEIT schenkender Govinda.

68. Weisheitstor: Achtsamkeit

Dieses **TOR** hat auch noch andere **Namen**

- GEWAHRSEIN (= wahr sein, SEIN),
- BEWUSSTHEIT,
- entspannte und doch sehr präsente AUFMERKSAMKEIT,
- GEGENWÄRTIG-SEIN mit allen Sinnen und
- GEGENWÄRTIG-SEIN mit einem ruhigen und entspannten Geist.

Vor diesem TOR zu sitzen, heißt: „ANKOMMEN!"
Ankommen bei sich, ankommen im Körper, ankommen in der Gegenwart und ankommen bei, in und mit dem, was ist!

Dieses TOR ist ein MEISTERWERK der **Schnitzkunst.**

ES enthält Symbole, Zeichen, Lebenssituationen und zahlreiche Themen, die uns am HERZEN liegen, bei denen wir wunderbare Fülle, Tiefe, Klarheit, Reinheit und Weite der ACHTSAMKEIT genossen haben und noch genießen werden.

Tritt ein!

Ein *ruhiges, gleichmäßiges* LICHT durchströmt diese *riesige* und *runde* HALLE. Viele unterschiedlich *breite, hohe, enge, runde, spitzbogige* und *rundbogige* **Fenster** lassen viel LICHT herein und erhellen diesen *weiten, einfachen, klaren* und *wunderschönen* **RAUM.**

ACHTSAMKEIT bezieht sich auf *alle* BEREICHE des Lebens, auf alles, was wir tun – sogar auf die PHASEN des Ruhens!

Ein *wunderbares* FELD der **ACHTSAMKEIT** ist die **Beschäftigung** mit der **Wahrnehmung** des KÖRPERS:

- *Wahrnehmung* von Muskel-Spannungsverhältnissen,
- *Wahrnehmung* von Entspannung,
- *Wahrnehmung* von Gelöst-Sein,
- *Wahrnehmung* des Spürens,
- *Wahrnehmung* innerer Tiefe und
- *Wahrnehmung* von innerem „Weit-Werden.

Dieser ZUSTAND von **ACHTSAMKEIT** ist gepaart mit *innerer* RUHE, mit flexibler und starker *innerer* KRAFT und mit einem *tiefen* GEFÜHL der Befriedigung, der Fülle, des Wohlgefühls und der inneren Freude.

Wenn wir beispielsweise in diesem ZUSTAND **singen** (improvisierend und spontan) und dabei unsere **Intuitions-Tore** öffnen, dann wird das **Singen** zu einem belebenden, erfüllenden, erhebenden, erweiternden und zutiefst beglückenden ERLEBNIS!

Das **Tönen** vertieft den Atem, belebt und macht den Körper zu einem *wundervollen* VIBRATIONSINSTRUMENT.

Das **Tönen** wird noch tiefer, wenn wir uns dem Inhalt und die Bedeutung der Worte bzw. Texte öffnen.

Übe ACHTSAMKEIT

- in Begegnungen,
- im Sprechen,
- im Zuhören,
- in der Berührung,
- im Bewegen (Gehen, Tätigkeiten verrichten, …),
- im Wahrnehmen der Schwerkraft,

- in allem, was wir tun,
- im Unterrichten,
- im Schauen, im Hören, im Tasten, im Riechen und im Schmecken.

Es lohnt sich, die STILLE, die NATUR, unser UMFELD, unseren KÖRPER, unser VERHALTEN und menschliche (oder tierische, pflanzliche, …) BEGEGNUNGEN u. v. Ä. m. *bewusst* und *achtsam* **wahrzunehmen,** sowie bewusst und *achtsam* mit ihnen zu **interagieren.**

Wenn sich ACHTSAMKEIT, AUFMERKSAMKEIT und BEWUSSTHEIT in der **Gegenwart** entfalten, dann entsteht ein nahezu *unendlicher, breiter, weiter* und *tiefer werdender* **STROM** des GEGENWÄRTIGSEINS!

Im ZUSTAND der **ACHTSAMKEIT** erleben wir auch öfter ein GEFÜHL der *Vereinigung,* der *Verbundenheit* und des *„Vereintseins"* mit dem Gegenstand, dem Thema und der Person (auch uns selbst – Körper, Gefühle, Geist, Seele), denen wir **ACHTSAMKEIT** schenken.

Wenn wir uns ermuntern **achtsam** und aufmerksam zu sein, ganz **ohne Anstrengung,** dann wird unser LEBEN *ruhiger, tiefer, voller, reicher, kostbarer, liebevoller* und *bedeutsamer!*

Können wir innere RUHE, inneren FRIEDEN und inneres GLÜCK erschaffen?

Ich behaupte frech: „JA!"

Wir können uns darum bemühen ***achtsamer*** *zu werden!*

ACHTSAMKEIT *erfordert nicht „mehr“ Anstrengung,*
im Gegenteil, wir können Dank IHR mit „weniger“ Anstrengung
(ohne Gedanken an Zukunft, Vergangenheit, Pflichten,
Sorgen, Ängste, ...) leichter und gelassener im ***STROM***
der GEGENWART fließen, leben und genießen

– dein Govinda.

69. Weisheitstor: Beständigkeit

Dieser ***halbrunde*** **TORBOGEN** beginnt links unten, so wie eine *zarte* **Wurzel,** er wird allmählich stärker beim Hochsteigen und ist in der oberen Mitte des TORES bereits sehr stabil.

Von der oberen Mitte aus, nach rechts unten absteigend, endet der TORBOGEN als *mächtiger* **Wurzelstamm.**

Symbolik

Wenn wir etwas **neu beginnen, erlernen** oder **erproben** *(Talent, Fähigkeit, Fertigkeit, ...)*, dann sind unsere BEMÜHUNGEN und deren RESULTATE noch zart, flüchtig und zerbrechlich.

Bleiben wir mit REGELMÄSSIGKEIT, AUSDAUER und KONSTANZ dabei, das **Neue** zu üben, zu schulen und anzuwenden, so wächst dieses **Neue** stärker und stärker. Irgendwann nimmt es einen *festen* und *stabilen* PLATZ in unserem Leben ein.

Bleiben wir *beständig, ausdauernd, mit wiederkehrender* FREUDE und mit BEGEISTERUNG bei der **Ausübung** des *TALENTES (FERTIGKEIT, FÄHIGKEIT, ...),* so ist dieses *ausgeübte TALENT (FERTIGKEIT, FÄHIGKEIT, ...)* aus unserem Leben gar nicht mehr „wegzudenken“. Schließlich ist es zu einem *festen* BESTANDTEIL, vielleicht sogar zu unserem *zentralen* BAUSTEIN, unseres Lebens geworden.

2015 oder 2016 befand ich mich in AMMAS indischem Ashram AMRITAPURI in Südindien. Bei einem meiner AMMA-Darshans ließ ich **Zimbeln** von **IHR** segnen.

Seither nutze ich regelmäßig - an den Donnerstagabenden im SAI-Zentrum und an den Sonntagen im Sivananda Yogazentrum - die Gelegenheit, mich musikalisch mit den **Zimbeln** einzubringen! Ich hatte nie Erklärungen über das **Zimbelspiel** erhalten oder Anweisungen über die Spielweise der **Zimbeln** gelesen. Ich fing einfach an und blieb standhaft dabei. Ich bemühe mich möglichst angemessen, die Lieder, Gesänge und Mantras zu begleiten. Inzwischen, also nach sechs bis sieben Jahren, kann ich behaupten, dass ich viel über das **Zimbelspiel** gelernt habe und dass ich besser darin geworden bin. Manchmal spiele ich die **Zimbeln** begeistert laut, dann wieder lauschend leise und zart. Es erfüllt mich und schenkt mir Freude.

Oft **bete** ich auch kurz vor dem Beginn des **Zimbelspiels.**

"Möge mein Zimbelspiel die Atmosphäre reinigen und **möge** es alle Anwesenden beglücken !"

Gelegentlich zweifelte ich an meiner Spielweise, doch dann erinnerte ich mich daran, dass ich und diese **Zimbeln** von AMMA gesegnet wurden. Dann glaube ich wieder fest daran, dass ich damit unterstützend, heilend, Freude verbreitend und Glück bringend, spielen kann. Mein Wunsch ist es, ein **Instrument** des MUSIKGOTTES zu sein.

Tritt näher und bestaune nun die AUSFERTIGUNG, den VERLAUF und das *rechte untere* ENDE des **TORBOGENS.**

Das **TOR,** das aus **Holz** *geschnitzt* ist, enthält alle KÜNSTE, HANDWERKE, HOBBYS und all unsere *persönlichen TALENTE, INTERESSEN* und *FERTIGKEITEN.*

Zähle sie auf! Benenne sie! Schreibe sie auf!

Was liegt dir? Was machst du gerne? Was bringt dich zum ERBLÜHEN? Was tust du gerne? Was bereitet dir FREUDE? Was kannst du gut?

Welche *STÄRKEN, FÄHIGKEITEN* und *TALENTE* hast du?

Manchmal wissen wir gar nichts oder nur wenig von unseren **verborgenen** *TALENTEN, FERTIGKEITEN* und *FÄHIGKEITEN.*

Wir tragen sicherlich noch **viele** *FÄHIGKEITEN, FERTIGKEITEN* und *TALENTE* in uns, die darauf warten, entdeckt und gelebt zu werden.

Jeder MENSCH besitzt **einzigartige** *TALENTE, FERTIGKEITEN* und *FÄHIGKEITEN,* die die Schöpfung bereichern!

Besonders am **Beginn** des LERNENS und PRAKTIZIERENS unserer *TALENTE, FERTIGKEITEN* und *FÄHIGKEITEN,* braucht es einen *geschützten* und *sicheren* **Rahmen,** sowie einen *gesunden* und *förderlichen* **Nährboden.**

Wir sollten zum/zur *liebevollen* GÄRTNER/IN unseres ***TALENTE-FERTIGKEITEN-FÄHIGKEITEN*-GARTENS** werden!

Weder das Ergebnis noch der Gewinn dürfen im Vordergrund stehen!

Die **Ausübung** sollte stets eine HERZENSANGELEGENHEIT bleiben, gepaart mit viel FREUDE, KREATIVITÄT, SPIEL und immer wieder sich *neu entfachender* BEGEISTERUNG.

Wenn wir offenbleiben, wenn wir beständig bleiben, wenn wir immer wieder neugierig sind, um Neues zu entdecken und wenn wir kreativ-spielerisch bleiben, dann wird diese *ausgeübte FERTIGKEIT, dieses ausgeübte TALENT,* beziehungsweise diese *ausgeübte FÄHIGKEIT,* zu einem ***endlosen*** **QUELL** der FREUDE, der EXPERIMENTIER- und SCHAFFENSLUST werden. Tritt ein!

Leider wurden bei vielen Kindern, Jugendlichen und Erwachsenen so manche **aufkeimende** *TALENTE, FÄHIGKEITEN* und/oder *FERTIGKEITEN* bereits im Keim erstickt, indem sie negativ bewertet, belächelt, verboten oder „schlecht geredet" wurden!

Oft wissen wir über uns selbst nicht Bescheid.

Wir wissen oft gar nicht mehr, was uns Freude bereitet.

Zu viele **Pflichten** verhindern das *spielerische, künstlerische* und *kreative* POTENZIAL.

Oft glauben wir, wir müssten viel besser sein, als wir es sind.

Wir erwarten von uns, dass unsere *TALENTE, FERTIGKEITEN* und *FÄHIGKEITEN schnelle* **Erfolge** erzielen sollten und/oder *schnelle materielle* **Gewinne** mit sich bringen müssten. So werden abermals gute Ansätze im Keim erstickt.

Erlaube dir, dich mit **Anfängen** zu beschäftigen und dich mit **Unfertigem** zu begnügen! Fühle dich frei!

Fördere deine *inneren* KINDER - dein Spiele-**K**IND, dein Künstler-**K**IND, dein Yoga-**K**IND, dein Mal-**K**IND, dein Schreib-**K**IND, dein Musik-**K**IND, dein Gesangs-**K**IND, dein Tanz-**K**IND, dein Theater-**K**IND, dein Sport-**K**IND, dein **Z**eichen-KIND, ... - und verhalte dich ihnen gegenüber **liebevoll, wertschätzend, förderlich** und **beschützend!**

Übernimm eine PATENSCHAFT für **SIE!**

Von der ersten Klasse bis zur **Ausübung** eines Berufes ist es ein langer WEG.

Sei geduldig!

Gehe fürsorglich mit deinen ***TALENTE-FERTIGKEITEN-FÄHIGKEITEN*-KINDERN** um!

Ermuntere sie!

Achte darauf, dass das SPIEL, die ENTWICKLUNG, die KREATIVITÄT und die FREUDE bei der **Ausübung** im Vordergrund stehen!

Jeglicher DRUCK, jegliche BEWERTUNG, jegliches „VERGLEICHEN“ und jegliche ERWARTUNG an bestimmte Resultate oder Erfolge ist schädlich für die **Entfaltung** deiner ***TALENTE-FERTIGKEITEN-FÄHIGKEITEN*-KINDER!**

Gönne **IHNEN** das „UNFERTIGE“, das „NICHT-PERFEKTE“ und das „SCHIEFE“ – genau dies sind die **Elemente** des WACHSTUMS, der ENTFALTUNG und REIFUNG!

Wisse, dass WACHSTUM und ENTFALTUNG nie aufhören und immer beginnen können!

Sogar der/die genialste Schriftsteller/in und die/der genialste Künstler/in wächst stets weiter, ändert die Stilrichtung, beginnt mit neuen Techniken, erfindet sich neu und hat Phasen, in denen es alles andere als „genial“ läuft.

Übung macht den/die MEISTER/IN!

Manches entpuppt sich erst im *reifem* oder im *hohen* ALTER!

Manches reift *ein* LEBEN *lang!*

Manches bringt nie *äußere* RESULTATE oder *materielle* GEWINNE und spendet doch *tiefe innere* **Erfüllung**!

Komm heraus aus der TRETMÜHLE der Routine!

Ahme nicht nach und imitiere nicht!

Sei mutig!

Erschaffe und kreiere **Eigenes**!

Erlebe viel FREUDE und sei beharrlich bei der ENTFALTUNG und REIFUNG deiner ***TALENTE-FERTIGKEITEN-FÄHIGKEITEN-KINDER***.

Wenn du sie pflegst, dann werden sie dir viel FREUDE, SCHÖNHEIT, ERFÜLLUNG und LIEBE schenken

– dein Govinda.

70. Licht-Iglu

Erschaffe und erbaue an *deinem* MEDITATIONSPLATZ, *in* DIR, *um* DICH *herum* und *in deiner* UMGEBUNG (für dich, für andere und die Welt)

- einen **LICHT-IGLU,**
- einen **LICHT**-TEMPEL,
- eine **LICHT**-AURA,
- eine **LICHT**-PYRAMIDE,
- eine **LICHT**-MOSCHEE,
- eine **LICHT**-KIRCHE,
- einen **LICHT**-RAUM,
- ein **LICHT**-FEST,
- eine **LICHT**-WELT,
- **LICHT**-WELTEN,
- …

Singe wiederholend inbrünstig, flehend, sehnsüchtig, gesegnet, segnend, erhebend, dankbar und *voller* ÜBERZEUGUNG:

„In DEINEM LICHT

- sitze ich,
- stehe ich,
- gehe ich,
- handle ich und
- erbaue ich dieses **LICHT**-GEBÄUDE!“

Dazwischen **singe** (wenn du magst) den Refrain:
„AAAUUUUMMM, OHHHMMM, OHOHOHOHOOMMMMM, … und/oder den **Namen** *deines/deiner* LICHTMEISTER/S/IN!“

Mein Refrain **lautet** heute:
„AUM BABAYA NAMAHA!“
„Ich verneige mich vor dem *väterlichen* MEISTER!“

In *deinem* LICHT

- verschwinden alle Sorgen!
- fühle ich mich geborgen!
- verschwindet alles Dunkle!
- ist *alles* GUTE möglich!
- bin ich ein *reines* KIND des **LICHTES!**
- bin ich beschützt!
- erkenne ich *meine* **LICHT**-NATUR!
- bete ich für andere und das WOHL aller!
- erstrahle ich selbst als **LICHT-IGLU!**
- erschaffe ich **LICHT**-GEDANKEN!
- erschaffe ich **LICHT**-WORTE!
- erschaffe ich **LICHT**-GEFÜHLE!
- erschaffe ich **LICHT**-WERKE!
- …

Vielleicht fließen TRÄNEN - *Tränen* des Ankommens, *Tränen* des Loslassens, *Tränen* der Freude, *Tränen* des Weitwerdens und *Tränen* der Erlösung -, während du den **LICHT-IGLU** (oder das LICHT-GEBÄUDE) geistig in dir und um dich herum **erbaust.**

Erbaue ihn für *bedürftige* MITMENSCHEN, für *bestimmte* PLÄTZE, für die ERDE oder für *bestimmte* PROJEKTE!

Verbinde deine Gedanken und inneren Bilder des LICHT-IGLU-BAUS (oder LICHT-GEBÄUDE-BAUS) mit lebhaften, tatsächlichen oder angedeuteten BEWEGUNGEN.

Singe, *singe, singe* 20 Minuten, *singe* eine Stunde, *singe* zwei Stunden oder länger!

Singe schließlich während des Tages immer wieder einmal!

Fühle das *innere* LICHT immer stärker, tiefer, heller und klarer!

Jegliches ***äußeres*** *LICHT möge uns erinnern an unser* ***inneres*** *SEELEN-LICHT und unsere SEELEN-SCHÖNHEIT!*

Mögen wir kreative und machtvolle
LICHT-IGLU Baumeister/innen *werden*

– dein Govinda.

71. Seelentür – Seelentor

Singend, innerlich sehnsüchtig rufend und sich wiederholend, erklingen die **Worte:**

> „Bitte öffne die **SEELENTÜR** für mich!
> Lass mich rein!
> Lass mich hinein!“

Welche *inneren* BILDER kannst du wahrnehmen?

Welche BILDER und GEFÜHLE steigen in dir auf?

Schwenke das *gedankliche* FEUERLICHT und werde innerlich ganz ruhig!

In der MITTE des ***goldenen*** **TORBOGENS** befindet sich ein **See,** dessen Oberfläche windstill ist. Dies ist ein Symbol für STILLE, KLARHEIT und TIEFE.

Eine *sprudelnde* **Quelle** – der **Quell** *des Lebens* – ist ebenfalls auf dem *goldenen* TORBOGEN zu erkennen.

Je länger du singst und je länger du die FEUERZEREMONIE abhältst, umso mehr **Geheimnisse** und *persönliche* **Details** erscheinen auf diesem **GOLDTOR.**

In der MITTE des **Sees** erscheint allmählich ein *kräftiger* LICHTPUNKT, der stärker und stärker wird. Dieser LICHT-LASER brennt nach und nach ein immer größer werdendes Loch in dieses *goldene* TOR, so dass du schließlich in den *dahinter liegenden* **RAUM** schauen kannst.

Fühle, schaue, beobachte und öffne dich dem HÖHEREN!

Nun strömt aus diesem *hinterem* RAUM *goldgelbes* **LICHT** zu dir!

Es umhüllt dich sanft, liebkost dich und reinigt dich!

Je mehr du dich öffnest beziehungsweise je mehr du dich dem LICHT überlässt, umso tiefer durchdringt, erfüllt und reinigt es dich.

Du wirst *lichter, heller* und *leuchtender* und bist von einem ***überirdischen*** **GLANZ** umgeben und durchdrungen!

Vielleicht verändert sich die Farbe des LICHTES.

Das LICHT verwandelt sich vielleicht in eine dir ***vertraute*** **GESTALT!**

Warte! Lasse die **LICHTGESTALT** vor deinem *inneren* AUGE entstehen!

Vielleicht spricht diese **LICHTGESTALT** telepathisch mit dir?

Lausche, empfinde, sieh innerlich, höre und empfange!

Das **TOR** öffnet sich langsam.

FREUDE- und GLÜCKSGEFÜHLE durchströmen dich.

Wunderbare WEITE, *edelste* SCHÖNHEIT und *herrlicher* FRIEDEN umgeben dich.

Du befindest dich nun in diesem ***heiligem*** *hinterem* RAUM.

Schaue dich in aller Seelenruhe um.

Nimm dir Zeit für die **Offenbarungen** und **Geheimnisse** dieses *heiligen* RAUMES.

Nimm wahr!

Sieh, empfinde und lausche aufmerksam!

In DIR **ertönt** eine *singend-rufende* STIMME:

„ICH BIN, ICH BIN, ICH BIN!“
„ICH BIN

- jegliches SEIN.
- alle Menschen, Tiere, Pflanzen und die *gesamte* SCHÖPFUNG.
- noch viel, viel mehr.
- formlos und doch auch in *jeder* FORM.
- *reinste* SCHWINGUNG.
- *reinste* FRIEDENS- und LIEBESSCHWINGUNG.
- das LICHT der EINHEIT.
- alles und nichts.
- *höchstes* MITGEFÜHL.
- (Siehe, wie deinen Liebsten und allen, die du getroffen hast, geholfen wird)
- *reines* SEIN.
- die *göttliche* BLUME, die sich an dich verschenkt.
- DU, mein Kind.
- in Dir.
- in allem LEBEN und in jeglicher MATERIE – und doch bin ICH nicht daran gebunden.
- die **Erkenntnis** des SELBST.
- das LICHT in allen Wesen und doch bin ich weder physisches Licht noch Dunkelheit.“

Das SEELENTOR **erklärt** dir:

„Lebe im Gewahrsein, dass ICH überall bin, immer bei dir bin, immer mit dir bin, immer in deiner Nähe bin, dich immer umgebe, immer im FRIEDEN bin, immer in *reinster* LIEBE bin und schließlich im Laufe der Zeit mehr und mehr in dir und mit dir **identisch** bin!

Feiere MICH, das ***höchste*** **BEWUSSTSEIN,** in Form der *reinsten* LIEBE, der *höchsten* WONNE /FREUDE und der *höchsten* WEISHEIT!

Ehre MICH!
ICH lebe in dir!
Lebe du in MIR und erkenne MICH nach und nach *überall!"*

*Dein Govinda wünscht dir und sich selbst die **Erfahrung** des SELBST, die **Erfahrung** der göttlichen SEELEN-NATUR und die **Erfahrung** des wahren, innersten und ewigen SEINS!*

72. Tor der Segnungen – Tor der schönsten Darshans

(DARSHAN = SEGNUNG durch Erschauen und Erleben des GÖTTLICHEN)

Dieses **TOR** weist auf *alle* SEGNUNGEN hin, die dir je geschenkt wurden. ES erinnert dich an *alle* SEGNUNGEN, die dir *neue* und *wunderbare* TÜREN/TORE öffneten und an SEGNUNGEN, die dir *wunderschöne*, *beglückende* und *glückseligmachende* **Erfahrungen** schenkten.

All diese SEGNUNGEN dienten dazu, deine ***eigenen*** **SEELE** *mehr und mehr wahrzunehmen.*

SIE halfen dir, auf *deinem* **SEELENWEG** voranzukommen!

SIE führten dich auf dem **WEG** der **Realisierung** *reinster* LIEBE und GÖTTLICHKEIT!

Sitze still vor diesem TOR!

Allmählich wirst du dich an *viele* SEGENSMOMENTE erinnern.

Gehe tiefer in dich!

Lasse es hell werden!

Spüre und erlebe jetzt, in diesem Moment, abermals den ***höchsten*** **SEGEN** und die ***schönsten*** **SEGENSMOMENTE** deines Lebens.

Dieses **SEGENSTOR** ist sehr, sehr kostbar!

Berühre es!

Lass **Erinnerungen** von GEFÜHLEN des „Sich-gesegnet-fühlens“ in dir aufsteigen.

Empfange und empfinde ***alle*** **SEGNUNGEN,** die du in der VERGANGENHEIT erlebt hast, noch einmal:

„Blicke, Berührungen, Worte, Eingebungen, Geschenke, Gefühle, feierliche Momente, Glücksmomente, Beobachtungen von Segnungen Anderer, innere Erlebnisse, Geistesblitze, telepathische Eingebungen, innere Antworten, spontan-intuitive Einfälle, …“

Auf dieser *goldenen* TÜR sind deine *kostbarsten* **DARSHAN-SEGENS-MOMENTE** in Form von Symbolen, Bildern, Abbildungen und Relief-Zeichnungen festgehalten.

Betrachte sie, erinnere dich, schmunzle, lächle und erfreue dich an diesen *kostbaren* SCHÄTZEN erneut.

Das TOR geht auf und es wird heller!

Empfange nun den ***göttlichen*** **SEGEN,** den **DARSHAN** deine/r/s *geistigen* LEHRER/S/IN oder/und *deine/r/s* MEISTER/S/IN!

SEGENSLICHT, SEGENSLICHT, SEGENSLICHT (singend)

- reinige mich.
- führe mich.
- erwache in mir.
- *dein* LICHT hat mich bereits viele Male gerettet.
- ich sende DICH zu meinen Liebsten und zu allen Menschen, denen ich begegne.
- ich vertraue DIR.
- begleite mich auf *allen* WEGEN.
- sei stark in mir.
- vor DIR verneige ich mich.
- DIR kann ich alles anvertrauen.
- DU weißt bereits alles.
- lass mich **ein** TEIL, **ein** STRAHL, von DIR sein.

- zeige DICH immer mehr in meinem Leben.
- lasse mich bei DIR verweilen.
- DU bist mein ZUFLUCHTS- und KRAFTORT.

Bitte segne uns!
Erlebe, sei und verteile dein ***SEGENSLICHT***

– dein Govinda.

73. Weisheitstor: Gute Gesellschaft

All dies nenne ich ***gute*** **GESELLSCHAFT:**

- alles, was ethisch einwandfrei ist.
- alles, was hilft das WOHL *aller* zu verfolgen und zu realisieren.
- alles, was dazu dient das WOHL *aller* zu fördern und umzusetzen.

Dieses TOR enthält Abbildungen von Dingen, Personen, Sprüchen, Bildern, Zeichen, Zeichnungen, Symbolen und Situationen, die uns positiv geprägt haben und/oder dies noch immer tun!

BABA rät uns:

„Suche die Gemeinschaft der ***guten*** **GESELLSCHAFT!**

Meide *schlechte* Gesellschaft, ja, renne von *schlechter* Gesellschaft weg!“

AMMA führte folgendes Beispiel an:

„Wenn du dich für längere Zeit in einem Kohlekeller aufgehalten hast, dann wird Kohlenstaub und Schmutz an dir haften bleiben - auch dann, wenn du den Kohlekeller bereits wieder verlassen hast.

Wenn du dich für längere Zeit in einer Sandelholz-Räucherstäbchen-Fabrik aufgehalten hast, dann ist es unumgänglich, dass Sandelholz-Räucherstäbchen-Duft an dir haften bleiben wird. Nach deinem Besuch wirst du in deiner Umgebung den wohlriechenden Duft von Sandelholz verbreiten!“

Der ***erste*** **SCHRITT** ist es, zu erkennen und herauszufinden, was ***gute*** und was *schlechte* GESELLSCHAFT ist. Manchmal sind beide gut getarnt oder schwierig voneinander zu unterscheiden!

Es ist sehr wichtig *jede* „GESELLSCHAFT" hinsichtlich ihrer **Botschaften** und ihrer **Wahrhaftigkeit** zu überprüfen.

Welche WERTE, welche ETHIK, welches MENSCHBILD und welche MORAL vertritt die *jeweilige* GESELLSCHAFT?

Alles, was UNGERECHTIGKEIT fördert; alles, was eine, einen, mehrere oder viele ausgrenzt; alles, was „herunterzieht"; alles, was einen Menschen, eine Gruppe, ein System, eine Lehre und so weiter übermäßig hochpreist und gleichzeitig andere Menschen, Gruppen, Systeme, Lehren und so weiter „schlechtmacht" beziehungsweise „schlechtredet" oder in Andeutungen und Nebenbemerkungen als schlecht beurteilt: All dies gehört zur *schlechten* GESELLSCHAFT!

Alles, was *nicht die* EINHEIT *fördert,* alles, was ausgrenzt, spaltet, eine Gruppe oder Einzelne bevorzugt beziehungsweise benachteiligt, gehört ebenfalls zur *schlechten* GESELLSCHAFT!

Was ist *gute* GESELLSCHAFT?

Alles, was edle, vereinende, menschenfreundliche, tierfreundliche, umweltfreundliche, ethisch hochstehende, ethisch und *moralisch einwandfreie, positiv-menschliche* GRUNDWERTE – Wahrheit, Rechtschaffenheit, Liebe, Frieden, Gewaltlosigkeit – fördert, stärkt, vorlebt und verbreitet, ist *gute* GESELLSCHAFT.

Alles, was die EINHEIT, ein reines Gewissen, Kooperation, Verständnis, Liebe, Toleranz und Mitgefühl und Ähnliches mehr fördert, stärkt, vorlebt und verbreitet, gehört zur *guten* GESELLSCHAFT.

Alles, was das WOHL **aller** fördert, unterstützt und anstrebt, nenne ich *gute* GESELLSCHAFT!

Es ist sehr wichtig, genau hinzuschauen, genau hinzuhören und zu prüfen!

Sobald über Einzelne, eine oder mehrere Gruppen oder Menschen negativ gesprochen wird (oder diese belächelt, bewertet, übermäßig kritisiert, beschuldigt, verurteilt und so weiter werden), ist *äußerste* **Vorsicht** geboten.

In der *heutigen* ZEIT ist es nicht leicht, *„einwandfreie"* und *gute* VORBILDER, also *gute* GESELLSCHAFT zu finden!

Achtsamkeit ist geboten!

***Zweiter* SCHRITT:** AUSWAHL

Natürlich können wir nicht immer frei wählen. Unsere Familien, unsere Verwandtschaft, unsere Arbeitskollegen und Arbeitskolleginnen, unsere Vorgesetzten (m/w) und andere mehr können wir oft nicht frei wählen!

Es ist wichtig, unsere *feste, innere, erhabene, ethisch-hochwertige einende* und *innere* **Instanz** zu stärken und zu befragen, sowie sich immer wieder in *gute* GESELLSCHAFT zu begeben.

Bei Freizeitaktivitäten, freiwilligen Gruppierungen und Freundschaftskreisen können wir auswählen!

Die MEDIEN – TV, Zeitungen, Zeitschriften, Online-Nachrichten, Instagram, Facebook und sonstige Plattformen – können wir ebenfalls in *gute* GESELLSCHAFT und *schlechte* GESELLSCHAFT unterteilen!

Umgib dich so viel und so oft es dir möglich ist mit REINHEIT, *positiven* CHARAKTEREN, *positiven* VORBILDERN und *posi-*

tiven BEISPIELEN – also mit *guter* GESELLSCHAFT.

Alles, was du mit deinen AUGEN siehst; alles, was du mit deinen Ohren hörst und alles, was du mit deinen SINNEN aufnimmst, formt dich zu einem ***besseren*** oder ***schlechteren*** MENSCHEN!

Bleibe achtsam!

Suche GESELLSCHAFT *des Guten* und *der Guten!*

Begib dich immer wieder und möglichst überall in die GESELLSCHAFT des Guten und *der Guten!*

Meide *schlechte* GESELLSCHAFT, ja, renne vor ihr weg!

Gedanken, Worte, Botschaften, unsere Umgebung,
unsere Medien, unsere Mitmenschen, ... formen uns!
Bleibe achtsam und wähle immer wieder den Umgang mit
guter GESELLSCHAFT.
Viel Erfolg, Freude, Liebe, Stärkung, Erfüllung und
Weisheitszuwachs wünscht dir in ***guter GESELLSCHAFT***

– dein Govinda.

74. Weisheitstor: Selbsterkenntnis und positive Kommunikation

Wir sollten von unseren *eigenen* FEHLERN lernen!
Was sind Fehler?

Mir **fällt** spontan **ein:**
„Es sind FEHLER, wenn wir uns anderen gegenüber unfair, gemein, intolerant, bösartig, gehässig, arrogant, wütend, ärgerlich, bissig, abwertend und so weiter verhalten!“

Warum tun wir das?
Warum sind wir nicht immer liebevoll?

Wenn wir einzelne der oben beschriebenen Verhaltensweisen und unsere Erfahrungen und Erlebnisse hinsichtlich dieser Verhaltensweisen analysieren wollen, ist es hilfreich, uns zu fragen:
„*Warum* habe ich ärgerlich, unangemessen, beleidigend, verletzend, abwertend, arrogant, wütend, gemein, verharmlosend und so weiter reagiert?“

Wenn wir unser VERHALTEN, die GESCHEHNISSE und unsere GEFÜHLE analysieren, dann finden wir heraus, warum wir so gehandelt haben, obwohl wir doch liebevoll sein wollten.

Wenn wir beispielsweise auf jemanden ärgerlich reagieren, so kann dies viele Ursachen haben.
Vielleicht haben wir mit einer anderen Person Ärger?
Vielleicht hat uns das Verhalten dieser Person (scheinbar) beleidigt oder verletzt?

Vielleicht sind wir mit uns selbst uneins und ärgern uns über bestimmte Angelegenheiten, die wir besser anders geregelt hätten?

Und so weiter.

Wir sollten klar unsere BEDÜRFNISSE, unser FASSUNGSVERMÖGEN, unsere GRENZEN, unsere GEFÜHLE kennenlernen, fühlen, wahrnehmen und **ausdrücken können!**

Wir sollten uns **ehrlich** und **offen** gegenüber unseren Liebsten und auch allen anderen Menschen gegenüber **mitteilen!**

Wir sollten lernen, unsere SCHWÄCHEN und FEHLER **zu erkennen** und **anderen gegenüber einzugestehen!**

Wir sollten lernen, unsere SCHWÄCHEN und FEHLER *angemessen* **zu benennen** und zu kommunizieren!

Wir sollten uns stets bemühen, Negativität oder Missverständnisse **aus der Welt zu schaffen!**

Wir sollten in der LAGE sein, uns *angemessen* **zu entschuldigen!**

Wir sollten uns stets um WIEDERGUTMACHUNG und um FRIEDEN **bemühen!**

Wir sollten konstruktiv, kreativ und liebevoll, jenes **wieder gut machen,** was wir einer Person oder einer/mehreren Personengruppe/n in *unfairer* (vielleicht sogar in gemeiner) ART und WEISE angetan (gedanklich, verbal, körperlich, im Verhalten) haben.

Wir sollten mit unseren Mitmenschen **positiv kommunizieren:** ihnen gegenüber offen, ehrlich, authentisch, einfühlsam *mitteilen,* was wir fühlen und was wir brauchen beziehungsweise bräuchten!

Oft stecken wir fest in „verqueren", falschen, idealisierten und unangemessenen SELBSTBILDERN oder wir glauben, wir müssten „so und so sein", „so und so reagieren" und/oder eigene und/oder fremde ERWARTUNGEN und NORMEN erfüllen!

Dabei übergehen wir oft – ich nenne es unsere ***innere* EHRLICHKEIT,** unser ***inneres* GEWISSEN** – unsere eigenen, meist bedürftigen und „unperfekten" ***inneren* KINDER,** die völlig anders „ticken", als wir uns das als vernünftige Erwachsene vorstellen.

Wir sollten zuerst *innere* KLARHEIT schaffen, zu uns selbst und zu allen anderen **zutiefst ehrlich sein!**

Es nützt nichts, sich sofort zu entschuldigen, wenn diese ENTSCHULDIGUNG nicht **reflektiert, authentisch** und **ehrlich** ist!

Wir sollten lernen, uns SELBST und unsere eigenen *inneren* KINDERANTEILE zu verstehen, zu analysieren und **zu Wort kommen zu lassen.**

Dabei ist es sehr hilfreich, die *eigenen* GEFÜHLE und STIMMUNGEN besser kennenzulernen und die damit zusammenhängenden MOTIVE zu erforschen.

Es ist sehr wichtig, die *eigenen* BEDÜRFNISSE klarer wahrzunehmen, auf sie zu hören, sie ernst zu nehmen, sie zu respektieren und sie **mitzuteilen** – auch dann, wenn sie *unsere* BEDÜRFTIGKEIT, HILFLOSIGKEIT oder SCHWÄCHEN offenbaren.

Wie kann ich, falls sich eine *ähnliche* SITUATION wiederholt, beim nächsten Mal besser, *angemessener* und für beide Parteien *befriedigender* **reagieren?**

Ein *bedeutsamer* LÖSUNGS-SCHLÜSSEL, der sehr oft hilft, heißt:

„Positive und angemessene Kommunikation!"

Die KUNST, immer **vorwurfsfrei zu sprechen** und **zu sein,** sowie die KUNST, sich mit **Ich-Botschaften mitzuteilen,** bedarf einer langen Übungsphase im „realen" LEBEN, bis sie fest in uns verankert ist.

Eine weitere ***hilfreiche*** **Maßnahme** ist es, folgende *positive* GEDANKEN und STRATEGIEN im Gedächtnis zu behalten:

„Ich kann Person X nicht ändern!

Wie kann ich mich beim *nächsten* MAL besser, adäquater, angemessener und authentischer verhalten, sodass es mir und allen Beteiligten besser geht?

Wie schaffe ich es, mich *klarer und besser* mitzuteilen und zu artikulieren, damit es mir in der nächsten Begegnung mit der Person X besser geht? In welcher Situation brauche ich wieviel ABSTAND?

Wie kann ich beispielsweise *meine* GRENZEN verteidigen, einhalten, artikulieren und dafür sorgen, dass sie nicht überschritten werden?

Ich muss mir nicht alles bieten lassen! Ich kann die Person stehen lassen, indem ich weggehe! Ich kann die Situation verlassen! Und so weiter."

Es ist in vertrauten (und auch in anderen) BEZIEHUNGEN sehr wichtig, sich nach einem Streit, wenn sich die Wogen wieder geglättet haben und sich die Parteien wieder annähern, *vorwurfsfrei* **mitzuteilen** und **auszutauschen.**

In etwa so:

„*Was* hätten wir beide in dieser SITUATION *gebraucht?*

Wie hätten wir dies *konstruktiv* lösen können?

Die GEFÜHLE und *inneren* PROZESSE der Person X sind genauso *bedeutsam* wie die eigenen!“

Den *ersten Schritt* in Richtung OFFENHEIT und LÖSUNGSSUCHE zu gehen, erfordert Mut.

Wir sollten nicht erwarten, dass Person X den *ersten Schritt* in Richtung VERSÖHNUNG unternehmen sollte.

Wenn uns die ANGELEGENHEIT und die PERSON am Herzen liegen, dann sollten wir in einer *passenden* **Atmosphäre** und zu einem *passenden* **Zeitpunkt** mutig genug sein, den *ersten* SCHRITT zu machen und die Angelegenheit möglichst **zu klären.**

Manche *inneren* KINDERANTEILE sind sehr bedürftig, traurig, verletzt und so weiter, doch sie haben vielleicht nicht den MUT und/oder die KRAFT, sich *angemessen* **zu artikulieren!**

Wir können nicht von anderen von vorneherein erwarten, dass unsere BEDÜRFNISSE von ihnen wahrgenommen oder erfüllt werden, deshalb ist es sehr wichtig, uns ein ERWACHSENEN-ELTERN-ICH vorzustellen oder zu erschaffen, das sich liebevoll um die **Entwicklung** und um das **Wachstum** *unserer eigenen inneren* KINDERANTEILE kümmert und sie liebevoll versorgt, behütet und nährt.

Genauso wichtig ist es diese *inneren* ERKENNTNISSE und ERFAHRUNGEN *angemessen* **mitteilen** zu können.

Sind wir selbst schließlich im Innern ausgeglichen,
das heißt, sind uns unsere inneren KINDERANTEILE vertraut,
sind sie gut versorgt und wohlgenährt, dann können wir
auch für andere und deren verletzte, bedürftige, enttäuschte,
verzweifelte, mutlose, beschämte, hilflose, ...
inneren KINDERANTEILE liebevoll da sein

– dein Govinda.

75. Weisheitstor: Reinigung - Reinheit

Vor diesem **TOR** beginne ich wiederholend zu **singen**:
„OHHHMMM, OHHHMMM, OHHHMMM NAMAOOOOHHH!“

Wir rufen das *höchste* SEIN, das *höchste* LICHT, die *stärkste* KRAFT, das *reinigende* FEUER mit unserem *leisen und kraftvollen* **Gesang!**

Wir verneigen uns vor DIR!

Es wird *heller* und *strahlender!*

Wir streifen unsere Aura aus und werfen und übergeben alles Dunkle dem FEUER!

Diesem *allmächtigen* SEINSLICHT dürfen wir alles zeigen und alles übergeben – unsere Ängste, unser Sorgen, unsere Trauer, unseren Ärger, unsere dunklen Gefühle und alles, was uns belastet!

Diese KRAFT weiß alles von uns und von allen!

Diese KRAFT fordert uns auf, IHR alles zu übergeben!

Vielleicht fließen Tränen!

Wir singen und singen und singen!

Es wird *lichter* und *leichter!*

Dunkle Brocken lösen sich auf, verbrennen im FEUER oder fallen von uns ab!

Das ***goldene*** **TOR** wird sichtbar und spürbar.

Die STRAHLUNG und AURA dieses TORES unterstützen unseren **Reinigungsprozess**.

Unsere Scham wird uns genommen, wir vertrauen mehr und mehr in diese *gütige, väterlich-mütterliche, verständnisvolle, annehmende, hilfreiche, tröstende* und in uns *brennende* KRAFT.

Wir atmen beim Singen tiefer und übergeben dieser KRAFT all unsere Lasten.

Ein *befreiendes* GEFÜHL sowie ein innerliches wieder „WEICH-UND-WEIT-WERDEN“ breiten sich in uns aus!

Wir sind nicht allein!

Auf diesem TOR sind

- FEUERSTELLEN,
- BADESTELLEN,
- REINIGUNGSSTÄTTEN
- REINIGUNGSINSTRUMENTE UND
- REINIGUNGSHILFSMITTEL **abgebildet!**

Ja, uns wird verziehen und geholfen!

Das TOR öffnet sich einen Spalt breit!

Die TÜR unseres Herzens öffnet sich ebenfalls!

Was geschieht?

Vielleicht helfen uns **LICHT-** und ENGELWESEN, uns von unseren inneren Lasten **zu befreien!**

Vielleicht haben diese **LICHT-** und ENGELWESEN sogar Spaß daran, uns **zu helfen!**

Vielleicht ist es für diese **LICHT-** und ENGELWESEN eine große Freude, uns **zu helfen** und **zu reinigen!**

Wie wunderbar – uns wird geholfen!

Symbolisch legen wir *alte, dunkle* und *schmutzige* KLEIDUNG (feinstoffliche Aura-Kleidung, Blockaden, …) ab, die verbrannt wird!

Es ist ein **großes Vergnügen,** wieder so zu werden, wie wir wirklich sind: „STRAHLE-KINDER, FREUDE-KINDER und *reine* SEELEN-KINDER!“

Nach dieser *intensiven* **REINIGUNG** dürfen wir uns (symbolisch) *leichte, helle, wunderschöne* und *wertvolle* **SEELEN-KLEIDUNG** aussuchen und anziehen.

Es kann auch sein, dass uns LICHTWESEN die zu uns passende KLEIDUNG überreichen!

Lasse dich beschenken!

Mit diesem *neuen* ENERGIE-GEWAND bekleidet, wählen wir einen passenden ORT in diesem REINIGUNGSRAUM aus, wo wir uns niederlassen und uns bedanken!

Wir werden *heller, lichter* und *leichter,* denn wir haben vergeben und uns wurde vergeben!

LICHT-WESEN *und unser* ***innerster KERN - ****beide lieben uns*

– dein Govinda.

76. Weisheitstor: Help ever – hurt never / Hilf immer – verletze nie

Die ***linke goldene*** **TORHÄLFTE** besteht aus **guten TATEN** - aus *Taten* des Mitgefühls, aus *Taten* des „Nett-Seins“, aus *Taten* der Menschlichkeit, aus *Taten* des Teilens, aus *Taten* des Gebens, aus *Taten* der Freude, aus *Taten* der Begeisterung und aus *Taten* der Liebe!

Gesundes und ***natürliches*** **HELFEN** hat nichts zu tun mit „Sich-Verausgaben“, „Sich-Überfordern“, „Sich-Schinden“ oder „Sich-Aufopfern“.

Ein **GEBEN** ohne Gegenleistung und Erwartungen kommt aus einem GEFÜHL beziehungsweise aus einem *inneren* ZUSTAND der *Fülle,* des *Reichtums*, der *Zufriedenheit* und des *Glücks*.

Es werden keine *Erwartungen* an ein bestimmtes *Resultat* geknüpft!

Es wird keine *Dankbarkeit* erwartet!

Es wird nicht erwartet, dass sich jemand oder etwas ändert!

Wenn wir aus FREUDE, aus DANKBARKEIT und aus dem GEFÜHL der *Fülle* handeln, so ist dieser Akt für sich allein genommen bereits *Erfüllung* und *Lohn*.

HILFE aus *reinem* PFLICHTGEFÜHL, also Hilfe ohne Freude und Liebe kann nie so tiefgreifend sein wie **Hilfe** mit LIEBE, RESPEKT und WÜRDE.

Ein *anerkennendes, würdigendes, freundliches* oder *liebevolles* **Lächeln,** ein *echtes, authentisches* und *positives* **Wort** oder schon ein *einziger positiver* **Gedanke** sind beim **HELFEN** mehr wert als Plackerei, Schufterei oder übermäßige Anstrengung.

Das, was wir zu **geben** haben - unsere *Talente, Fertigkeiten* und *Fähigkeiten* - sollten wir anwenden, der Welt schenken, mit anderen teilen und an andere verteilen.

Was gibt es SCHÖNERES, als andere zu erfreuen und/oder glücklich zu machen!

Der ***rechte*** **TORBOGEN** „VERLETZE NIE!" besteht aus AKTEN des **Unterlassens!**

Wenn wir nicht in der Lage sind, in bestimmten Begebenheiten, Angelegenheiten oder Situationen *Gutes zu tun,* oder wenn wir bestimmten Menschen, Tieren oder Gruppierungen nichts *Gutes tun können oder wollen*, so sollten wir uns zumindest bemühen, nichts „Böses" oder „Schlechtes" zu tun!

Sind wir uns bewusst, was *unser* VERHALTEN bewirkt?

Beispiele:

„Wenn wir Fleisch essen, dann sind wir mitverantwortlich, dass Tiere getötet werden!

Wenn wir uns beispielsweise als Vegetarier (Parteimitglied, Vertreter/in einer bestimmten Überzeugung, ...) aggressiv verhalten, verurteilend und/oder übermäßig streng auf andere einreden und/oder unsere Meinung aggressiv propagieren, so verhalten wir uns selbst ebenfalls verletzend!"

Und so sollten wir Vieles hinterfragen!

Wir werden feststellen, dass uns *mehr* BEWUSSTSEIN und BEWUSSTHEIT helfen werden, diesen WEG der **Gewaltlosigkeit** (= Ahimsa) konsequenter zu gehen.

Was immer wir auch tun, was auch immer wir denken, wir sollten diese *zwei* **Grundsätze** „Hilf immer! Verletzte nie!" in uns abgespeichert haben und unser Handeln und Denken danach ausrichten!

Die Befolgung dieser *zwei* ***Grundsätze*** wird uns zufriedener und glücklicher machen.

Diese *beiden* ***Grundsätze*** werden uns und alle, die wir treffen werden, auf dem *spirituellen* WEG weiterbringen.

Lasst uns unser Denken, Reden und Handeln nach diesen ***beiden Grundsätzen*** *und der* ***ehrwürdigen Maxime*** *ausrichten: „MÖGEN ALLE MESCHEN, TIERE UND WESEN IN ALLEN WELTEN GLÜCKLICH SEIN!“*

Unser ***gelebtes VORBILD*** *wird andere inspirieren*

– dein Govinda.

77. Weisheitstor: Kontemplation führt zu innerem Frieden und innerem Glücksgefühl

Innere STILLE, vor allem Gedankenstille, führt zu *innerem* FRIEDEN.

Der ***linke*** **TORBOGEN** ist leer, glatt, rein und goldglänzend.

Dieser ZUSTAND ist sehr schwer zu erreichen!

Warum?

Unser GEIST ist wie ein *unruhiges, scheues* und *neugieriges* PFERD. Jedes Geräusch, jeder Duft, jeder Anblick, jede Bewegung und jede Berührung – also *alle* ***Sinneswahrnehmungen*** – lassen das Pferd aufschrecken oder lenken es ab!

Zu viele WÜNSCHE und zu viele ständige, weltliche (= an vergängliche und unwichtige Dinge denkende) GEDANKEN verhindern den *inneren* FRIEDEN des GEISTES.

Wie können wir es schaffen, in uns beziehungsweise in unserer MITTE zu ruhen?

STILLE kann nicht erzwungen werden, daher ist es besser, einen *gangbaren* und *schönen* **UMWEG (= KONTEMPLATION**) zu wählen, der uns auch zum ZIEL führt.

Der zweite ***rechte*** **TORBOGEN** veranschaulicht Objekte, Personen, Begriffe, Bilder, Symbole und so weiter, die uns helfen, den GEIST zu *zentrieren* und über KÖRPER und GEIST *hinauszugelangen.*

Die *bewusste* **HINWENDUNG** des GEISTES zum SEELISCHEN und zum GÖTTLICHEN, **KONTEMPLATION** genannt, führt zu mehr *innerem* FRIEDEN und zu *grundloser innerer* FREUDE.

KONTEMPLATIONSOBJEKTE

Das **H**öchste, das **A**llwissende, das **A**llliebende, das **A**llesbewirkende, das **A**llgegenwärtige –

Gott, **E**ngel, **G**uru, **M**eister/in, seine/ihre **W**orte, seine/ihre **T**aten, seine/ihre **G**estalt - **N**atur, **L**icht, **E**lemente – die *menschlichen* **W**erte (Liebe, Frieden, Wahrheit, Rechtschaffenheit, Gewaltlosigkeit), der *positive* **C**harakter – über **S**tille, über **S**chönheit, über **L**icht, über **Z**eit und **Z**eitlosigkeit und vieles Ähnliches mehr.

(Nahezu über alle diese **Kontemplationsobjekte** wirst du in diesem Buch, wenn du es ausführlich studierst, mehr erfahren!)

Dieser ***rechte*** **TORBOGEN** enthält alle *Meditations*-**O**bjekte, *Meditations*-**M**antras, *Meditations*-**K**länge, *Meditations*-**B**ilder, *Meditations*-**W**orte, *Meditations*-**T**exte, *Meditations*-**E**rinnerungen, *Meditations*-**B**egegnungen und *Meditations*-**E**rfahrungen, die den GEIST beruhigen und zentrieren; die die GEFÜHLE reinigen, klären, erheben und mit dem EWIGEN, REINSTEN und ABSOLUTEN verbinden, sowie tiefe *innere* LIEBES- und GLÜCKSGEFÜHLE erzeugen.

Suche dir eins aus, was dich spontan anspricht und praktiziere es!
Suche dir jenes aus, welches dich froh und glücklich macht!

Leises SINGEN in Kombination mit „VISUALISIERUNG“ ist ein *wunderbares* und *kraftvolles* **Instrument** der **KONTEMPLATION** - SCHREIBEN in Verbindung mit SINGEN ebenfalls!

Ein *stiller* RÜCKZUGS- und KRAFTORT ist sehr hilfreich, um **KONTEMPLATION** zu praktizieren!

Wähle eine STELLE in deiner Wohnung oder in deinem Haus und **installiere** dort STILLE-KRAFT, SEGENS-KRAFT, FRIEDEN, *reine* LIEBE, *hohe* SCHWINGUNGEN und HEILENERGIE!

Tritt ein!

Praktiziere *deine* **LIEBLINGS-KONTEMPLATION!**

Lasst uns unseren GEIST immer öfter beobachten und dann immer öfter auf GÖTTLICHES und ERHABENES lenken!

Was wir wahrlich im tiefsten Innersten tief denken und fühlen, zu DEM werden wir!

Lasst uns glücklich sein - nicht weltlich glücklich, sondern ***himmlisch-göttlich-glücklich,***

also grundlos glücklich – immer öfter und immer tiefer –
vielleicht irgendwann allezeit

– dein Govinda.

78. Weisheitstor: Wir sind Kinder des Göttlichen!

So wie *wertvolle* BUTTER aus **Milch** gewonnen wird, also in der Milch verborgen steckt, so steckt das GÖTTLICHE beziehungsweise GÖTTLICHKEIT in **uns**!

Wie werden wir zu BUTTER?

Wie entfalten wir unsere GÖTTLICHKEIT?

Dieses ***goldene*** **TOR** zeigt auf der **linken** Seite ein ***goldenes*** **RELIEF** in Bezug auf altertümliche Butter-Herstellung.

Auf dem ***rechten goldenen*** **TORBOGEN** sind ein/e GOLDSCHMIED/IN, ein/e BILDHAUER/IN bei ihrer Arbeit zu sehen!

Die Endresultate der Butterherstellung, also die *vollendete* GÖTTLICHKET in den Menschen beziehungsweise die GOTTWERDUNG der Menschen, sind als **Goldgött/innen/er-***Statuen* sowie **Steingött/innen/er-***Statuen* in *glänzenden, leuchtenden* **Farben** auf diesem *wunderschönen goldenen* TOR abgebildet.

Wir öffnen das TOR und erschauen die **Lebenswerkstatt,** das heißt, wir können erkennen, sehen und wahrnehmen, *was* uns zur GÖTTLICHKEIT formt und *was* uns in GÖTTER-/GÖTTINNEN-STATUEN oder in GOTTES-KINDER verwandelt.

Das LEBEN formt uns!

Unser SCHICKSAL – auch Schicksalsschläge – und unsere Erfahrungen formen uns!

Unser DENKEN und FÜHLEN formen uns!

VORBILDER, LEHRER/INNEN, MEISTER/INNEN und ENGEL formen uns!

Unsere AUFGABEN, unsere AUSRICHTUNG sowie unsere *innersten* **Herzenswünsche** formen uns!

Unsere LIEBSTEN und ALLE, die wir treffen, formen uns!

Die NATUR und ALLES, was uns umgibt, formt uns!

So führen uns die vielen, vielen *durchlebten* LEBEN und *alle* BEGEBENHEITEN in unseren Leben Schritt für Schritt unserem ***höchsten*** **ZIEL,** der **GOTTWERDUNG,** entgegen!

GOTTVATER und GOTTMUTTER formen uns in IHR **Ebenbild** und verwandeln uns in IHRE **Erben/innen**!

Eigene ANSTRENGUNG und GNADE (göttliche Unterstützung) führen zum **ZIEL.**

Was macht uns zu *besseren* MENSCHEN, zu *liebenswerten, liebenden, guten, gerechten und weisen* MENSCHEN?

Die AUSÜBUNG der **menschlichen WERTE:** WAHRHEIT, RECHTSCHAFFENHEIT, LIEBE, FRIEDEN und GEWALTLOSIGKEIT.

*Möge das **LICHTVOLLE** in dir immer öfter siegen*

– dein Govinda!

79. Weisheitstor: Versöhnung - Frieden Schliessen

Vor diesem TOR verweilend, werden wir ruhig und gelassen.

Auf der ***linken*** **TORHÄLFTE** sind alle geschichtlich bedeutenden **F**riedensangebote, **F**riedensverhandlungen, **F**riedensmissionen, **F**riedensverhaltensweisen und **F**riedensverträge zu finden, die *wirklichen* und *wahrhaftigen* FRIEDEN schufen.

Der ***goldene rechte*** **TORBOGEN** enthält unsere *persönlichen* VERSÖHNUNGS- und FRIEDENSERFOLGE. Diese TORSEITE enthält in der Mitte einen *strahlend-weißen, unbefleckten* **Lichtmittelpunkt**.

Die *erfolgreichen* VERSÖHNUNGEN mit Menschen – so wie AUSSÖHNUNG mit Themen, Misserfolgen, Schicksalsschlägen, Lebenswendungen etc. und mit uns selbst – sind hier zu finden!

Wir sehen, neben jeder Versöhnungs- und Aussöhnungsabbildung, ***goldene*** **Schlüssel** hängen – Schlüssel, dic unsere Unternehmungen zum Erfolg führten.

Kontempliere, tritt näher, erinnere dich an *persönliche* ERFAHRUNGEN und ERKENNTNISSE bezüglich dieses Themas.

Was hat zur VERSÖHNUNG oder zur AUSSÖHNUNG am meisten beigetragen?

Was hat dir dabei geholfen?

Wie ist es dir gelungen, dich in der Vergangenheit zu *versöhnen? Was* hat dazu beigetragen?

Was beziehungsweise welche Verhaltensweisen, welche Vorgehensweisen, welche Worte, welche Strategien waren *erfolgreich und unterstützend?*

Was ist eine *erfolgreiche* VERSÖHNUNG und AUSSÖHNUNG?

Das TOR öffnet sich!

Wunderbares LICHT strahlt in diesem RAUM!

Eine *riesige weiße* **LICHT-TAUBE** hüllt alle und alles in diesem RAUM ein.

Das **LICHT** dieser LICHT-TAUBE stimmt alle, die im RAUM sind, froh, freundlich, wohlwollend, zufrieden und glücklich!

Es befinden sich *runde weiße* TISCHE (RUNDER TISCH, FRIEDENS-TISCH) in diesem RAUM, die leuchten.

Auf jedem TISCH liegen ein oder *mehrere* ***goldene*** **SCHLÜSSEL,** die dir ein FRIEDENS-, VERSÖHNUNGS- und AUSSÖHNUNGS-Geheimnis verraten!

Zu *welchen* TISCH zieht es dich hin?

Was zieht dich am meisten an?

In der Mitte des RAUMES, wo ebenfalls ein großer, runder, *weißer* TISCH steht, ja, in der Mitte der **LICHT-FRIEDENS-TAUBE** brennt das *freundlich-hell-weiße* LICHT am stärksten!

Das **LICHT,** welches von diesem ZENTRUM in den *gesamten* RAUM flutet und alle Tische, Menschen Themen **in Licht hüllt,** heißt:

„*Innerer* FRIEDEN“, AUSGEGLICHENHEIT, „In-der-eigenen-MITTE-SEIN“, „*Inneres* FRIEDENSLICHT“, „*Inneres* LÄCHELN“, „Inneres FROHSEIN“, …!

FRIEDEN schaffen im Außen, wie funktioniert das?

- GERECHTIGKEIT walten lassen,
- WIEDERGUTMACHUNG (falls möglich)
- „WIN-WIN-SITUATION“ (beide Parteien siegen beziehungsweise profitieren davon) erschaffen,
- auf der BASIS von Freiwilligkeit wirken und agieren,

- die BEREITSCHAFT haben, kleinere Verluste in Kauf zu nehmen, um eine *größere* VERSÖHNUNG zu erschaffen,
- KOMPROMISSBEREITSCHAFT erlernen und ausüben,
- die KUNST des Verzeihens praktizieren,
- Verluste, feste Vorstellungen, erlittenes Unrecht und Erwartungen loslassen und vergessen können,
- EHRLICHKEIT, OFFENHEIT, WAHRHAFTIGKEIT und WAHRHEIT praktizieren,
- viel GEDULD haben, um nach Lösungen, Verbesserungen und Kompromissen zu suchen,
- VERTRAUEN aufbauen und entwickeln durch *positives, respektvolles* und *wohlwollendes* VERHALTEN, REDEN, DENKEN, FÜHLEN und **agieren**!

Nicht immer ist *äußere* VERSÖHNUNG möglich, doch *innere* AUSSÖHNUNG beziehungsweise ***inneres*** **LOSLASSEN** ist immer möglich! Wie schön!

Unser *innerer* **FRIEDE** hängt also nicht von Siegen, Niederlagen, Erfolgen oder von dem „Wohlgesonnen-Sein" anderer ab!

Unser *innerer* **FRIEDE** ist unsere *eigene* ANGELEGENHEIT, für die wir selbst verantwortlich sind!

Je *echter, wahrhaftiger, rechtschaffener, gerechter, wohlgesonnener* und *wohlwollender* wir unserem ***reinem GEWISSEN*** folgen und danach handeln, leben, denken, reden, fühlen und unser Verhalten danach ausrichten, umso **heller strahlt** unser HERZENS-FRIEDENS-LICHT.

Unsere *feste* **Absicht** und unser *fester* **Wunsch,** mit allen und allem in FRIEDEN zu kommen oder zu sein, sollte stets unser *inneres* und uns *leitendes* **Hauptmotiv** sein.

Natürlich werden wir auch hin und wieder scheitern.

Wir sollten jedoch stets an unseren *positiven* GRUNDSÄTZEN festhalten!

Wir sollten auch keine *„faulen"* KOMPROMISSE eingehen, das heißt, wir sollten beispielsweise ungerechte Kompromisse ablehnen!

Nicht „Nachgeben" um jeden Preis, aber auch nicht mehr nehmen oder erwarten, als uns zusteht!" – Diese Maxime wird ebenfalls hilfreich sein!

Erschaffe dir (und lebe) mehr und mehr ***echten inneren*** *und* ***äußeren FRIEDEN***

– dein Govinda.

80. BAUM-TOR

Begib dich in Gedanken zu deinem **LIEBLINGSBAUM** oder erinnere dich an einen *besonderen* **BAUM** beziehungsweise an eine *besondere* BAUM-BEGEGNUNG. Du kannst dir auch einen **FANTASIE-BAUM** erschaffen.

Umrunde IHN!
Befühle ihn mit deinen Händen und Fingern!
Schnuppere an ihm und umarme ihn!
Sprich zu ihm!
Lehne dich an ihn in verschiedensten Körperhaltungen!
Schließlich setze dich zu seinen Füßen (sprich: Wurzeln) und lehne dich an seinem Stamm an!

Komm bei ihm und dir an! Spüre! Lausche!

ER oder SIE ist ein *„alter"* BEKANNTER, ein *mächtiger, weiser* und *sehr liebenswerter* GENOSSE, der dich sehr gut kennt!
Seine/Ihre INTUITION ist bestens ausgebildet, das heißt, ihr könnt wunderbar in Gedanken, also telepathisch, kommunizieren.
Du wirst bereits eine ANTWORT von IHM erhalten, noch bevor du deine Frage zu Ende formuliert hast.
Entspanne dich noch mehr – in welcher Position auch immer!
Komme deinem LIEBLINGSBAUM noch näher, sei physisch und innerlich mit ihm verbunden!
Öffne dich IHM mehr und mehr!
Lächle IHN herzlich an!
Fühle *seine* STÄRKE und *seine machtvolle* GEGENWART!
JA, ER liebt dich sehr!

ER hilft dir, tröstet dich und gibt dir immer einen *guten* RATSCHLAG!

Vielleicht wächst dein BAUM in deiner Vorstellung zu einem *riesengroßen* BAUM heran?

Du siehst, spürst und betastest eine *wunderbare* HOLZTÜR!

Es ist eine *geheime* TÜR, die nur du erkennen kannst. Für andere Menschen ist sie nicht sichtbar.

Diese TÜR fügt sich organisch in den BAUMSTAMM und verändert ihre Form und Größe nach Belieben!

Nun beginnt die Reise!

Die TÜR geht auf!

Deine *inneren* TORE öffnen sich!

Der vorher *feste* BAUM verwandelt sich in ein ***wundervoll-erhabenes*** **LICHTWESEN!**

Vielleicht magst du dir weiterhin vorstellen, dass du dich in seiner/ihrer Mitte, in seinem/ihrem LICHT-BAUCH, befindest!

Du spürst sein/ihr LICHT, seine/ihre KRAFT, seine/ihre LIEBE und seine/ihre WEISHEIT.

Du genießt seine/ihre ZUNEIGUNG und das GEFÜHL der Geborgenheit in seiner/ihrer Nähe.

Genieße und erlebe!

Lausche den gefühlten, erlebten und *intuitiven* BOTSCHAFTEN und *wertvollen* RATSCHLÄGEN!

Um mehr zu erfahren, schlüpfst du eventuell in seine/ihre LICHT-GESTALT und wirst eins mit IHM/IHR!

Nun erlebst du den LICHT-BAUM, das LICHT-WESEN (m/f) aus *direkter* ERFAHRUNG von innen heraus!

Die SONNE nährt dich!

LIEBE und LICHT nähren dich!

Die WURZELN, dein Geerdet-Sein, verleihen dir Sicherheit und fördern dein Wachstum.

ALLES, was dich umgibt, ist dir wohlgesonnen!

Du selbst pflegst ebenfalls die *innere* HALTUNG des *Respektes,* der *Toleranz* und des *„Wohlgesonnen-Seins“* gegenüber allen Elementen, Wesen, Menschen, Tieren und Wetterlagen.

Genieße, lebe, liebe und sei dankbar, standhaft,
ruhig, geduldig und genügsam wie ein ***BAUM***

– dein Govinda.

81. Weisheitstor: Körper-Seele-Tor

Dieses ***goldene*** **TOR** ist in *zwei* TORHÄLFTEN unterteilt.

Die ***linke*** **TORHÄLFTE,** die Körper- und Materieseite, zeigt **Reliefs** eines WEGES.

Der WEG des **Körpers** von der Geburt zum Tod.

Zwei TORE, die zu einem RAUM gehören, sind abgebildet.

Das EINGANGSTOR symbolisiert die Geburt, das AUSGANGSTOR den Tod. Das ist die *materielle* REALITÄT, die jeder Körper durchläuft.

Die ***rechte*** **TORHÄLFTE** leuchtet heller. Die hier abgebildeten Bilder verwandeln sich stets. Was ständig bleibt, das ist die *gleichbleibende* STRAHLUNG des TORES (Unsterblichkeit).

Eine Abbildung zeigt *viele* RÄUME, die hintereinander aufgereiht sind. Eine TÜR führt hinein, die gegenüberliegende wieder hinaus, dann wieder hinein und hinaus und so weiter.

Jeder RAUM symbolisiert ein Leben!

Was ist die SEELE?

Gibt es RAUMLOSIGKEIT?

Gibt es einen *unendlichen* RAUM?

Ist RAUM eine Illusion?

Gibt es das *ewige* SEIN und das *unveränderliche* und *reine* BEWUSSTSEIN?

SAI sagt: „Der **Körper** ist nur eine kurze, vorübergehende Schaumblase auf den WEITEN des MEERES!“

Das MEER symbolisiert das *ewige* SEIN / das *ewig* SEIENDE, *immer gleichbleibende, nicht geboren-werdende* BEWUSST-SEIN, das man nicht töten kann.

„Feiner als das FEINSTE (Atom, Neutron, …) und größer als das GRÖSSTE (Universum, alle Universen)". Nicht Materie!

Ich frage mich:
„Was ist feiner und subtiler als GEDANKEN?"
Antwort:
„STILLE, GEDANKENSTILLE, *ewige* WEITE, *alldurchdringendes* SEIN!"

Alle Sinne sind auf die Materie bezogen, also ist es sinnlos, versuchen zu wollen, das ABSOLUTE mit den Sinnen zu erfassen.

Gedanken, Worte, Ideen und so weiter können ES ebenfalls nicht erfassen, denn ES liegt jenseits von *Worten* und *Gedanken* sowie jenseits des *Geistes*.

Die Inder nennen es **ATMAN** oder **BRAHMAN!**

ES ist das, was *alle* WELTEN in sich trägt, sie hervorgebracht hat und sie wieder auflösen wird und gleichzeitig von all diesen Prozessen unberührt ist und bleibt.

Der/Die *ewig beobachtende* und *unbeteiligte* **Zeuge/in,** der/die nicht im Geschehen involviert ist.

Der **Funke** des *ewigen* SEINS, die SEELE, bewohnt jeden Körper.

Die TÜR beziehungsweise das TOR öffnet sich!

Vertraue auf deine FÜHRUNG!

Vertraue auf all die MEISTER/INNEN, HEILIGEN, WEISEN, MYSTIKER/INNEN und RELIGIONSSTIFTER/INNEN, die liebend, weise, die EINHEIT fördernd und spirituell-wissend sind!

Wenn du ihnen vertraust und wenn du wahrhaftig überzeugt bist von ihrer Weisheit und ihrer Liebe, dann folge *ihrem* **Rat!**

Folge der *reinsten* STIMME, der STIMME des *inneren* GEWISSENS und der STIMME *des* HERZENS!

Gehe *deinen* **Weg** mit viel LICHT, mit vielen *lichtvollen* ERFAHRUNGEN und mit vielen *lichtvollen* ERKENNTNISSEN, die du auf *deinem* **Weg** sammeln, austauschen und empfangen wirst!

Bemühe dich, die WAHRHEIT zu erforschen, zu erkennen und zu erleben - jene WAHRHEIT, die **alles eint,** sowie die WAHRHEIT, die *stets unveränderlich, rein* und *ewig* ist!

Unterscheide zwischen *vergänglich* und *unvergänglich,* zwischen *physischer* Welt, *feinstofflicher* Welt und SEELEN-Welt (SEIN-Welt)!

Folge deinem innersten ***SEELEN-WEG!***
Mögest du siegreich sein

– Dein Govinda.

82. WEISHEITSTOR: FREUDEN-TOR

Suche dir einen sicheren, schönen, wohligen und ungestörten PLATZ!

Richte dir im INNERN und im ÄUSSEREN solche SOFA-**Erholungs-Orte,** SOFA-**Aufladestationen** und SOFA-**Kraft-Tankstationen** ein!

Lasse dich nieder, atme tief durch und betrachte das ***goldene*** **TOR** der **FREUDE!**

Das FREUDEN-TOR wird riesengroß!

Das FREUDEN-TOR winkt dir fröhlich-magisch zu!

Tritt näher!

Schon beim Nähertreten wird dir warm ums HERZ!

Deine STIMMUNG hebt sich und ein tiefes, kraftvolles und doch auch sanftes LÄCHELN überkommt dich und durchstrahlt dein *ganzes* WESEN!

Siehst du etwas mit deinen *geistigen* AUGEN?

Was nimmst du wahr?

Das **Leuchten** dieser FREUDE-SCHWINGUNG wird stärker!

Die **Schwingung** der FREUDE und die *subtile* FREUDE werden stärker und stärker!

Dir ist nach LACHEN und LÄCHELN zumute!

Berühre nun den TORRAHMEN, lehne dich an und schließlich ertaste mit Händen und Fingern dieses *magische* TOR!

Spüre STRUKTUREN, die sich zuerst als Unebenheiten präsentieren!

Schließlich kannst du deutlich ein SYMBOL, ein GESICHT oder ein RELIEFBILD ertasten und deutlich wahrnehmen.

Diese WAHRNEHMUNG erfreut dich!

Du bist erstaunt, denn das, was du hier entdeckst, fühlt sich *sehr vertraut* an!

Öffne dein *inneres* AUGE und erfreue dich an diesem FREUDE-TOR!

Gestalte es mit!

Viele *unterschiedliche* **Schlüssel** können dieses TOR öffnen!

Heute öffnet sich das TOR jedoch von allein!

Eine *wohlwollende, liebevolle* und *wohltuende* **Duftwolke** aus GELASSENHEIT und *subtiler* FREUDE strömt dir entgegen!

Vielleicht nimmst du jetzt wahr, wie du zu Boden sinkst oder wie du es dir am Boden bequem machst?

Vielleicht spazierst du in diesem RAUM herum?

Oder vielleicht siehst du, wie du irgendwo in diesem RAUM an einer besonderen Stelle entspannt stehst oder sitzt?

Folge deinen inneren und kindlichen BEDÜRFNISSEN!

Vollführe mit deinen HÄNDEN und mit deinen ARMEN einen **Tanz!**

Stelle dir nun vor, mit dem *gesamten* KÖRPER **zu tanzen.**

Lasse dich überraschen, welch *freudvolle* **Bewegungen** dein KÖRPER hervorbringt.

Was - welche BEGEBENHEIT, *welches* EREIGNIS oder *welcher* VORFALL - haben dich in deinem LEBEN entzückt, erfreut, begeistert und glücklich gemacht?

Was stimmt dich froh und heiter?

All diese oben geschilderten BEGEBENHEITEN, BEGEGNUNGEN und EREIGNISSE finden sich hier in den *schönsten* **Farben, Symbolen, Bildern, Wörtern** und **Formen** wieder.

Greife zu und/oder lasse los – beides kann FREUDE verursachen!

Genauso ist es mit dem Geben und dem Nehmen!

Auch Verweilen, Beobachten, Lauschen und Betrachten können glücklich machen!

Aha, das, was uns glücklich macht, kann uns nur glücklich machen, wenn wir in einem für FREUDE *empfänglichen* **Zustand** sind!

Wo kommt dann die FREUDE her?

Ist sie oder wohnt sie etwa **in uns?**

Öffne dich dem LEBEN, deiner GEGENWART, deiner UMGEBUNG, der DANKBARKEIT, der FÜLLE und dem REICHTUM, der dich umgibt!

Öffne dich auch dem REICHTUM, der in dir wohnt!

Freue dich darüber, dass du die FÄHIGKEIT besitzt zu fühlen!

Und sollte es Trauer oder Angst sein, was in dir hochsteigt, so sei auch dafür dankbar und offen!

Freu dich, dass diese GEFÜHLE einen Ort haben, wo sie sein dürfen und wo sie sich zeigen dürfen!

Öffne dich den *kleinen* FREUDE-MOMENTEN und der *strahlenden* FREUDE-KRAFT in dir!

Lebe ***dein*** *LEBEN, lebe* ***dein*** *FÜHL-POTENZIAL und* ***dein*** *FREUDE-POTENZIAL.*

Erfahre deine ***inneren KINDER!***

Was macht ihnen FREUDE?

Wie gelingt es dir, deine ***inneren KINDER*** *glücklich zu machen und froh zu stimmen?*

Viel Vergnügen beim Empfinden von ***FREUDE*** *und beim Verteilen von* ***FREUDE***

– dein Govinda.

83. Weisheitstor: Freudig-erhebende Lieder und Melodien

Folge meinen Vorschlägen nur, wenn du mir vertraust!

Folge meinen Vorschlägen nur dann, wenn du es wirklich möchtest!

Folge meinen Vorschlägen nur dann, wenn du sie als aufbauend oder/und positiv erlebst.

Verwandle dich zu einer *aktiv lesenden* PERSON, falls dir *meine* Visionen, Worte und Vorstellungen nicht zusagen!

Erschaue und erschaffe dir deine *eigenen inneren* BILDER und *eigenen* VISIONEN!

Sei selbst kreativ beim Singen, Schreiben, Gestalten, Malen, Bewegen und allem was du tust.

Gestalte deine *eigenen* WERKE, indem du deine *wunderbaren* KREATIVPOTENZIALE anzapfst und nutzt.

Bringe deine *eigenen* – wie klein oder groß sie auch sein mögen, wie bedeutsam oder unbedeutend sie auch sein mögen WERKE ***in die Welt.***

Bringe sie zu Beginn in einer *geschützten* und *privaten* UMGEBUNG hervor.

Gebäre NEUES und/oder setze aus Vertrautem NEUES zusammen!

Schütze zu Beginn deine KREATIVPRODUKTE wie kleine Babys!

Nun komme ich zum Thema!

Sitze, liege, entspanne, betrachte und vor allem lausche in dieses TOR, in dein ***inneres*** und ***schöpferisches*** **FREUDE-POTENZIAL-TOR** hinein!

Wenn dir danach zumute ist, dann beginne *zu summen, zu trällern* und mit MELODIEN und RHYTHMEN *zu spielen!*

Greife das auf, was dir *zuerst* in *frohen* WORTEN in den Sinn kommt! Wiederhole diesen GESANG *abwechslungsreich, spielerisch* und vor allem in und mit FREUDE.

Beginne nun zu **singen!**

Singe nur für dich und für die FREUDE am Singen!

Löse dich von jeglichem Leistungsdruck!

Werte und bewerte deine **Gesang** nicht!

Es können MELODIEN sein, die du liebst.

Vielleicht entstehen beim **Singen** völlig neue Melodien, Wortspiele, sich wiederholende Wortgesänge, langtönende Silben oder überraschende Hoch- und Tieftöne.

Setze dich nicht unter Druck, falls dir nichts einfällt.

Wiederhole, das, was leicht zu dir findet!

Singe wiederholend ein *bedeutsames* WORT oder *einen* SATZ in der gleichen oder in verschiedenen MELODIEN!

Nutze *positive* WORTE und tauche in deren BEDEUTUNG und SINNGEHALT tiefer und tiefer ein!

Erkenne und erfahre die Bedeutung des *gesungenen* WORTES oder *gesungenen* SATZES!

Bade in diesen *positiven* WORTEN oder SÄTZEN!

Du darfst ALTES und BEKANNTES verwenden, aufgreifen, neu zusammensetzen oder verwerfen!

Du darfst NEUES hinzufügen!

Folge deinem eigenen *inneren* SPIELE-SING-KIND und *deiner* SING-INTUITION!

Erwecke BEIDE zum Leben und erfreue dich an IHNEN und an ihrem *positiven* EINFLUSS, den sie auf dich ausüben.

Zum Beispiel: „*Göttliche* FREUDE, *reinste* LIEBE, …“

An dem *goldenen* TOR steht:

„**Singe** dich froh!
Trällere dich glücklich!
Töne heiter!
Summe frei wie ein Kind!
Erlebe Töne und Klänge!
Lasse dich vom SINNGEHALT der Worte berühren!
Nicht das Endprodukt ist entscheidend, sondern der GENUSS des **SINGSPIELES!“**

Bei mir **steht** am *goldenen* TOR:

„FREUDE schöner Götterfunken.“

Es ist WUNDERSCHÖN / WUNDERBAR (singend)

- von DIR und von der FREUDE geführt zu werden.
- von DIR und meiner INTUITION geführt zu werden.
- zu DIR zu gehören.
- *deine* WERTE zu leben.
- DICH zu lieben.
- von DIR geliebt zu werden.
- in *deinem* LICHT zu sitzen, zu verweilen und zu singen.
- von *deiner* QUELLE zu singen.
- von DIR geführt zu werden.
- mit DIR zu sein, mit DIR zu leben und mit DIR zu feiern.
- bei DIR zu verweilen.
- mit DIR innerlich zu tanzen und in DIR zu baden.
- in LIEBE zu singen.

- für DICH (Dich und Dich - wer oder was dies auch immer sein mag?!) zu singen.
- in mir zu singen.
- beim SINGEN loszulassen und mich überraschen zu lassen.
- aus *reiner* FREUDE zu singen.
- von FREUDE-*Melodien* und FREUDE-*Klängen* umarmt zu werden.
- die GEGENWART zu feiern und so intensiv zu erleben.
- das GUTE und WUNDERBARE mit andern zu teilen.
- meine TALENTE zu entfalten und zu fördern.
- behilflich zu sein bei der **Entfaltung** der TALENTE und FÄHIGKEITEN meiner Mitmenschen und sie zu fördern.
- meinen TALENTEN **Schutzräume** zur Verfügung zu stellen.
- meine TALENTE und FÄHIGKEITEN zur **Förderung, Entwicklung, Gesundung** und **Heilung** meiner selbst und meiner Mitmenschen und Mitgeschöpfe zu entfalten.
- wenn sich alles fügt.
- wenn ich mich als ein TEIL eines **Großen und Ganzen** fühle.
- im FREUDENMEER und SCHÖNHEITSMEER zu schwimmen.
- LICHT, FREUDE, FRÖHLICHKEIT, WOHLWOLLEN und LIEBE erleben und verbreiten zu dürfen.
- **lichtvoll** zu denken, zu sprechen, zu fühlen, zu handeln und zu wirken

– dein Govinda.

84. Weisheitstor: Lichttor

Vor diesem TOR sitzend, wird es hell und warm!
In diesem **LICHT,** das von dem **TOR** ausgestrahlt wird, lösen sich alle Gedanken und Sorgen auf!

LICHT, LICHT, LICHT (tranceartig singend)

- zeige dich!
- komm zu mir!
- erfülle mich!
- sei stark in mir!
- durchflute mich!
- fülle mich an mit LICHT-KRAFT!
- reinige mich!
- offenbare dich mehr und mehr in meinem Leben!
- Offenbar dich in meinem Denken, Fühlen, Sprechen und Tun!

Das LICHT-TOR wird heller und feiner.
Schließlich wird es transparent und begehbar.
In diesem *lichten* R-AUM (KLANG AUM) und *lichtvollem* R-AUM gibt es nur LICHT-MATERIE.
Alles, was wir sehen und wahrnehmen, ist *feinstofflich* und *transparent* und ***von* LICHT *durchdrungen*!**
Alles, was sich hier befindet, trägt denselben FAMILIEN- beziehungsweise HAUPTNAMEN, nämlich **LICHT!**

LICHT-Stuhl, LICHT-Möbel, LICHT-Häuser, LICHT-Menschen, LICHT-Tiere, LICHT-Landschaften, LICHT-Wege, LICHT-Begegnungen, LICHT-Aufgaben, LICHT-Handlungen, LICHT-Rufe, LICHT-Lieder, LICHT-Werke, LICHT-Bücher,

LICHT-Stifte, **L**ICHT-Gespräche, **L**ICHT-Wesen, **L**ICHT-Architekten, **L**ICHT-Erbauer, **L**ICHT-Kunstwerke, **L**ICHT-Lieder, **L**ICHT-Gestalter/in, **L**ICHT-Freund/in, **L**ICHT-Vater, **L**ICHT-Körper, **L**ICHT-SEELEN, **L**ICHT-Inseln, **L**ICHT-Quellen, **L**ICHT-Vorbilder, **L**ICHT-Geschehnisse, **L**ICHT-Gebete, **L**ICHT-Gestalten, **L**ICHT-Heimat, …

Alle baden im *gleichen* **LICHT!**
Alles badet im *gleichen* **LICHT!**

LICHT-FÜLLE, **L**ICHT-WEITE, **L**ICHT-WONNE!

Wenn du diesen RAUM wieder verlässt, dann sei dir bewusst, dass alles, was du siehst, alles, was du wahrnimmst und alles, was dich umgibt, sich in *ständiger* VERWANDLUNG befindet und gleichzeitig vom ***ewig seiendem*** **LICHT** durchdrungen ist.

Das *einzig* KONSTANTE sind das **LICHT,** sowie die immer wiederkehrenden *Verwandlungen*, *Auflösungen* und *Neuentstehungen* in diesem **LICHT.**

Erkenne die **L**ICHT-FÜHRUNG, die **L**ICHT-FÄDEN, die alles miteinander verbinden, das **L**ICHT-SCHAUSPIEL, deine **L**ICHT-ROLLEN, deine **L**ICHT-AUFGABEN und vor allem den **L**ICHTREGISSEUR und das **L**ICHT-BEWUSSTSEIN.

Wir können vor jeden BEGRIFF, vor alles, was wir benennen, vor alles, was wir wahrnehmen und vor all unsere TÄTIGKEITEN das **Wort LICHT** (Bewusstsein, Sein, Göttlichkeit, Gott, …) setzen!

Alles ist das **Spiel** des ***höheren*** **LICHTES** (gemeint ist weder Licht noch Dunkelheit) bzw. des *höheren* BEWUSSTSEINS (keine Dualität / keine Gegensatzpaare mehr)!

*Lasst uns das **L**ICHT-SPIEL, das SPIEL des höheren BEWUSST-SEINS genießen und daran mitwirken!*

*Govinda grüßt alle **L**ICHTSCHAUSPIELER/INNEN,*
***L**ICHT-KINDER, **L**ICHT-MITGESTALTER/INNEN und*
***L**ICHT-MITWIRKENDE!*

85. Weisheitstor: Zeitlosigkeit

Dieses *wunderbare, kostbare* und ***golden-zeitlose*** **TOR** enthält *verschiedene* SPRÜCHE, die in eleganten Schriftzügen und gut leserlich dort platziert wurden:

„Jenseits der **Z**eit! Ohne **Z**eit! **Z**eitlos! **Z**eitlosigkeit! Von der **Z**eit unberührt! **U**nvergänglichkeit! **E**wigkeit! Vom Anbeginn der **Z**eit! **G**ab es einen Anfang oder wird es ein Ende der **Z**eit geben? **I**mmerwährend! …“

HERR, MUTTER, VATER der **Zeit!**
HERR, MUTTER, VATER *aller* **Zeiten!**
HERRSCHER / HERRSCHERIN über die **Zeit!**
HERR, MUTTER, VATER der **Zeitlosigkeit!**

Zeit: ERDENZEIT, MARSZEIT, JUPITERZEIT, …!

Zeit: VERGANGENHEIT – GEGENWART – ZUKUNFT / Baby – Kind – Jugendliche/r – Mensch mittleren Alters – älterer Mensch – alter Mensch.

Zeit: ZEITABSCHNITTE, ZEITPERIODEN, ZEITEPOCHEN, ZEITALTER, …

Apropos ZEITABSCHNITTE:

Falls es dir möglich ist, so **gestalte** *deinen* TAG bzw. *deine* WOCHE, *abwechslungsreich* und *diszipliniert* und bringe alles an diesem TAG bzw. in dieser WOCHE unter, was dich erfreut, was *dein* HERZ erfreut, was *deine inneren* **Kreativitäts- und Spielkinder** froh stimmt und glücklich macht.

Ich persönlich bin ein Verfechter der „2 (1-3) Stunden Aktivitäten“, d. h. ich unterteile meinen TAG und meine WOCHE in **Zeitabschnitte** oder **Zeitblöcke.**

Es sollten alle **Aspekte (körperliche, geistige, kreative, soziale, …)** die zu Wohlgefühl, Erfüllung, Ausgeglichenheit und Zufriedenheit führen, darin enthalten sein!

Zeitabschnitts Beispiele:

- 1. Block: Meditation + Singen + *handschriftliches* Schreiben von 6:30 Uhr an
- 2. Block: Körperübungen: Asanas oder sonstige Übungen im Liegen
- 3. Block: am PC schreiben oder Außenaktivität Kurse halten / Baden gehen / …
- 4. Block: Pause / Essen
- 5. Block: *spirituelle* Texte lesen oder AMMA bzw. BABA-Videos gucken
- 6. Block: schreiben – singen – Kurs abhalten
- 7. Block: Freunde / Familie / Partnerin treffen
- usw.

Gestalte deine TAGE und WOCHEN mit!

Erschaffe dir *eigene* BLÖCKE!

Zeit: Sekunden, Minuten, Stunden, Tage, Monate, Jahre, Jahrzehnte, Jahrhunderte, Jahrtausende, Yugas (= Zeitalter) …

Zeit: ENTSTEHUNGSZEITEN / GEBURT – WACHSTUM / REIFUNG – VERFALL – AUFLÖSUNG / TOD

Zeit: ZEIT-**Empfinden** und *subjektive* ZEIT

Endlose **Z**eit, stehengebliebene **Z**eit, verlorene **Z**eit, vergeudete **Z**eit, langsam vergehende **Z**eit, verflogene **Z**eit, **Z**eit stoppen und anhalten wollen!

„Die Zeit heilt alle Wunden!", heißt es!

***Kostbare* und *wertvolle* Zeit / Zeiten / Zeitabschnitte / Momente**

Was bedeutet *kostbare* und *wertvolle* **Z**eit für dich?

Wann, wo und wie erlebst du *kostbare* und *wertvolle* **Z**eiten?

Was macht die **Z**eit *kostbar* und *wertvoll*? – LIEBE …

Die TOR-BOGEN-ÜBERSCHRIFT lautet:

„Willkommen im **RAUM der ZEITLOSIGKEIT!"**

Halte inne, kontempliere und erinnere dich an deine *zeitlos-glücklichen* MOMENTE oder an *zeitlos-glückliche* GEFÜHLS- und/oder BEWUSSTSEINSZUSTÄNDE, in welchen keine Zeit existierte, die also zeitlos waren oder sind.

Ebenso erinnere dich (wenn du magst) an (ich nenne sie) **Zeit-Blasen,** in denen die **Zeit** *ruhig* und *gemächlich dahinglitt* – von einem bewussten Moment in den nächsten!

Fühle nun im Innern (nur, wenn du möchtest), wie sich das TOR allmählich öffnet und du als Gewahr-Werdende/r und als Beobachter/in STILLE, WEITE und GEGENWÄRTIGKEIT erlebst!

Dies ist ein ZUSTAND von „Alles-ist-getan", „Nichts-ist-mehr-zu-tun", „Sein-dürfen" ohne Vergangenheit und Zukunft – ein ZUSTAND von *körperlosem, ewig-seienden* SEELE-SEIN.

So wie im Traum, in Märchen und in Geschichten Formen, Gestalten und Zeiten durcheinandergewürfelt werden, so gibt es auch Hilfsmittel, Methoden und Techniken, um in **ZEITLOSIGKEIT** zu verweilen.

Manchmal geschieht dies überraschend, dann freuen wir uns, dass wir wieder zu Hause sein dürfen bei uns selbst in unserem *inneren* SELBST, im SELBST anderer – bei *intensiven* BEGEGNUNGEN oder *gemeinsamen* ERLEBNISSEN – und dass wir (schließlich auch) im *einigenden* und *einzigen* „GROSSEN SELBST“ angekommen sind!

Suche die **ZEITLOSIGKEIT!**

Öffne dich der **ZEITLOSIGKEIT,** dem SEELE-SEIN, dem *traumlosen* und *wirklichkeitslosen* SEIN, dem *schlaf-* und *wachlosen* SEIN / BEWUSSTSEIN!

Tauche immer wieder einmal ein in **RAUM-** und **ZEITLOSIGKEIT** - nicht mit dem Körper, sondern mit dem, was den Körper bewohnt!

SEELE, erhebe dich in uns!
SEELE, breite deine Schwingen und Flügel aus und fliege mit uns bereits zu Lebzeiten ***ZEITLOS*** *durch Raum und Zeit*

– dein Govinda.

86. Weisheitstor: Der gegenwärtige Moment

MOMENT mal, ja, lasst uns kurz innehalten und reflektieren!

Die Aufschrift auf diesem ***goldenen*** **TOR,** welches aus einem MEER aus *goldenen* **Punkten** und einer immensen Fülle *kleiner* und *mittelgroßer goldener* **Striche** besteht, leuchtet angenehm hell.

Von Weitem betrachtet sieht dieses TOR aus wie ein *wogendes* MEER aus Punkten und Strichen.

Wenn wir näher herantreten, erkennen wir *gewundene* FLÜSSE (der Zeit), gemächlich *dahinfließende* STRÖME (der Zeit), STRUDELBÄCHE (der Zeit), WASSERFÄLLE (Zeitbrüche), *quirlige* (Zeit-)FLÜSSE, *gestaute* WASSER-(Zeit-)VERLÄUFE, sowie *schnelle, unüberschaubare, plötzlich sich ändernde* STROM-(Zeit-) und FLUSS-(Zeit-)VERLÄUFE.

Einige *weise, ermahnende und goldenen* INSCHRIFTEN **lauten:**

„Der ERDENTAG hat **24** Stunden für **alle** Erdbewohnerinnen und
Erdbewohner!
Nutze den Tag!
ZEIT ist kostbar!
Verschwende keine Zeit!
Vergeudete ZEIT kommt nie wieder zurück!
Nutze den Moment!“

Die KUNST, genussvoll, effektiv, kreativ, schöpferisch, authentisch, freudig, aufmerksam, entspannt, selbstbestimmt, spielerisch, anmutig, würdigend, feierlich und achtsam in der GEGENWART *zu leben* und mit *unserer* ZEIT *umzugehen,* **kann erlernt werden!**

Die KUNST, den **Fluss** (Zeit-Fluss, Ereignis-Fluss und Lebens-Verlaufs-Fluss) des **Lebens** als GESCHENK und als *positive* HERAUSFORDERUNG zu erleben, **ist ebenfalls erlernbar!**

Ewige MOMENTE – MOMENTE der *Ewigkeit*!
Lineare, beziehungsweise *zielstrebige* FLUSS-(Zeit-)VERLÄUFE, gemischt mit *abwechslungsreichen, unvorhersehbaren, spontanen* und *überraschenden* FLUSS-(Zeit-)VERLÄUFEN, ergeben einen *gelungenen* **Tag**!

Der *beglückende* MOMENT!
Die *schöne* STUNDE!
STUNDEN, die im Flug vergangen sind!
Der *gelungene* TAG!
Das *gut gemeisterte* JAHR!
Das *gelungene* und *erfüllte* LEBEN!

ZEIT-Stopps!
MOMENT-Flüsse!

Das TOR geht auf!
Tritt ein!

Eine **TAGESSTRUKTUR,** eine *freiwillige* DISZIPLIN, wenn sie mit *selbstbestimmten,* (dich) *erfüllenden* und *abwechslungsreichen* INHALTEN, ZEITBLÖCKEN und *verschieden* **Orten** (Küche, Zimmer, Boden, Stuhl, Bett, …, Naturwege oder Naturorte, Stadtwege oder Stadtorte, …) **ge(er)füllt ist,** *intensiviert, erfüllt, bereichert und beglückt* unser LEBEN!

ROUTINE, REGELMÄSSIGKEIT, STRUKTUR, *freiwillig auferlegte* DISZIPLIN und die *freie* und *selbstbestimmte* AUSÜBUNG unserer Stärken, Talente und Hobbys, ermöglichen einen *steten* und *gleichmäßigen* **ZEIT- und LEBENSFLUSS** und führen zu *fruchtbaren* **Ergebnissen**.

Verschiedene PLÄTZE in diesem MOMENTE-RAUM repräsentieren verschiedene AKTIVITÄTEN, die du gern ausführst!

Suche dir **pro TAG** *zwei bis sechs* (vielleicht auch mehr – aber nicht zu viele) **AKTIVITÄTS-BLÖCKE** aus, die zu dir passen (oder/und solche, die auch einmal sein müssen)!

Beispiele:

„Leises Singen, Meditieren, Schreiben, Musizieren, Malen, Zeichnen, „Handwerken", Saubermachen, Putzen, Waschen, Kochen, Gruppenangebote, Freunde oder Bekannte treffen, Fotografieren, Spazierengehen, Bewegen, Yoga praktizieren, Baden gehen, Sport machen, Dehnen, Tanzen, Rad fahren, …"

Konzentriert und *aufmerksam* „bei der Sache sein" – dies ist ebenfalls ein Rezept für **GEGENWÄRTIGKEIT** und zugleich ein Garant für ERFOLG, *innere* RUHE und AUSGEGLICHENHEIT!

Sich die Freiheit nehmen und **ZEIT-BLÖCKE** verschieben, verlängern, verkürzen oder einmal ausfallen lassen – dies führt über *Selbstbestimmung* zu mehr SELBSTZUFRIEDENHEIT.

JA, lasst uns von jetzt an mehr und häufiger

- das tun, was wir und andere lieben!
- das tun, was uns und andere begeistert!
- das tun, was uns liegt!
- das tun, was uns und anderen guttut!
- das tun, was uns innerlich zutiefst erfüllt und befriedigt!
- das tun, was uns und andere glücklich macht!

Wenn wir zwischendurch STOP-MOMENTE und STILLE-, RUHE-, und ENTSPANNUNGS-PHASEN bewusst genießen, dann hilft uns dies **zu regenerieren** und **neue KRAFT zu tanken,** dies verhindert schließlich, dass wir in einen *hektischen* ZEIT-STRUDEL geraten, der uns mehr abverlangt, als wir gerne freiwillig geben!

Manchmal reichen mir 2-10 Minuten, die ich auf meinem Bett liegend nutze, um tief zu **entspannen** und um neue **KRAFT tanken.**

Wenn ich mich bewusst entspanne und loslasse, so ist dies eine *wunderbare* **QUELLE der Regeneration**.

Mir persönlich hilft dabei, die aus dem HATHA-YOGA stammende *wunderbare* KÖRPERSTELLUNG (ASANA) SAVASANA (TOTEN-STELLUNG).

***Genieße** den Moment!*

***Genieße** die Minuten!*

***Gestalte** deine LEBENSMINUTEN, LEBENSSTUNDEN und LEBENSTAGE so, dass du zufrieden und glücklich bist!*

***Gestalte** deine AUFGABEN so, dass du zufrieden und glücklich wirst!*

*Öffne dich – möglichst oft – für **wunderbare** und **gegenwartzentrierte MOMENTE** der LIEBE, FREUDE, ENTSPANNUNG, SCHÖNHEIT und DANKBARKEIT*

– dein Govinda.

87. WEISHEITSTOR: ZUVERSICHT – VERTRAUEN – HOFFNUNG

Verweile an diesem ***inneren*** **TOR!**

Leuchte nach innen!

Wer oder *was* gibt dir ZUVERSICHT und HOFFNUNG?

Was kannst du selbst dazu beitragen, um mehr ZUVERSICHT, VERTRAUEN und HOFFNUNG zu erlangen?

Können wir unsere WELT, unsere WELTEN und unsere LEBENSLÄUFE steuern?

Öffne deine HERZENS- und WEISHEITSAUGEN und betrachte das TOR!

Was zeigt und offenbart dir dieses TOR ? (Bilder, Symbole, Zeichen …)

Welche VORBILDER erscheinen auf diesem TOR?

Was fühlst du?

Bete um ZUVERSICHT, VERTRAUEN und HOFFNUNG!

Was verhindert ZUVERSICHT, VERTRAUEN *und* HOFFNUNG?

Bitte ***öffne*** mir die TÜR! (singend)

Bitte ***zeige*** mir den WEG!

Begleite mich!

Hilf mir!

Führe mich!

Strecke nun sehnsüchtig deine Hand aus und betaste das *grüne* KNOSPEN-, STRÄUCHER- und ***zugewachsene*** **BLÄTTERTOR.**

Halte im Innern in Form von IDEEN, von GEFÜHLEN oder *inneren* BILDERN Ausschau nach *passenden* **Schlüsseln,** nach *passenden* **Schlüssellöchern** und den *richtigen* **Torklinken,** die dir helfen dieses TOR zu öffnen!

Gedulde dich und beobachte aufmerksam die in dir *aufsteigenden* und sich *zeigenden* GEFÜHLE, während du dich innerlich auf die Suche begibst!

Vielleicht tauchen GEFÜHLE der Angst (z. B.: Angst, ausgesperrt zu bleiben, …), der Trauer, der Einsamkeit, der Hilflosigkeit (z. B.: das Gefühl, sich in einer Sackgasse zu befinden), der Verzweiflung, der Bitterkeit, des Grolls, der Hoffnungslosigkeit, der Enttäuschung, der Wut, der Scham, des Hasses u. s. w. auf!

Ja, fühle diese GEFÜHLE!

Weine!

Trauere!

Beschwere Dich!

Gleichzeitig suche und hoffe weiter!

Nach und nach lichtet sich das TOR.

Es leuchtet und es beginnt in dir wieder stärker *zu leuchten.*

Ein *sanftes, inneres* und doch sehr *machtvolles* LÄCHELN lässt Gefühlsberge dahinschmelzen!

Wo kommt diese *positive* KRAFT her?

Inzwischen hältst du den TOR-Griff fest und bist bereit das TOR zu öffnen.

Der **Schlüssel** (Sehnsucht, Herzensbitte und Geduld) passt!

Du öffnest das TOR!

Es wird herzenswarm und zuversichtshell!
Tritt ein!
Du wirst aufs Herzlichste empfangen!

Da sind sie wieder, die **Hoffnungsschimmer**, das *stetig starke* **Licht** der ZUVERSICHT und das **Herzenslicht** des VERTRAUENS.

Nähre diese **Feuer,** diese **Lichter** und diese **Quellen** des LICHTES mit DANKBARKEIT, mit dem „LOSLASSEN" von Vergangenem (unter anderem auch Strenge gegen dich selbst und anderes) und der ***wiederaufkeimenden*** **LIEBE** zu dir SELBST, zum LEBEN und zur *höheren* MACHT.

Verweile so lange in diesem RAUM, bis du wieder ausreichend ZUVERSICHT, VERTRAUEN und HOFFNUNG getankt hast.

*Ich, Govinda, bin sicher, dass **dein HERZENSLICHT** beziehungsweise **dein göttlicher KERN** wieder stärker leuchten wird und du deinen WEG mit wachsender **ZUVERSICHT,** mit wachsendem **VERTRAUEN** und mit sehr viel **HOFFNUNG** gehen wirst!*

Eine LICHTUMARMUNG sendet und schenkt dir

– dein Govinda.

88. Weisheitstür / Weisheitstor: Nest-Behaglichkeit

Erlebte NEST-BEHAGLICHKEIT

Ich lehne mich an, lasse mich sinken und kuschle mich, auf meinem großen Bett liegend, in meine Decken.

Ich lasse los.

Ich entspanne.

Nach und nach öffnet sich eine ***innere*** **TÜR,** die zu einem *wunderbaren* WOHLFÜHLRAUM führt .

Die TÜR verwandelt sich in diesen *wunderbaren* WOHLFÜHLRAUM.

Ich nenne ihn **NEST-BEHAGLICHKEIT.**

Ich entspanne mich noch mehr und fühle mich dabei wohler und wohler.

Ich genieße.

Ganz langsam sinke ich tiefer und tiefer in mein *frohes* DASEIN.

Ich atme tief und frei durch.

Fast schlafe ich ein.

Was für ein Luxus, jetzt, um 16 Uhr, an dieser Grenze zum Einschlafen wandeln zu dürfen.

Das heutige Tagespensum ist geschafft.

Jetzt kommt das freie und freiwillige Entspannen, Schlafen, Schreiben (dieses Textes), Singen und Glücklichsein – die *freie* ZEIT, die ich nutzen darf, so wie ich es möchte!

Das **TOR der *inneren* RUHE** geht weit auf!

Das **TOR des LOSLASSENS,** des **ENTSPANNENS** und des *bewussten* SPÜRENS ebenfalls.

Ich liege in meiner **LICHT**-PYRAMIDE, die ich visualisiert habe, auf meinem Bett.

Ja, so nenne ich meine SCHLAF- und KREATIV-STÄTTE, mein BETT, weil ich dort oftmals geistig eine *goldene, goldgelbe* und *weiße* PYRAMIDE aus **LICHT** erbaue, schreibe, zeichne, male, singe u. s. w.

Diese **LICHT**-PYRAMIDE führt mich ohne TÜREN und EINGÄNGE (Oder sind es doch unsichtbare TÜREN, durch die ich gleite?) in eine neue **Dimension** des RUHENS und des SEINS – zur NEST-BEHAGLICHKEIT!

Wie wunderbar! Ich darf liegen! Ich darf das GEWICHT der Arme, der Beine, des Kopfes und des ganzen Körpers *wahrnehmen* und *komplett ablegen!*

Ich darf mich ganz dem *wohligen* NEST und der SCHWERKRAFT *überlassen* und es genießen, spüren und erleben.

Es fühlt sich so an, als befände ich mich in einer **LICHT**-PYRAMIDE mit *wunderbaren* SCHATZKAMMERN und *positiven* FALLTÜREN.

Meine *positiven* FALLTÜREN sind TÜREN des „SICH-FALLEN-LASSENS“ und TÜREN des *bewussten* SEINS im *ruhenden* KÖRPER.

Es fühlt sich so an, als würde die ZEIT *sich verlangsamen*, sich ausdehnen und zur Ruhe kommen.

Herrlich! Mütterlich! Erhaben!

*Ich wünsche dir das Erleben **vieler** (innerer und äußerer) **BEHAGLICHKEITSRÄUME,** tiefes ANKOMMEN im Moment sowie viele tiefe, bewusste LEBENS-, FREUDEN- und TIEFENENTSPANNUNGS-MOMENTE – und so grüßt dich, heute ganz entspannt dein Govinda.*

89. Weisheitstür zum höheren Selbst – Weisheitstor zum inneren Lichtwesenskern

Folgende, gesungene, sich wiederholende Textzeilen sind zu hören:
„Öffne dich!“ und
„Ich öffne mich!“

Dieser EINGANG ruft uns zu!
ER sehnt sich danach, von uns betreten zu werden!
Wenn wir *innere* RUHE benötigen und wenn wir ANTWORTEN auf unsere Fragen bekommen wollen, dann sehnen wir uns besonders stark nach dieser TÜR bzw. nach diesem TOR.

Dann **rufen** und **singen** wir innerlich:
„Bitte ***öffne*** DICH!
Lasse uns ***eintreten!***
Lasse uns bei DIR ***sein!***
Lasse uns in DIR (dem Wesenskern) ***sein!“***

Vielleicht ist dieses TOR ein TOR, welches aus **Klang** besteht?
Vielleicht ist diese TÜR ein EINGANG zu unserem *inneren* BEWUSSTSEIN!?

Auf meinem ***goldenen TOR-BOGEN*** **steht** in *goldenen, wundervoll geschwungenen WORTEN:*
„Du bist immer willkommen!
Dies ist dein ZUHAUSE!
Du bist immer aufs Herzlichste willkommen!
Komm herein, mein SEELEN-KIND!
ICH bin der ORT des *höchsten* FRIEDENS!“

Die sehnsüchtige SEELE ruft:

„Wo bist DU?
Ich sehe den Eingang nicht!
Wie kann ich zu DIR gelangen!"

Antwort:

„Lasse dich nieder!
Nimm dir Zeit für MICH!
Nimm dir Zeit für dich!
Komm zur Ruhe!
Du und ICH, WIR sind EINS!
Lege deine Sorgen-, Ängste- und Schuldgefühl-Lasten an MEINEM Eingangstor ab!
Gestatte dir, leicht und sorgenfrei zu werden!
Gestatte dir (einfach nur) zu sein!
Lasse die Welt – für den Moment – so, wie sie ist!
Vergiss sie und tritt ein!"

Lausche in dein Inneres!
Was hörst du, siehst du und fühlst du im Innern?

Vielleicht stellen wir fest, dass es gar nicht so leicht ist, unsere Sorgen, Ängste und Nöte loszulassen.
Manchmal scheinen sie uns zu fesseln!
Manchmal scheinen sie uns fest im Griff zu haben!

LICHT vertreibt die Dunkelheit!
Wir bitten um Hilfe und Einlass.

Das **Königreich** des *höheren* SELBSTS und das **Schloss** des *inneren* WESENSKERNS sind nicht von dieser Welt. Und doch existieren sie!

Wo? SIE befinden sich in uns und SIE sind immer in unserer Nähe.

Immer dann,

- wenn wir vollständig loslassen,
- wenn wir grundlos froh und glücklich sind,
- wenn wir ohne Erwartungen lieben und
- wenn wir völlig freie, spielende und den MOMENT feiernde SEELEN-KINDER sind,

dann befinden wir uns in diesem *herrlichen* **SCHLOSS** des *inneren* WESENSKERNS!

Wir fragen:

„Wie können wir dies erleben?“

Antwort:

„Der eine **Schlüssel** ist: *regelmäßige* und *wiederkehrende* RUHE und GEISTESRUHE!

Ein anderer **Schlüssel** heißt „SICH-DAFÜR-ZEIT-NEHMEN!“

Ein weiterer **Schlüssel** ist ENTSPANNUNG beziehungsweise der innere ZUSTAND der *Sorgenfreiheit* / des *„Gelöst-Seins“!*

Sehnsucht!
Gebet!
Singen!
Gutes tun!

Lächeln!
Kreativ sein!
Aufgaben und Pflichten mit Freude, Liebe und Begeisterung erledigen!
Ausreichend Pausen des Ruhens!“

Erlaube dir eigene EINGÄNGE und TÜRÖFFNER zum LICHTWESENSKERN zu finden!
Nutze sie!
Tritt ein!

Fühle dich, so oft wie möglich verbunden mit deinem ***inneren LICHTWESENSKERN*** *– also fühle dich seelisch frei, leicht, unbeschwert und unabhängig von deiner körperlich-geistigen VERFASSUNG und unabhängig von deiner gegenwärtigen LEBENSSITUATION*

– dein Govinda.

90. Tempeltür zur Seele und Tempeltor zum Lichttempel

An der **TÜRSCHWELLE zum TEMPELTOR** sitzend und verweilend, komme ich zur RUHE, fühle ich *inneren* FRIEDEN und *tiefe* ZUFRIEDENHEIT!

Ein WONNEGEFÜHL, eine *VORFREUDE* und eine *vertraute innere* FREUDE steigen in mir auf!

Es wird innen und außen heller!

Ich **öffne** mich meiner *inneren* WIRKLICHKEIT!

Ich **öffne** mich dem LICHT im Innern, dem LICHTSCHREIN und dem LICHTSCHEIN!

Alles im Körper entspannt sich und kommt zur Ruhe!

Es gibt nichts zu tun und nichts zu erwarten!

Nur SEIN!

Eine *kleine, sehr mächtige* und *dicke,* ***goldene*** **TÜR** geht sehr, sehr langsam auf!

Gleichzeitig mit dieser TÜRÖFFNUNG **öffne** ich mich auch im Innern noch mehr dem *hellen* SCHEIN – dem *hellen* SEIN!

Ein *wunderbarer* DUFT strömt aus diesem RAUM!

Gemeinsam mit diesem DUFT breitet sich eine *goldgelbe, frohstimmende* SCHWINGUNG in mir und um mich aus!

Bist du innerlich mitgegangen? Wenn ja, was siehst du, fühlst du, riechst du, schmeckst du, ertastest du, nimmst du wahr oder hörst du?

Bei DIR, bei DIR, bei DIR, darf ich sein (singend)
- wie ich bin.
- wie ein kleines KIND.
- wie ein hilfloses KIND.
- wie ein ratloses Kind.
- wie ein ängstliches KIND.
- wie ein einsames KIND.
- wie ein verzweifeltes KIND.
- wie ein STERNEN-KIND.

DU, DU, DU
- bist für mich da.
- bist für alle da, an die ich denke.
- lässt mich hinein.
- liebst mich.
- willst mich glücklich sehen und machen.
- vertraust mir.
- streifst alles „Denken", „Sorgenmachen" und „Ängstlich-Sein" von mir und auch von allen, an die ich jetzt denke.
- erlöst mich von den Fesseln der weltlichen Bindungen.
- segnest mich und alle, an die ich jetzt denke.
- begleitest mich zum SEELE-SEIN.

Willkommen zu Hause!
Dein Govinda wünscht dir einen leichten, hellen und wunderschönen TAG mit sehr viel ***innerem LICHT*** *aus deinem* ***innersten LICHTTEMPEL!***

91. Friedhofstor - Friedenstor - Abschied

Manchmal haben wir, volkstümlich gesprochen, keinen *„blassen Schimmer“,* wie es weitergeht und wohin uns das Leben (oder das Sterben) führen wird.

Manchmal haben wir auch keinen *„blassen Schimmer“,* was wir tun können, um auf unserem Weg zum ***inneren* FRIEDEN** voranzukommen. Ja, gelegentlich ist es vorübergehend sehr, sehr dunkel und kein **LICHT**-SCHIMMER, kein **LICHT**-FÜNKCHEN (Hoffnung) oder **LICHT**-LEIN (Idee, Eingebung, Intuition, glückliche Umstände …) beleuchten unseren Weg!

Halte inne!

Komm *physisch* und vor allem *geistig-mental* zur RUHE!

Entspann nun deine Muskeln, dein Nervensystem, deinen Emotional-Körper und deinen Denk-Körper!

Wie?

An einem *ruhigen, warmen* (oder kalten – falls du gut eingepackt bist), *stillen* und *behaglichen* ORT beziehungsweise PLATZ lasse dich nieder!

Atme bewusst tief und lange ein paarmal aus und ein!

Spüre deinen Körper und entspanne ihn mehr und mehr!

Sitze oder liege eine Weile so in Stille!

Wenn du bereit bist, dann öffne die inneren Augen, Ohren und Sinne!

Die **LICHT**-TÜR beziehungsweise das **LICHT**-TOR wird sichtbar und fühlbar!

Vielleicht kommt ein *positives* WORT, ein *positiv-lichtvoller* GEDANKE oder eine *lichtvolle* LIEDZEILE zu dir!

Nimm dieses Geschenk an!

Fahre fort, dieses WORT, diesen GEDANKEN oder diese LIEDZEILE bewusst zu wiederholen!

LICHT-SCHIMMER werden fühlbar, hörbar, tastbar und sichtbar!

Taste im Halbdunkel nach der TÜR beziehungsweise dem TOR!

Mein TOR ist heute ein *schmiedeeisernes* **FRIEDHOFSTOR** (= FRIEDEN+HOF = STÄTTE des FRIEDENS = letzte, erste, einzige RUHESTÄTTE)!

Falls du einen deiner **Friedhofsbesuche** (auch fiktiven), den du erlebt hast mit *positiven* oder *guten* ERINNERUNGEN verbindest, dann lasse nun diese *positiven* GEFÜHLE und ERINNERUNGEN in dir aufsteigen. Füge diesen Erinnerungen und GEFÜHLEN noch viel Schönes, Überraschendes und Wunderbares hinzu!

Eventuell erschaust du **LICHT-** und **ENGEL**-WESEN, die du bisher nur gespürt oder erahnt hast!

Öffne dich dem SCHÖNEN und ÜBERRASCHENDEN!

Vertraue deiner **LICHT**-FÜHRUNG!

Mein **FRIEDHOFSTOR** wird von *zwei mächtigen* **LICHT**-WESEN beziehungsweise **ENGEL**-WESEN, die rechts und *links* über dem TOR schwebend am EINGANG verweilen, bewacht!

Bitte um Erlaubnis, bevor du das FRIEDHOFSTOR öffnest!

Tritt ein!

Spaziere umher und lehne dich nach einer Weile – bei Sonnenschein – sitzend an den Stamm eines **Friedhofbaumes** oder setze dich auf eine malerische **Friedhofsbank.**

Die Sonne wärmt dein Gesicht und der **Baum** oder die **Banklehne** vermittelt dir Halt, Entspannung und innere Kraft.

Es herrscht eine friedlich-feierliche Stimmung. Kleine Schäfchenwolken zieren den hellblauen Himmel. Es ist still, nur einige Vögel zwitschern und trällern lebensbejahend, lebendig und munter!

Dies ist ein *zauberhaft-magischer* ORT und ein *friedvoll-magischer* ORT in deinem Innern!

Verweile!

Genieße!

Lausche!

Sieh!

Was kommt zu dir, aus den Tiefen *deines* INNERSTEN? …

Bei mir ist es ein immer *stärker werdendes* **Gefühl** von FRIEDEN!

FRIEDENSTOR, FRIEDENSTOR, FRIEDENSTOR, bitte zeige dich und öffne dich!

Innere Vision

Langsam erschaue ich im Innern einen *hellen* **MARMORGANG** mit *sandfarbigen* **MARMORSÄULEN.**

Oder sind dies LICHTSÄULEN?

Am Ende des Ganges erkenne ich vier Treppen und vier EINGANGSTORE.

Der erste, größte und torlose DURCHGANG besteht aus *zwei hellblauen, tragenden, mächtigen* und *hohen* MARMORSÄULEN beziehungsweise LICHTSÄULEN.

Die beiden Säulen verbindet ein *mächtig-hellblauer* RUNDBOGEN, in dessen Mitte sich eine große, *wundervoll-hellweiße*

MARMORSTATUE beziehungsweise LICHTSTATUE befindet, die eine *wunderschöne* **FRIEDENSTAUBE** darstellt, welche einen *grünen* LORBEERZWEIG, als Zeichen des Sieges, im Schnabel hält.

Nun schreite ich durch dieses TOR, steige vier Stufen hinauf und betrete nun einen *gold-gelb* (Wonne)-leuchtenden SÄULENGANG, an dessen hinterem Ende sich ein *hellgrün-leuchtendes* (HEILUNG), *halbrundes* MARMORTOR bzw. **LICHT**-SÄULEN-TOR befindet.

Nachdem ich dieses MARMORTOR bzw. **LICHT**-SÄULEN-TOR durchschritten habe und abermals vier *hellrosafarbene* **LICHT**-STUFEN hochgestiegen bin, erkenne ich nun ein *wunderschönes, hellrosafarbenes* MARMORTOR-**LICHT**-SÄULEN-TOR (LIEBE), das sein Licht auf mich ausstrahlt. Ich nehme *tiefe, umfassende* LIEBE, AUSDEHNUNG, WEITE und VERBUNDENHEIT wahr. Ich fühle mich in EINHEIT mit allem, was sich hier befindet, verbunden.

Hier hindurchgleitend oder hindurchschwebend gelange ich über vier *hellweiße* MARMORSTUFEN / LICHTSTUFEN zum **FRIEDENSTOR.**

Alles, was sich hier in der Nähe dieses FRIEDENSTORES befindet, strahlt in *hell-weißem* (Frieden) LICHT beziehungsweise wird von diesem *hell-weißen* FRIEDENS-LICHT durchdrungen!

Diese *hellweiße* **FRIEDENSPFORTE** öffnet sich wie eine *riesige hell-weiße* BLÜTE und ein OZEAN aus *hell-weißem* LICHT wird sichtbar und fühlbar.

Ich schaue auf diesen **LICHTOZEAN** und erkenne *bekannte* und *vertraute* **LICHT**-GESTALTEN, **LICHT**-GESICHTER, **LICHT**-WESEN, **LICHT**-TIERE, **LICHT**-PFLANZEN, **LICHT**-SYMBOLE, **LICHT**-STEINE und **LICHT**-ZEICHEN, die auftauchen, wieder abtauchen, sich verwandeln, mich liebevoll anstrahlen, liebevoll anschauen und mir dadurch *innere* **FRIEDENS**-LIEBES-KRAFT vermitteln!

FRIEDEN (singend)

- besänftigt.
- harmonisiert.
- verleiht machtvolle FRIEDENS-FLÜGEL und FRIEDENS-SCHWINGEN aus LICHT.
- leuchtet wohlwollend, sanft und allumfassend.
- ist unerschütterlich.
- hat keine Absichten.
- ruht in sich und möchte nichts erreichen, nichts erschaffen und nichts verändern.
- ist *reines* SEIN.
- beruhigt alle und alles.
- kennt weder Geburt noch Tod.
- ist sanft und übermenschlich machtvoll.
- ist das *innerste* LICHT unserer SEELEN.
- ist STILLE und
- kennt weder Raum noch Zeit.

In **IHM** ruht alles!
In **IHM** sind alle vereint!
In **IHM** ist alles vereint!

FRIEDENS-MACHT,
FRIEDENS-KRAFT,
FRIDENS-PRACHT,
FRIEDENS-ENGEL,
FRIEDENS-SCHWINGUNG,
FRIEDENS-FÜRST,

FRIEDENS-KÖNIG/IN,
MEISTER des **F**RIEDENS!

Die **Früchte** des **FRIEDENS** sind WONNESEIN und GLÜCK-LICH-SEIN!

FRIEDENS-MÄCHTE und **FRIEDENS-**KRÄFTE sind WAHRHEIT, WAHRHAFTIGKEIT, EHRLICHKEIT, *reine* LIEBE, GERECHTIGKEIT, RECHTSCHAFFENHEIT und *alle* KRÄFTE/MÄCHTE, die das Wohl aller Menschen, Wesen, Tiere und Pflanzen, verfolgen und verwirklichen!

FRIEDENS-GEDANKEN,
FRIEDENS-WORTE,
VERSÖHNUNGS-WORTE,
LIEBES-WORTE und
FRIEDENS-TATEN strahlen hell, beruhigend, besänftigend, Trost spendend, Mut machend und liebevoll!

FRIEDENS-MEER!

Kontempliere und verweile!

Irgendwann verlässt du wieder diesen *friedlichen* ORT, wohlwissend, dass es IHN gibt und du dort jederzeit willkommen bist!

*Spüre tiefen **inneren FRIEDEN** – tiefer und tiefer!*
***FRIEDEN** ist Nahrung!*
Nimm sehr viel davon in dich auf

– dein Govinda.

92. Weisheitstor: Einheit – Einsseins

Dieser **EINGANG** enthält **alle** TÜREN und TORE, die in allen Welten und Wesen existieren!

Dieses TOR ist *allumfassend* und *alldurchdringend!*

ES ist *größer* als das Größte, *kleiner* als das Kleinste, *feiner* als das Feinste und *mächtiger* als das Mächtigste!

Dieses TOR ist *einerseits* formlos, also unsichtbar und unmessbar.

Dieses TOR ist *andererseits* allmächtig, wahrhaftig, allgegenwärtig, zeitlos, alle Zeiten durchdringend, alle Zeiten erschaffend, alle Zeiten zerstörend, alldurchdringend und allumfassend!

EINHEIT enthält alles!

EINS ohne ein Zweites!

Also bedeutet **EINHEIT:**

„NICHT-DUALITÄT, FREISEIN *von Gegensatzpaaren*, FREISEIN *von Gedanken* und *alldurchdringende* FÜLLE!"

Alle Wege führen früher oder später zur **EINHEIT!**

Dort, wo Wandlungen und Veränderungen stattfinden, dort kann keine *vollkommene* **EINHEIT** vorhanden sein!

Der *blaue* HIMMEL (Symbol für Unwandelbarkeit und EINHEIT) kann von einzelnen WOLKEN oder WOLKENBERGEN (Symbol für Vergänglichkeit) bedeckt sein. Der blaue HIMMEL bleibt von den WOLKEN unbeeinflusst.

Wenn alles, was veränderlich ist, *vorüberziehende* WOLKEN sind, dann bedeutet dies, dass alle *weltlichen, persönlichen* und *gedanklichen Sorgen, Ängste, Nöte und Probleme* ***vorübergehende*** ERSCHEINUNGEN sind.

Auch alle *Genüsse* und *sinnlichen* (mit den Sinnen genießend: mit den AUGEN, mit den OHREN, mit der HAUT, mit der ZUNGE und mit der NASE) *Freuden* sind ebenfalls nur ***vorübergehende*** ERSCHEINUNGEN!

Wo finden wir dann *beständiges* und *immerwährendes* GLÜCK?
Wo finden wir **EINHEIT?**
Nicht in dieser physischen Sinnen-Welt!
Dieser letzte Satz bedeutet: „Es gibt noch andere Welten!“

Sitze und verweile mit mir jetzt am TOR der EINHEIT und **lass uns eintauchen in**

- *reines* BEWUSSTSEIN,
- STILLE,
- *höchsten* FRIEDEN,
- NIRVANA (ewiges NICHTS),
- *reines* SEIN,
- BRAHMAN,
- ATMAN,
- GOTT.

Alle diese BEGRIFFE benennen die **EINHEIT** und natürlich gibt es noch viele andere BEGRIFFE für **EINHEIT!**

Wir sind *KINDER* der **EINHEIT!**
Wir sind *KINDER* des *höchsten* SEINS!

Wir sind *KINDER* des HÖCHSTEN!
Wir *MENSCHENKINDER* sind ERBEN des *höchsten* SEINS!
Wir sind *reine* SEELEN-*KINDER!*
Wir sind *ERBEN* des *höchsten* BEWUSSTSEINS!

Ich bin eins mit DIR (= *höchstes* SEIN) (3 x)
Ich bin eins

- mit allem, was es gibt!
- mit der EWIGKEIT!
- mit deiner HERRLICHKEIT!
- …

EINHEIT

- bestimme mein Leben!
- bestimme mein Denken, Reden und Handeln!
- lass mich DICH überall wahrnehmen!
- verweist auf den EINEN!
- verweist auf das EINE!
- ist mein Ziel!
- ist mein Urgrund!
- ist meine Heimat!
- führt zum Einheitsdenken!
- behandelt alle gleich!
- kennt weder Status, Alter, Religion, Nationalität, Beruf und so weiter!

DICH fördere ich!
DICH unterstütze ich!
In DIR fühle ich mich geborgen!

***Hilfreiche* GEDANKEN fördern die EINHEIT:**

„Es gibt nur **eine** ERDE!
Alle Menschen sind Erdenkinder – also Geschwister!“

„Es gibt in unserem Universum nur **eine** SONNE!
Alle Menschen leben mit und durch diese **eine** SONNE!“

„Es gibt nur **einen GOTT!**
ER wird in *vielen* NAMEN gepriesen!“

„Es gibt nur **eine LIEBE!**

LIEBE kann sich vielfältig ausdrücken:
Mutterliebe, Vaterliebe, Geschwisterliebe, Liebe zwischen Mann und Frau u. s. w.!“
„GOTT ist der VATER und die MUTTER aller Menschen, Tiere, Wesen, Pflanzen etc.!“

„**Alle** ERDENMENSCHEN sind Brüder und Schwestern.“

„**Alle** TIERE und PFLANZEN sind unsere Verwandten!“

*Lasst uns nach **EINHEIT** trachten, das **GEMEINSAME** hervorheben, feiern und wertschätzen!*

*Lasst uns gemäß dem **EINEN,** des **EINEN** und*
*gemäß der **EINHEIT** leben*

– dein Govinda!

93. Weisheitstor: Frühlingskraft – Frühlingssonne

Dienstag, der 9. März 2021

Dieses **FRÜHLINGSTOR** ziert ein *wunder-, wunder-, wunderschönes* **Gemälde,** auf dem *hellgrüne* **Farbtöne** den Ton angeben!

Schillernde **Farbtupfer** in Lila, Gelb, Weiß und Blau, die in unterschiedlichsten Formationen und Größen das TOR zieren, lassen unterschiedliche Erblühens-Stadien *abgebildeter* **Blumen** erkennen.

Goldgelbe und *silbern-glänzende* LINIEN und WELLEN überziehen das **Gemälde** und veranschaulichen das **FRÜHLINGSLICHT,** das alles berührt, alles zum Leben erweckt und alles miteinander verbindet.

Die KRAFT des LICHTES ist die **Wirkkraft** dieses **FRÜHLINGS-ERWACHENS!**

Vom Weltraum aus oder aus einem Flugzeug heraus betrachtet – über mehrere Wochen hinweg –, erwachen riesige Landschaften zu neuem Leben – ohne menschliches Zutun!

Was für enorme Wachstums-, Verwandlungs-, Entstehungs- und Erneuerungskräfte sind hier am Werk!

Erinnere dich an schöne **FRÜHLINGS**-ERLEBNISSE und **FRÜHLINGS**-IMPRESSIONEN!

Wie viele **FRÜHLINGE** haben wir bereits erlebt?

Seit wie vielen Jahrhunderten und Jahrtausenden ereignet sich dieses Schauspiel – Jahr für Jahr – aufs Neue?

Nahrung wächst!

Die SONNE ist Nahrung für die Pflanzen und Bäume und sie verursacht das Wachsen für die meisten Lebewesen, somit ist SIE unsere Nahrung, die Hauptgrundlage für Wachstum!

Das **FRÜHLINGS**-TOR öffnet sich allmählich, so wie eine sich *öffnende* KNOSPE sich dem Licht zuwendet.

Das Wort **FRÜHLINGS**-SONNE ist ein Synonym für Neubeginn, Wachstum, Reifung und Werden.

Die FREUDE an der *Entstehung,* die FREUDE am *Wachstum,* die FREUDE, *etwas zu erschaffen,* und die FREUDE, *Wachstum* und *Schöpferkraft* zu beobachten, zu erkennen und wertzuschätzen, trägt einen ***eigenen*** **ZAUBER** in sich!

Wir können nur staunen hinsichtlich der ***mächtigen*** **Kräfte** der NATUR, die sich aus dem Zusammenspiel von Erde, Mond, Planeten und SONNE zeigen und manifestieren! Diese KRÄFTE mühen sich nicht ab, strampeln sich nicht ab und verausgaben sich nicht!

In *ruhiger* GELASSENHEIT können wir beobachten, wie WACHSTUM – (auch) in Ruhephasen, in Krankheitsphasen, in Regenerationsphasen, in Umwälzphasen, bei Umbrüchen und in neuen Lebensphasen – geschieht und funktioniert!

Das LEBEN lebt sich!

Das LEBEN lebt sich von allein, wenn wir uns der NATÜRLICHKEIT, der NATUR und der **LICHT**-NATUR in uns liebevoll zuwenden!

Ohne Anstrengung ERBLÜHEN und *ohne* Wehklagen VERBLÜHEN – dies ist die **Natur** der NATUR und der **Kreislauf** des LEBENS!

HINGABE ans **Leben,** *FREUDE am* **Leben***, RESPEKT gegenüber allem* **Leben** *und DANKBARKEIT gegenüber dem* **Leben** *– DANKBARKEIT für die kleinsten und winzigsten Dinge, Zustände, Erlebnisse und Vorkommnisse in unseren* **Leben** *– verhilft uns dazu, wohlig durchs* **Leben** *zu gleiten, durchs* **Leben** *zu schweben oder mühelos im LEBENSSTROM zu schwimmen*

– dein Govinda.

94. Weisheitstor: Unerwartete Geschenke und positive Fügungen

Do., MAHASHIVARATRI, der 11. März 2021

Dieses **TOR** *blitzt* an unterschiedlichen Stellen auf!
Plötzlich und unerwartet manifestieren und zeigen sich **LICHT**-BLITZE auf dem ***goldenen*** **TOR.**
Winzige, mittelgroße und *mächtig-große* –, **LICHT**-BLITZE und **LICHT**-QUELLEN erscheinen an vielen unterschiedlichen und unerwarteten Stellen des TORES.

All diese **LICHT**-ERSCHEINUNGEN hinterlassen *winzige, kleine, mittelgroße, große* und *mächtig-große* **LICHT**-GESCHENKE, sowie *wunderbarsten* **LICHT**-SCHMUCK für uns auf dem goldenen TOR, die wir einsammeln können!

LICHT-EDELSTEINE, **LICHT**-RINGE, **LICHT**-ANHÄNGER, **LICHT**-AMULETTE, **LICHT**-KETTEN, **LICHT**-ARMREIFEN, **LICHT**-OHRRINGE, **LICHT**-FUSSKETTCHEN und Ähnliches mehr erscheinen auf diesem *wunderschönen* TOR.

Dies sind Symbole für all die **Geschenke,** die wir im Leben von *unsichtbaren* **LICHT**-HÄNDEN, vom Leben oder anderen Menschen, Tieren, Pflanzen, Steine und der Natur empfangen haben und (hoffentlich dankbar) entgegennahmen!

LICHT-Geschenke erfreuen uns, helfen uns wirklich weiter, trösten uns, zeigen uns die nächsten Schritte zum „Glücklicher-Werden", erfreuen uns, stimmen uns froh und heiter und lassen unser Herz weich werden, so dass es leuchtet und strömt vor LIEBES-DANKBARKEIT!

Dann stellen wir fest, dass auch wir **LICHT**-LIEBES-**Geschenke** verteilen können und wollen! Wir nehmen uns fest vor, dies immer häufiger und öfter zu tun.

Wie schön ist es doch, sich von **LICHT**-HÄNDEN, von **LICHT**-FLÜGELN und **LICHT**-MANIFESTATIONEN behütet, beschützt, geführt und versorgt zu wissen, auf unseren **Wegen** zum **LICHT** und auf unseren **Wegen** zur Transformation in **LICHT**-KINDER (= SEELEN-KINDER, GOTTES-KINDER).

*Ich sende und wünsche dir ganz viele wunderbare, passende und förderliche **LICHT-Geschenke** für deine SEELEN-ENTWICKLUNG und SEELEN-ERQUICKUNG*

– dein Govinda.

95. Weisheitstor: Selbstliebe

1. TEIL

Begib dich jetzt zum **TOR der SELBSTLIEBE!**
Wie gelingt es dir zu diesem TOR zu gelangen?
Wo steht dieses TOR?
Wie sieht es aus?
Was offenbart sich auf diesem TOR?
Was flüstert dir dieses TOR zu?
Wovor warnt dich dieses TOR?
Was wirkt an diesem TOR besonders anziehend?
Was empfindest du, während du vor diesem TOR stehst und es betrachtest? …

Mein *inneres* BILD zeigt mir eine ***große, goldene*** **KUGEL** in der Mitte des TORES. Diese KUGEL (Symbol für SELBSTLIEBE) strahlt Wärme, Freundlichkeit, Milde, Mitgefühl und „Glücklichsein" aus.

Alles, was auf diesem TOR zu sehen ist, alle **Abschnitte** (= Lebensabschnitte) und **Bereiche** (= Lebensbereiche), stehen in direkter Verbindung mit dieser KUGELSONNE (= SELBSTLIEBE).

SELBSTLIEBE führt im Laufe des Lebens zu SELBSTVERTRAUEN und schließlich zur **Liebe** des SELBSTS in allen Wesen, Menschen, Tieren und Pflanzen!

In *unterschiedlichen* **Zeiten** und in *unterschiedlichen* **Lebensbereichen** unseres Lebens wirkte die KUGEL unterschiedlich stark.

Je mehr wir uns von unserem *inneren, natürlichen* SEIN und von unserem *inneren, lächelnden* **KIND** entfernt haben, indem wir es nicht ernstgenommen haben, es ignoriert haben, es beschimpft haben, belächelt haben u. s. w., desto *weniger* **SELBSTLIEBE** wurde gefördert und aufgebaut.

Haben wir uns zu wenig um unser *inneres* **KIND** gekümmert, haben wir unser *inneres* **KIND** zu schlecht versorgt und zu wenig geliebt, dann hat sich *unsere* **SELBSTLIEBE** sicherlich nicht gut entfalten können.

Zeit zu haben beziehungsweise sich Zeit zu nehmen für das *innere* **KIND** und dessen BELANGE sowie Verständnis und Fürsorge für das *innere* KIND zu entwickeln, führen zu ***stärkerer*** **SELBSTLIEBE.**

*Wir sollten uns selbst wie unser **liebstes KIND,** wie unseren besten FREUND, wie unsere beste FREUNDIN und wie unsere LIEBSTE / unseren LIEBSTEN behandeln und lieben.*

*Das ist der **Weg** zu mehr **SELBSTLIEBE,** die dann zur LIEBE für andere führt.*

*Viel Erfolg, Freude, Spaß und Erfüllung auf dem Weg zum **TOR der SELBSTLIEBE** und auf den **Wegen** in den **Raum der SELBSTLIEBE** wünscht dir dein Govinda.*

2.TEIL

SELBSTLIEBE führt zu *göttlicher* LIEBE!

SELBSTLIEBE führt uns dazu, erleben zu können, von GOTT geliebt zu werden!

Diese Erfahrung wiederum entfacht unsere LIEBE zu GOTT und immer mehr auch unsere LIEBE zu unseren *Nächsten.*

GOTT erscheint uns in der Form unserer *Nächsten* oder andersherum:

„Unsere *Nächsten* sind dann GOTT!“

Wenn wir in unserer **SELBSTLIEBE** gefestigt sind, dann beginnen wir, das SELBST zu erforschen, zu erkennen, zu erfahren und zu lieben!

LIEBE ist ein anderes Wort für **SELBST!**

Am Ende stellen wir fest, dass das ***SELBST,*** *also die* ***LIEBE*** *überall und somit auch in uns wohnt – dein Govinda.*

Sei geduldig und genieße die kleinen Erfolge!

Analysiere, wo dich scheinbare MISSERFOLGE hingeführt haben!

Was haben sie Positives hervorgebracht?

Haben die scheinbaren Misserfolge dir geholfen, dich positiv zu verändern?

Haben sie eventuell sogar geholfen, dich weiterzuentwickeln und zu entfalten?

Waren sie in gewisser Hinsicht sogar ein ***Segen?***

96. Weisheitstor: Geschenke und Hilfen

Wenn du bereit bist, in die Nähe dieses TORES zu kommen, dann lasse dich in Stille, voller *Vorfreude, Vertrauen* und *Dankbarkeit* vor diesem **TOR der GESCHENKE und HILFEN** nieder.

Wie sieht es aus?
Wie fühlt es sich an?
Wie fühlst du dich in der Nähe dieses TORES?
Was geschieht? (Innere Bilder, Worte, Symbole, Erinnerungen, Visionen).

Wenn du möchtest, dann betrachte nun deinen LEBENSWEG beziehungsweise deinen LEBENSFLUSS unter diesem Aspekt!
Wie, wann und wo wurde dir herausragend **geholfen?**
Wie, wann, von wem und *wo* auf deinem Lebensweg, hast du **GESCHENKE empfangen?**

Jeder Lebensfluss verläuft anders, doch alle münden ins MEER!

Was hat dir am meisten Freude bereitet?
Was hat dir am meisten geholfen?
Wofür bist DU am meisten dankbar?

Mein ***goldenes*** **Relief-TOR** zeigt mir eine *goldene* MITTELPUNKTS-QUELLE, die stärker leuchtet als alles andere, was auf dem TOR zu erkennen ist.

Die ***linke*** **TORHÄLFTE** ist geformt wie ein WURZELSYSTEM.

Von der Mitte des TORES, von der **LICHTWURZEL-QUELLE** aus, wird jedes Bild, jedes Symbol, jedes Ereignis und jede Erinnerung versorgt und ernährt.

Was immer uns auch gegeben wurde, was auch immer uns geholfen hat, es stammt von dieser ***einen*** **QUELLE.**

Wenn wir dies erkennen können und erfahren, dann werden wir uns immer öfter und immer stärker dieser ***einen*** **QUELLE** anvertrauen.

Wir werden in allen BELANGEN unseres Lebens **IHR Wirken** wertschätzen und in allen BELANGEN unseres Lebens dieser ***einen*** **QUELLE** mehr und mehr vertrauen.

Dies bedeutet nicht, dass alle Wünsche in Erfüllung gehen werden oder dass unser Leben immer leicht und harmonisch verlaufen wird.

Die ***rechte*** **TORHÄLFTE** sieht nahezu genauso aus, nur hier ist die Flussrichtung entgegengesetzt!

Je mehr wir die Erfahrung und das **Gefühl** von „BESCHENKT-WORDEN-SEIN“, „GEFÜHRT-WORDEN-SEIN“ und Ähnliches mehr gemacht haben, umso mehr interessiert uns nach und nach nur noch diese ***eine*** **QUELLE** des SEINS.

Unsere Bemühungen, unsere Gedanken, unsere Worte, unser Handeln, unsere Fertigkeiten, unsere Fähigkeiten und unsere Talente werden sich immer mehr nach dieser ***einen*** **QUELLE ausrichten** und von ihr **durchdrungen sein.**

Wir werden diese ***eine*** **QUELLE** immer tiefer erforschen und lernen sie in allen und allem zu genießen, was dazu führen wird, dass wir ausgeglichener, freudiger und glücklicher werden.

Natürlich wollen wir diese Freude und dieses Wissen mit anderen teilen, indem wir davon erzählen.

Wir fühlen uns mehr und mehr als BESCHENKTE, dadurch entwickeln wir schließlich das Bedürfnis, uns mehr und mehr in den DIENST dieser ***einen*** **QUELLE** zu stellen.

Beim DIENEN werden wir uns der FÜLLE und des REICHTUMS dieser ***einen*** **QUELLE** noch bewusster, aus der wir schöpfen dürfen.

Dies wiederum führt dazu, uns noch mehr der ***einen*** **QUELLE** zu öffnen. Schließlich werden wir nebenbei feststellen, dass wir selbst zu SCHENKENDEN geworden sind.

Egal, an welcher Stelle des Lebens du stehst, bemühe dich, den GESAMTVERLAUF und deine *unterschiedlichen* ROLLEN in diesem **„GESCHENKE- und HILFESPIEL“** – genannt **LEBEN** – zu erkennen und dankbar zu wertschätzen.

Überlasse dich dem ***GESCHENKE- und HILFESTROM,***
begib dich hinein und erlaube dir, in beide
Richtungen zu fließen, je nach Bedarf und Bedürfnislage

– dein Govinda.

97. Shiva-Tor

Vor diesem *weißen, aus Asche bestehenden* **TOR** erfahren wir etwas über die **Gottheit** SHIVA!

Wenn wir die Asche abreiben, so sehen wir immer wieder neue SHIVA-STATUEN in unterschiedlichen Größen auf diesem **ASCHETOR.**

Vorneweg sei erwähnt, jede ***Gottheit*** verdeutlicht und repräsentiert nur **Aspekte** des **G**ÖTTLICH-**A**BSOLUTEN, das heißt, jede *Gottheit* sollte uns zum **G**ÖTTLICH-**A**BSOLUTEN führen!

In **allem,** also auch in einer *Gestalt,* einer *Gottheit,* einer *Statue* oder einem *Bild* steckt das **G**ÖTTLICH-**A**BSOLUTE.

Die Verehrung von ***Gestalten, Gottheiten, Statuen*** und ***Bildern*** sollte uns nach und nach dazu bringen, über das **G**ÖTTLICH-**A**BSOLUTE zu kontemplieren und sie sollte uns dem **G**ÖTTLICH-**A**BSOLUTEN näherbringen!

Werden ***Gottheiten*** als im Außen wohnende Gestalten und Objekte verehrt, so führt dies nicht zum gewünschten Ziel.

Auf diesem TOR befindet sich sehr *viel* **ASCHE.**

ASCHE **symbolisiert** die *Vergänglichkeit, Veränderung* und *Zerstörbarkeit* jeglicher Materie.

Zugleich **symbolisiert ASCHE** auch die *Unveränderlichkeit* und das Unvergängliche, da Asche nicht weiter zerstört werden kann.

ASCHE ist also ein Symbol für die EWIGKEIT, für die *ewige* STILLE und für das *reine* BEWUSSTSEIN.

Die **Shiva-Statuen** auf diesem **ASCHETOR** halten einen Dreizack in der Hand, das heißt, GOTT hält jegliche Trinität in der Hand und ist der HERR und MEISTER jeglicher Trinität, die da wären: „Vergangenheit – Gegenwart – Zukunft / Körper – Geist – Seele / Sattva – Rajas – Tamas (die drei GUNAS: Reinheit und Stille – Bewegung und Aktivität – Unreinheit und Trägheit), physische / feinstoffliche / seelische WELT …"

Das **ABSOLUTE** steht über allen **Dreiheiten,** befindet sich jenseits davon beziehungsweise wird von ihnen nicht beeinflusst!

Das **A**BSOLUTE ist immer nur EINS!

Das **A**BSOLUTE ist makellos, unbefleckt, unveränderlich, allgegenwärtig und gleichbleibend.

Das **A**BSOLUTE erschafft, erhält und zerstört wieder alles, so wie die ZEIT.

Das **G**ÖTTLICH-**A**BSOLUTE bleibt von jeglichen Wandlungen und Veränderungen vollkommen unberührt!

Die **Shiva-Statuen** halten auch eine *kleine* TROMMEL in der Hand.

Alles, was sich bewegt, unterliegt der Veränderung und dem Verfall. Alles, was sich bewegt, verursacht Geräusche.

Der **Ur-Klang „AUM"** bringt die *gesamte* SCHÖPFUNG hervor!

GOTT ist der **Herr** *aller* KLÄNGE, *aller* TÖNE und *aller* feinen SCHWINGUNGEN!

GOTT ist auch der HERR der STILLE!

Der Begriff **SADA-SHIVA** setzte sich zusammen aus SADA (= echt, wahr, ewig, seiend …) und SHIVA (= Gütiger, Freundlicher, Segensreicher, Segenspendender, Gnadenvoller), also bedeutet er ***ewig-seiender*** **GNADEN- und SEGNSREICHER.** (= GOTT)

Wenn wir über das ***EWIG-SEIENDE*** *und dessen GNADE, GÜTE, FÜLLE und SEGEN nachsinnen, kontemplieren oder meditieren und uns dafür mehr und mehr öffnen, dann erleben wir GNADE, GÜTE, FÜLLE und SEGEN*

– dein Govinda.

98. Seins-Tor

Das **SEINS-TOR** befindet sich immer in unserer Nähe!
ES ist unsichtbar und doch allgegenwärtig!
ES ist in uns!
Spüren wir **ES** *in* uns, so fühlen wir ES auch *um* uns!

Dieses **TOR** hat *viele* NAMEN:
- ES,
- SEIN,
- Wachsein im Moment,
- STROM des SEINS,
- *bewusste* GEGENWART,
- Gegenwärtig-Sein,
- vollständiges SEIN im DASEIN,
- SEIN ohne Denken,
- FLUSS der Gegenwart,
- *bewusstes* SEIN im Hier und Jetzt,
- Leichtigkeit des SEINS,
- HIMMEL auf Erden,
- *höchste* ZUFRIEDENHEIT,
- *absolute* AUSGEGLICHENHEIT,
- *innerer* FRIEDE,
- *inneres* MEER der STILLE,
- *innere/r* ZEUGE/IN,
- Verweilen im LICHT aller Lichter,
- *ruhige* GELASSENHEIT,
- WONNE des SEINS,
- Ende aller SEHNSUCHT,
- *stille* EWIGKEIT,

- *innerstes* SEIN,
- GELÖSTHEIT,
- SEIN ohne Wünsche und ohne Wollen,
- JETZT, ja, JETZT,
- von MOMENT zu MOMENT gleitend,
- mit ALLEM verbunden und doch vollkommen frei sein,
- Urgrund des SEINS,
- Wunder des SEINS,
- STILLE-KRAFT,
- *unangestrengtes* DASEIN,
- FÜLLE-KRAFT,
- WONNE-KRAFT,
- FRIEDENS-KRAFT,
- LIEBES-KRAFT,
- *höchstes* SEIN,
- SEINS-KRAFT,
- bewusste *innere* STILLE,
- *waches* und bewusstes JETZT und
- *tiefstes* SEIN.

Das **SEINS-TOR** ist zwar *unsichtbar,* doch du kannst diesem **TOR** in deiner Vorstellung eine FORM und eine FARBE geben.
Wie sieht dein *augenblickliches* SEINS-TOR aus?

Ist es schwer zugänglich?
Was ist förderlich, um zu diesem **SEINS-TOR** zu gelangen?
Wie gelingt es dir zu diesem **SEINS-TOR** zu kommen?
Wie gelingt es dir in diesem *wunderbaren* **SEINS-ZUSTAND** zu verweilen?

Ist dieses TOR durch Anstrengung oder mit den Sinnen erreichbar? NEIN!

Wie ist es dann erreichbar?

Einige der nun im folgenden Text *aufgelisteten* **Begriffe** beziehungsweise deren **Bedeutung** könnten hilfreich sein,

um in den **Zustand des SEINS** ***zu gelangen:***

- eintauchen in …
- sich DER/DES/DEM … gewahr werden,
- sich DER/DES/DEM … öffnen,
- innerlich weit und weich werden,
- in/im … schwimmen,
- in/im … schweben,
- Beobachten,
- Loslassen,
- innerlich zur Ruhe kommen,
- Innehalten und nur Beobachten,
- Entspannen,
- innerlich ruhig werden,
- sich nach innen wenden,
- die Welt und ihre Erscheinungen für eine Weile vergessen dürfen,
- Kraft tanken,
- sich verbinden,
- sich ZEIT nehmen,
- hineingleiten in *machtvolle* STILLE*!*

Was auch immer du im Laufe des Tages vollbringst (oder nicht vollbringen wirst), erinnere dich immer wieder an diese ***wunderbare KRAFT-SEINS-QUELLE*** *und gönne dir GELÖSTHEIT im Tun und im Nichtstun*

– dein Govinda.

99. Weisheitstor: Inneres Selbst

Am **EINGANG steht:**

„Wer bist DU? – Wer bin ICH?“

Das ***wunderschön-goldene*** **TOR** zeigt sich uns genau dann, wenn wir uns diese Frage ernsthaft stellen.

Im LEBEN durchqueren wir oft mit viel Mühen und Leid *unwegsames* GELÄNDE.

Wir befinden uns auch oft auf *Irrwegen,* die uns suggerieren wollen, wer wir sind!

Am Ende dieser *Irrwege* stellen wir fest, dass wir in die *Irre* geführt wurden! Leider sind wir hin und wieder empfänglich für solche *Irrwege,* denn sie sind verführerisch, verlockend, attraktiv und schmeicheln außerdem noch unserem Ego.

Diese **IRRWEGE** sind unter anderem **folgende:**

„Ich bin

- ein Mann / eine Frau.
- ein Kind.
- ein/e Jugendliche/r.
- ein alter Mann / eine alte Frau.
- ein/e Deutsche/r.
- ein/e Lehrer/in (alle weltlichen Berufe und Identitäten).
- alt / jung.
- stark / schwach.
- krank / gesund.
- klein / groß (alle Eigenschaften in der dualen Welt!).

- alle Wunschvorstellungen.
- alle Fremdvorstellungen.
- alle Selbst- und Fremd-Zuschreibungen.
- alle Selbst- und Fremd-Bildnisse.
- und vieles Ähnliches mehr.

All diese WEGE führen **nicht** zum TOR des SELBSTS!

Erst wenn wir innerlich ruhig werden und *ernsthafte* **Sehnsucht** nach unserer ***inneren*** **QUELLE** entwickeln, dann werden die *wahrhaftigen* **WEGE** frei und unsere *innerste* **Sehnsucht** schenkt uns *ungeahnte* **KRÄFTE!**

HINDERNISSE verschwinden, lösen sich auf oder stören uns nicht weiter, weil wir dann eine komplett ***neue*** und ***zielstrebige*** **RICHTUNG** (= WEG zum SELBST) einschlagen!

Wir suchen nun im INNERN!

Hurra, das TOR zeigt sich und öffnet sich leicht!

Wir hören einen *wunderbaren* GESANG – unsere *eigene innere* STIMME!

ICH bin (singe wiederholend und kontempliere)
- mein *innerster* SEELENKERN,
- DEIN LICHT,
- LICHT,
- DEIN *innerstes* SEIN,
- *innerstes* SEIN,
- das FREUDENMEER und noch viel mehr,
- bei DIR (= GOTT / GÖTTLICHES SEIN),
- in DIR,
- DEIN WONNE-KIND,
- *reinste* WONNE,

- DEIN LIEBES-KIND,
- *reinste* LIEBE!

Jahrelang habe ich **wiederholt:**
„GOTT ist … / BABA ist … / AMMA ist … / LICHT ist … / …!"

Schließlich habe ich es gewagt **zu wiederholen:**
„ICH bin …!" (siehe oben)

Dieses **ICH** (in Großbuchstaben geschrieben), so wie ich es verstehe, ist nicht das *kleine, begrenzte* **Ich,** nicht das **EGO-Ich,** nicht das **Identitäts-Ich** oder **Eigenschaften-Ich,** sondern der ATMAN, das GÖTTLICHE SEIN, der SEELEN-LICHT-KERN, das ALLUMFASSENDE und das GÖTTLICH-ABSOLUTE.

Zu Beginn nehmen wir GOTT oder das GÖTTLICHE erst nur im Außen und in unseren Vorbildern wahr.

Nach und nach verschwinden die **Wolken** der UNWISSENHEIT und wir stellen fest, dass dieses *höchste* und *reinste* SEIN, dieses *höchste* und *reinste* BEWUSSTSEIN auch **in UNS ist!**

JA, im Innersten sind wir dieses GÖTTLICHE und ALLESUMFASSENDE ICH!

Ich weiß, dass viele Menschen diese Vorstellung für anmaßend halten, doch ich lade dich ein, liebe Leserin und lieber Leser, eigene Erfahrungen in dieser Richtung zu sammeln!

Singe (wenn du magst) an einem *heiligen* (inneren oder äußeren) ORT – aus der TIEFE deines ***innersten*** **SEINS:**

„ICH bin … / … / …!“

Unterwegs auf dem WEG zur **Entfaltung** des HÖCHSTEN beziehungsweise auf dem WEG zur **Entfaltung** unserer GÖTTLICHKEIT sind wir noch lange nicht perfekt!

Wir werden uns wahrscheinlich noch oft täuschen lassen und uns noch blenden und/oder verführen lassen von der *physischen* WELT.

Wir werden noch lange in zwei (oder mehr) *unterschiedlichen* WELTEN leben!

Allmählich wird sich früher oder später diese unsere *physische* WELT wie ein Traum anfühlen!

Es gibt viele Zwischenstadien, Zwischenstufen und Zwischenergebnisse auf unserem langen (oder kurzen) WEG zu GOTT bzw. zur GÖTTLICHKEIT!

Begib dich jetzt auf die Reise!

Die ersten Stufen auf diesem WEG sind, sich als ein KIND einer ***höheren MACHT*** *und als KIND des* ***reinen SEINS*** *zu fühlen!*

Beschreite diesen WEG!

Es lohnt sich, denn ***höhere FREUDE, starker innerer FRIEDEN und sehr viel LIEBE*** *werden dich von Beginn an leiten, erreichen und durchfluten*

– dein Govinda.

100. Weisheitstor: Positive Zauberkraft

Wenn wir vor dieses **TOR** treten, wenn wir zufällig dieses TOR finden oder wir bewusst nach dem **ZAUBER,** der diesem **TOR** *innewohnt,* Ausschau halten, dann hat uns bereits die ***positive*** **MAGIE** erfasst.

Was finden wir **Z**AUBERHAFT?

Welche glücklichen und manchmal sogar (scheinbar) unglücklichen Umstände bringen uns diesem TOR näher?

Was finden wir wunderbar, erhebend, beglückend, bereichernd, aufbauend, förderlich, heilsam und zutiefst beruhigend – also: äußerst **Z**AUBERHAFT?

Es heißt: „… wohnt ein **Z**AUBER inne!"

Erforsche diesen **Z**AUBER!

Halte Ausschau nach diesem **Z**AUBER und nach dieser **ZAUBER**-KRAFT!

Was, wer, welche **Dinge,** *welche* **Worte,** *welche* **Gedanken,** *welche* **Erinnerungen,** *welche* **Bilder,** *welche* **Momente,** *welche* **Gefühle,** *welche* **Ideen,** *welche* **Begegnungen,** *welche* STILLE-Begegnungen mit dem SEIN, mit dem GÖTTLICHEN, mit dem WUNDERBAREN und mit dem ZAUBERHAFTEN, *welche* FÜGUNGEN, *welche* **Erlebnisse,** *welche* **Geschehnisse,** *welche* **Erfahrungen,** *welche* **Lernschritte** … hatten für dich …

den ***inneren*** **ZAUBER** der ***positiven*** **ZAUBER- und WUNDER-KRAFT?**

Es gibt

- *weißen* **Z**AUBER,
- *weiße* MAGIE,
- *heilenden* **Z**AUBER,
- WUNDER-Heilungen,
- *heilsame* ERFAHRUNGEN,
- WEISHEITS-**Z**AUBER,
- EINHEITS-**Z**AUBER,
- VERSÖHNUNGS-**Z**AUBER,
- FRIEDENS-**Z**AUBER,
- LIEBES-**Z**AUBER,
- den **Z**AUBER des WOHLGEFÜHLS,
- den **Z**AUBER des WOHLWOLLENS (für alle),
- den **Z**AUBER der FREUNDLICHKEIT,
- den **Z**AUBER des LÄCHELNS,
- den **Z**AUBER des MITGEFÜHLS,
- den **Z**AUBER des *inneren guten* GEWISSENS,
- den **Z**AUBER der INTUITION und
- den **Z**AUBER des GEFÜHRT-WERDENS.

Das **Wesen** des **ZAUBERS** und der **ZAUBER-KRAFT** ist (aus meiner Sicht):

- *Ruhige* GELASSENHEIT und VERTRAUEN ins Leben, verbunden mit der FREUDE am SEIN, zu verspüren!
- *Potenzielle* LIEBES-, HEILUNGS-, KREATIV-, und SCHAFFENS-KRÄFTE, die in uns liegen, wahrzunehmen, zu kultivieren, zu fördern, zum Leben zu erwecken und zu leben!

Viel FREUDE, tiefe innere ERFÜLLUNG und tiefe innere BEFRIEDIGUNG wünscht dir Govinda beim Entdecken und Anwenden deiner ***positiven ZAUBERKRÄFTE.***

101. Einladungs-Tor: Höchste Macht

Überraschung!
***Höchste* MACHT,** du, lädst uns ein!

Sitze, liege, stehe oder tanze vor deinem (inneren oder/und äußeren) Stille-Kraft-Ort und beginne – tief und frei durchatmend – in Gedanken, im Flüsterton oder laut wiederholend (wenn du magst) **zu singen:**

„DU lädst uns ein … (21x)“

Schalte ab und überlasse dich ganz deiner ***inneren* SEHNSUCHT!**

Dann werden, wie von selbst WORTE, BILDER und MELODIEN in dir aufsteigen.

Heute Morgen **sang** ich:
„DU lädst mich ein

- zu DIR zu kommen.
- bei DIR zu sein.
- bei DIR zu verweilen.
- alle Lasten DIR zu überlassen.
- im tiefsten SEIN zu sein.
- bei DIR zu bleiben.
- mich zu erleichtern.
- mit MIR / mit meinem SELBST zu sein.
- die Dunkelheit zu verlassen.
- ins LICHT zu treten.
- zum LICHT zu kommen.

- glücklich zu sein.
- DIR zu folgen.
- DICH zu feiern.
- bei DIR Kraft zu tanken.
- *höchsten* FRIEDEN zu erleben.
- im SEIN zu verweilen.
- mich von DIR trösten und führen zu lassen.
- sehr nah bei DIR zu sein.
- tief im Innern sehr nah bei MIR zu sein.
- vollkommen frei zu sein.
- „Inneres-Gewahrsein“ zu erleben.
- meiner Natur zu folgen.
- deinen Segen und deine Liebe zu spüren.“

Das TOR wird heller und heller!
Es öffnet sich leicht!
Strahlend-hellblauer HIMMEL und *endlose* WEITEN berühren uns!
Gib dich vollständig an deine inneren Empfindungen und Sinne hin!
Tritt ein!
Verweile darin, solange du möchtest!
Und wenn du heute deinen TAG lebst, dann erinnere dich an dieses TOR: **„EINLADUNG der *höchsten* MACHT“** und werde dir bewusst, dass alles GUTE und SCHÖNE sowie alle *positiven* und *wunderbaren* GEDANKEN, alle *mitfühlenden* WORTE sowie alle *guten, kreativen* und *liebevollen* TATEN **EINGÄNGE** sind, die dich zur ***höchsten* MACHT** führen, beziehungsweise sich ***höchste* MACHT** in DIR und durch DICH offenbart – dein KIND der ***höchsten* MACHT.**

*Govinda grüßt dich, DU **KIND** der **höchsten MACHT!***

102. Weisheitstor: Sei Glücklich!

Dieses ***goldene*** **WONNE-TOR** ist KINDERN meistens sehr nahe!

Es gibt lange ZEITEN, in den denen sich *viele* **Erwachsene** weit entfernt fühlen vom GLÜCKLICH-SEIN.

Alle wollen glücklich sein! Doch *viele* MENSCHEN leben, denken, sprechen und tun *nicht* das, was sie **beglückt,** erfüllt oder ihnen Freude macht!

Viele MENSCHEN ***schneiden sich von ihren inneren*** Spiele-, Träum-, Kuschel-, Kreativitäts-, Entspannungs-, Natur-, „Aus-sich-selbst-schöpfen", Spaß-, Freude-, Spontan-, Bewegungs-, Liebes-, Gefühls-, Tanz-, Gesangs-, Musik-, Schreib-, Mal-, Zeichen-, Gestalt-, Handwerks-, und „Leben-im-Moment"-**KINDERN *ab!***

Das TOR lockt uns!

Vor dem TOR, welches uns hilft, wieder **glücklich zu sein** beziehungsweise wieder etwas glücklicher zu werden, angelangt, erreichen uns etliche *beglückende*, mit vielen *positiven* ERINNERUNGEN verknüpfte DÜFTE. Wir schnuppern!

Tauche ein in *deine* GLÜCKSDÜFTE!

Auf dem TOR sind **Wege** zum **Glücklich-Sein** markiert!

Folgenden Fragen auf den *unterschiedlichen* TOR-ABSCHNITTEN regen uns an, darüber **nachzusinnen:**

„*Wann* waren wir am glücklichsten?"

„*Was* macht uns froh!"

„*Welches* Verhalten macht uns froh?"

„*Wie* bringen wir unsere (oben erwähnten) inneren KINDER zum Schmunzeln, Lächeln, Juchzen und Lachen?"

„Lasst uns das machen, was uns glücklich macht!"

Ruhen, Entspannen, Schauen, Hören, Verweilen, Spüren und Lauschen können **glücklich machen!**

Das **Glück** wohnt in **uns!**

Wir können unser **Glücklich-Sein** fördern, einladen und zurück ins Leben bringen!

Lasst uns NEUES wagen!

Lasst uns erlauben **glücklich zu sein,** in dem wir uns die ERLAUBNIS geben ein bisschen verrückt, verspielt und kindlich-kindisch sein zu dürfen.

Lasst uns unsere TAGE **selbstbestimmt** *einteilen* und *füllen* mit wunderbaren unterschiedlichen – uns **glücklich machenden** oder zumindest froh stimmenden – AKTIVITÄTEN, GEDANKEN und VORGEHENSWEISEN.

Lasst uns anfangen!

So kann beispielsweise das *langsamere* (oder schnellere) *bewusste* „GEHEN", im uns angemessenen Tempo, in vielen Angelegenheiten zur *inneren* AUSGEGLICHENHEIT führen.

Dies ist bereits eine VORSTUFE des **Glücklich-Seins!**

Ruhepausen, Liegephasen, Sofaphasen, gemischt mit Kreativitäts-, Natur- und Bewegungsphasen, helfen uns, unsere TAGE froher, ausgeglichener und **glücklicher** zu gestalten!

„ZU VIEL“ oder „ZU WENIG“, Druck, Überforderung, Unterforderung … –

All dies führt uns auf **Abwege!**

All dies ist nicht förderlich, um das eigene rechte Maß zu finden!

All dies verhindert **Glücklich-sein!**

Unsere ZEIT sinnvoll, gut, erfüllt und **glücklich-machend** zu verbringen und zu genießen, will erlernt sein (wiedererlernt werden)!

Haben wir *Übungsräume* und *Übungsfelder* für unsere FÄHIGKEITEN, bei deren Ausübung wir **glücklich sind?**

Können wir *selbstbestimmt* unsere *vielseitigen* INTERESSEN und FÄHIGKEITEN praktizieren und zum Wohle von uns selbst und anderen praktizieren?

Also, ich hoffe und wünsche mir, dass unsere TAGE von nun an ***etwas glücklicher*** *sein werden!*

Wir erinnern uns:
„Wir können unser ***eigenes Glücklich-Sein***
wesentlich mitentscheiden und mitgestalten!“

– dein Govinda.

103. Indianertor, Tipitor, Feuerstelle (= Visionseingang)

FEDERN und SCHWINGUNGEN der **WEISEN aller** Zeiten und **aller** Kulturen schmücken diesen EINGANG!

Gestern räumte ich ein paar Hefter auf.

Als ich einen rosafarbenen Hefter in der Hand hielt, der Geschichten enthielt, die ich selbst verfasst hatte, schlug ich eine „zufällige" Seite auf! Mich begeisterte die aufgeschlagene Textseite. Es handelte sich um eine INDIANER-GESCHICHTE, die ich am 22. Mai 1998 verfasst hatte.

Ich teile einen kurzen, zusammengefassten AUSZUG mit euch:

„Der **Dorfälteste** saß allein, mitten in der Nacht, am Lagerfeuer!

Der Ahnen-Häuptling, der Ur-, Ur-, Ur-, Ur-, Ur-Großvater des Dorfältesten, war über der **Feuerstelle** als VISION erschienen!

Seine *helle, weiße, reine* und *wohlwollende* SCHWINGUNG hüllte das ganze Dorf ein! …

Auf die Frage des Dorfältesten, was seine *wichtigste* AUFGABE für seine restliche Lebenszeit wäre, hatte der Ahnen-Häuptling TSCHI-TSCHA-HU geantwortet:

„*Erstens,* **erkenne,** dass du das **Bindeglied** zur *geistigen* WELT bist!

Lehre deine Krieger und dein Volk die **Durchdringung** von GEIST und MATERIE! Berichte ihnen von der GEIST-Welt und unterstütze einige Auserwählte, sodass für sie diese GEIST-Welt erfahrbar wird!

Zweitens, **bereite** dein „GEHEN“ in die *andere* WELT **vor!**

Drittens, **liebe** all jene, die dir anvertraut wurden, aber auch all jene, die zu dir finden, auch dann, wenn sie sich nicht deinen Wunschvorstellungen entsprechend verhalten!

Viertens, lasse dich **nicht blenden** von der *äußeren* ERSCHEINUNG!
Nimm die *inneren* REICHTÜMER und SCHÄTZE wahr!
Fördere die MENSCHEN und *ihre* FÄHIGKEITEN!
Achte ihre LEIDEN, die sie innerlich wachsen lassen!“

HUGH, ich habe gesprochen

– dein Govinda.

104. Goldener Torbogen

Stelle dir vor, du sitzt in einem *wunderschönem* **RUND-LICHT-TOR-BOGEN (= RLTB).**

Dieser strahlt *angenehm-goldenes* LICHT auf dich aus und gleichzeitig strahlt ER auch, wie ein *goldener* REGENBOGEN, nach außen!

Lasse nun ERINNERUNGEN in dir aufsteigen an einen wunderbaren **Sonnenaufgang** über dem Meer!

Dehne deine innere Sicht aus!

Vielleicht wird dir bewusst, dass dieser **RLTB,** in dem du sitzt, zum ENERGIEFELD einer *vertrauten* **Wesenheit** gehört (GOTT, MEISTER, ENGEL …).

Genieße!

Leere dich!

Atme dich frei!

Fülle dich an mit dieser SCHWINGUNG!

Dehne dich aus und lasse dich (falls du magst) verschmelzen mit dieser dir *vertrauten* **Wesenheit**!

Verweile!

Spüre den SEGEN, die VERTRAUTHEIT, die GEBORGENHEIT und die *väterlich-mütterliche* LIEBE!

Beschäftigt dich eine *wahrhaftig-wichtige* **Frage**?

Dann **formuliere** sie jetzt klar und eindeutig!

Lausche der **Antwort,** in Form von inneren Bildern, inneren Filmen, Erinnerungen, Gedanken, Eingebungen, Worten Zeichen und Gefühlen!

Oder **äußere** ein bis zwei *wahrhaftige* und *heilsame* HERZENS-WÜNSCHE, die dir oder/und anderen Glück, Liebe, Frieden und Zufriedenheit bringen! Vielleicht fließen Tränen.

Lausche und übergib deine HERZENSWÜNSCHE dem **RLTB!**

Verweile an diesem **RLTB** so lange, wie du möchtest.

Wenn du wieder aus der *inneren* **Welt,** in deine Alltagswelt zurückgekehrt bist, dann versuche, dich klar an die **Antworten,** die **Segnungen** und an die damit verbundenen *wunderbaren* **Gefühle** zu erinnern.

Was ist ein **Traum**?

Unsere *physische* WELT ist ein **Traum,** wenn wir sie mit **LICHT**-SEELEN-SENSOREN betrachten!

Unsere VISIONEN sind ein **Traum,** wenn wir sie mit unserem Alltags-Bewusstsein betrachten!

In den letzten Jahren habe ich immer häufiger das starke GEFÜHL, dass die physische WELT nur ein TRAUM ist.

Die SEELEN-WELT erscheint mir oftmals viel realer.

Natürlich bin ich weit davon entfernt, völlig angekommen zu sein, doch innerlich befinde ich mich seit den letzten Jahren intensiver und klarer auf dem – wie DU auch, so hoffe ich, – ***LICHT-WEG!***

Erlaube dir, in ***beiden*** *WELTEN zu leben und zu lieben*

– dein Govinda.

105. Weisheitstor: Abschied

(Winter-/Winterzeit Abschied) Sonntag, 21. März 2021

Dieser ***goldene*** **TOR-BOGEN** steht auf einem HÜGEL!

ER steht dort **ohne** Mauern, Wände und Räume, in einer *herrlich-sonnigen* **Frühlingslandschaft**.

Dieses SYMBOLTOR ist verhängt mit *zwei großen* und *reinschwarzen* **Vorhängen!**

Hier haben wir die Gelegenheit, ABSCHIEDE zu vollziehen, „aus-zu-heilen“, abzuschließen, zu würdigen und zu feiern!

Das DANKESLIED

„Im LICHT deiner LIEBE … /

Im LICHT deiner GEGENWART …!“ erfüllt die Atmosphäre!

Lies erst weiter, wenn du ungestört bist, wenn du dir Zeit für **unbearbeitete** oder **unvollständige** ABSCHIEDE nehmen willst, wenn du bereit bist, dich tiefer einzulassen, und wenn du bereit bist, loszulassen und zu weinen!

Der Frühlingswind wird stärker.

Die *schwarzen* VORHÄNGE werden vom Wind bewegt und/oder sie öffnen sich ein wenig von allein.

Was „siehst“ du?

Welche BILDER, ABSCHIEDSSZENEN und ABSCHIEDSGEFÜHLE steigen im Innern in dir hoch?

Ein **Vorhang** ist bemalt mit *verschlossenen* TÜREN und TOREN! Materielle Dinge, Lebensabschnitte, menschliche Abschnitte sowie Abschiede von Orten und Zeiten sind darauf in SYMBOLEN und BILDERN abgebildet.

Der *andere* **Vorhang** offenbart *tieferliegende* **Geheimnisse** des LEBENS und des *menschlichen* SEINS.

HIER wissen wir, dass unser Körper, alle Körper, die Welt und jegliches Leben sich in *ständiger* VERÄNDERUNG und AUFLÖSUNG befinden!

HIER wissen wir, dass der Körper dem Tode geweiht ist!

Und gleichzeitig offenbart sich HIER die ***seelische*** **WELT,** die ihren eigenen Gesetzen folgt.

HIER existieren weder Zeit, Ort, Raum, Tod noch Veränderungen!

HIER herrschen Gewahrsein, reine Stille und Ewigkeit!

Nun beginne, innerlich laut (also leise), kraftvoll und voller Überzeugung obiges LIED zu **singen:**

Im LICHT deiner LIEBE,

- deiner GEGENWART,
- deiner FREUNDLICHKEIT,
- deiner STIMME,
- deines BLICKES,
- deiner BERÜHRUNG,
- deiner FRÖHLICHKEIT,
- deiner SCHERZE,
- deines SEGENS,
- deiner GÜTE,
- deiner NÄHE,

• deiner WEISHEIT,
• deiner HERZENSWÄRME,
• deiner GEMEINSCHAFT
♥ durfte ich verweilen.
♥ durfte ich (dich) lieben
♥ durfte ich spielen.
♥ durfte ich sein.
♥ durfte ich so sein wie ich bin.
♥ wurde ich geliebt.
♥ wurde ich mit Liebe überschüttet.
♥ durfte ich loslassen.
♥ wurde ich gesehen, erkannt und anerkannt.
♥ war ich glücklich.
♥ bin ich glücklich.
♥ durfte ich spielen, lernen, tanzen, lachen, still sein und spontan sein.
♥ fühlte ich mich geborgen.
♥ fühle ich mich geborgen.
♥ wurde ich gefördert.
♥ wurde ich begleitet.
♥ wurde ich durchs Leben geführt.
♥ wurde ich beschützt.
♥ wurde ich immer wieder gesegnet.
♥ wurde ich zum Licht geführt.
♥ lernte ich meinen Seelenkern immer besser kennen.
♥ erfuhr ich Heilung.
♥ wurde mir verziehen.
♥ wurde ich beschenkt und beschenkt und beschenkt

Vielleicht ist es an der Zeit durchs Tränental zu gehen?!

Sei dir jedoch bewusst, dass alles, was sich in der VERGANGENHEIT abspielte dazu diente, bewusster, freier, glücklicher und liebender zu werden! Lasse los!

Ich weiß aus eigener ERFAHRUNG, dass manche *schmerzhaften* ABSCHIEDE, die hoffentlich in Frieden, Liebe, Dankbarkeit oder zumindest in Neutralität münden, viele Jahre, vielleicht sogar Jahrzehnte andauern können!

Ein sehr *positives* und sehr *persönliches* ABSCHIEDSERLEBNIS hatte ich an meinem Abreisetag (letzter Tag) im **Jahr 2016** im **ASHRAM von AMMA (= AMRITAPURI -** Amrita = göttlicher Nektar, der Unsterblichkeit verleiht; Puri = heilige Stätte).

Dieser *letzte* TAG meines Aufenthaltes in AMRITAPURI war sehr besonders! Mein Mantra an diesem Tag **lautete:**

„Mein letzter … mein letztes …!“

Mit einem starken *Gefühl* von DANKBARKEIT und WERTSCHÄTZUNG und zugleich mit einem *Gefühl* von WEHMUT und ABSCHIED erlebte ich an diesem Tag viele Plätze und Szenen im Ahram sehr bewusst, denn mir wurde klar, dass dieser Besuch im Jahr 2016, vielleicht mein letzter Besuch in diesem Leben von AMRITAPURI sein könnte.

So erlebte ich intensiv meinen *letzten* **AMMA-DARSHAN,** mein *letztes* ESSEN in der Halle, meinen *letzten* GANG durch den Ashram, meinen *letzten* BESUCH der Feuerstelle, mein *letztes* BHAJANSINGEN und besonders meinen *letzten* BESUCH im Tempel.

Liebevoll, inniglich und voller VEREHRUNG berührte ich im **KALITEMPEL** die **SÄULEN** und sprach in Gedanken zu ihnen:

„Ihr *lieben, lieben* **SÄULEN,** ich danke euch. Ich liebe, verehre und beneide euch, denn ihr seid Zeit eures Lebens an diesem heiligen Ort, in diesem heiligen Tempel, in AMRITAPURI, an AMMAS Geburtsort, an AMMAS Wirkungsstätte und somit stets von heiliger und gesegneter Schwingung umgeben und durchdrungen. Wie beneidenswert!“

Am liebsten hätte ich die **SÄULEN** fest umarmt, gehalten und geküsst. In Gedanken tat ich dies auch mehrfach. Da sich stets viele Menschen im Ashram aufhalten, berührte ich die **SÄULEN** nur mit meinen Fingern und gelegentlich mit der ganzen Hand, so, als wollte ich, nach außen hin gespielt, mich anlehnen oder ihre Standfestigkeit prüfen!

Die **SÄULEN** waren für mich Reinkarnationen der *Gopi*s, der *Kuhhirten-Mädchen,* die *KRISHNA*, der vor circa 5000 Jahren lebte und als eine *göttliche* INKARNATION verehrt wird, *sehr stark liebten.* Die *Gopis* liebten *KRISHNA,* auch wenn er physisch nicht anwesend war, über alle Maßen.

Vielleicht haben sich die *Gopis* in diesen **SÄULEN** als ENGEL niedergelassen!?

Nun waren die **SÄULEN** wieder bei einer *göttlichen* INKARNATION, bei *AMMA* gelandet und durften ihre Liebe und ihren Dienst AMMA darbringen. Auch **SIE** verzehren sich sicherlich nach AMMAS Liebe, wenn sie nicht im Ashram verweilt.

Genauso kommunizierte ich auch höchst verehrungswürdig, respektvoll und dankbar mit dem MARMORBODEN.

Ich fühlte mich gesegnet, dass ich diesen **ABSCHIED** *so wertschätzend und inniglich zelebrieren durfte.*

So genoss ich jeden Schritt auf diesem mir so sehr kostbaren Gelände!

Meinem *inneren* **Monolog** folgend sprach ich weiterhin sehr liebevoll mit den GEBÄUDETEILEN:

„OH und OHHHHMMM, ihr *glücklichen* **SÄULEN,** ihr badet stets in dieser *reinen, liebenden* und *göttlichen* SCHWINGUNG.
Ihr seid stets von dieser SCHWINGUNG umgeben!
Ihr seid stets mit dieser SCHWINGUNG verbunden!
Ich beglückwünsche euch für dieses Privileg!
Ich muss zugeben, dass ich euch sehr beneide!

Ich bedanke mich bei euch dafür, dass ihr AMMA, allen Besucher/n/innen sowie allen Ashrambewohner/n/innen einen so *wunderbaren* DIENST erweist!
Ihr seid wahrlich gesegnet!
Ihr seid wahre AMMA-Devotees und GOTT-HINGEGEBENE!
Ich bedanke mich auch bei euch für die *Hingabe, Liebe* und *Gefühle der Verehrung,* die ich dank eurer Existenz hier erlebe!“

Lass mich eine ***LICHT-****SÄULE* in deinem GEBÄUDE aus LICHT und LIEBE sein!

Lass mich eine ***LICHT-****SÄULE* aus WAHRHEIT und WAHRHAFTIGKEIT sein!

Lass mich eine ***LICHT-****SÄULE* des Lichtes und des Feuers der HINGABE sein!

Ich will dir Mut machen!

Schaue in DANKBARKEIT zurück und wisse, dass ***alle*** *MENSCHEN, denen du je begegnet bist, dass* ***alle*** *BEGEBENHEITEN, die du je erleben durftest, dass* ***alle*** *ORTE, an denen du je sein durftest und dass alle Lebens- und Zeitabschnitte, die du je erlebt hast,*

GESCHENKE aus ***ein und derselben QUELLE*** *waren*

– dein Govinda.

106. Weisheitstor: Ort des höchsten Friedens

Dieses **TOR** bleibt oft unsichtbar!

ES befindet sich jedoch immer in unserer Nähe und Reichweite!

Wenn es uns gelingt, innerlich zur Ruhe zu kommen, wenn wir beim Beten, Singen, Kontemplieren, Meditieren, Denken, Sprechen und Handeln tief mit unserem ***innersten*** **SEIN verbunden sind,** dann berührten uns bereits die **LICHT**-FLÜGEL dieses TORES.

Je tiefer und je intensiver wir mit unserem ***innersten, reinen*** **GEWISSEN** – mit unserem *innersten* **LICHT**-KERN – **verbunden sind,** umso näher rückt dieser ORT des ***höchsten*** **FRIEDENS.**

Schließlich stellen wir fest, dass dieser ORT **um** UNS und **in** UNS ist!

Oder wir spüren, dass dieser ORT unser *innerstes* FRIEDE-FREUDE-GLÜCK ist!

Wir, als *innerster* SEELEN-KERN, sind dieser ORT des ***höchsten*** **FRIEDENS!**

Vielleicht hilft uns die Vorstellung, dass uns die KRAFT und ENERGIE dieses **FRIEDENS**-ORTES durchdringen, uns zur Verfügung stehen und uns überallhin begleiten!

Verbinde dich jetzt mit den ***Schwingungen*** dieses **FRIEDENS**-ORTES!

Verbinde dich mit den ***Schwingungen*** des *höchsten* **FRIEDENS!**

Das Unterbewusstsein liebt Bilder und Symbole, daher lasse nun innere Bilder, Orte, Begebenheiten oder Symbole in dir aufsteigen, die diesen **Eingang** für dich repräsentieren, obwohl klar ist, dass **FRIEDEN** keine Form hat und dass **FRIEDEN** raum- und zeitlos ist.

Denke nun an die, für dich, ***heiligsten*** **ORTE** und hole die ***Schwingung*** dieser *heiligsten* ORTE zu dir!
Hole die ***heilige Schwingung*** in dein jetziges Leben!

GEISTESFRIEDEN („Peace of mind“) gepaart mit LIEBE im Herzen ist ***wahrer*** **FRIEDEN!**

Ersehne **F***RIEDEN!*
Erreiche **F***RIEDEN!*
Bade im höchsten **F***RIEDEN!*
Lebe **F***RIEDEN!*
Verteile **F***RIEDEN!*
Baue **F***RIEDEN auf!*
Strahle **F***RIEDEN aus!*

Sei ***FRIEDEN*** *– dein Govinda!*

PS: Bleibe dran, auch wenn deine persönlichen Erfahrungen oder weltlichen Ereignisse, in deinem gegenwärtigem Leben den obigen Gedanken widersprechen!

Suche, finde, begrüße, genieße ***FRIEDEN*** *und sei* ***höchster FRIEDEN*** *– so oft und so stark es dir möglich ist*

– dein Govinda.

107. Weisheitstor zum Göttlichen

Karfreitag, der 2. April 2021

Dieses *geheimnisvolle*, *riesige* und ***goldene*** **TOR** ist immer sonnenbeschienen und gleichzeitig leuchtet es aus sich selbst heraus im LICHT der ERKENNTNIS!

Dieses ***goldene*** **TOR** zeigt sich nur jenen, die eine **tiefe Sehnsucht** nach *höherem* SINN, UNIVERSALITÄT, EINHEIT, *dauerhaftem* GLÜCK, *wahrhafter* LIEBE und *tiefer* WAHRHEIT verspüren.

ES zeigt sich nur jenen, die eine **tiefe Sehnsucht** nach *immerwährendem* GLÜCK und nach der EINHEIT mit dem HÖCHSTEN entwickelt haben!

Klopfe an und das TOR wird sich öffnen!

„Anklopfen" heißt in diesem Zusammenhang, einerseits die **Sehnsucht** zu bündeln und zu verstärken, und andererseits bedeutet es auch, sich darüber klar zu werden, worauf Du deine **Sehnsucht** richten willst beziehungsweise was du am stärksten ersehnst!

Dieses **GOLDTOR** ist anfangs ein KONTEMPLATIONS- und KLANG-TOR!

Eines der *größten* und *machtvollsten* **MANTRAS** und **LIEDER lautet:**

- **GOTT ist** …,
- GÖTTLICHKEIT ist …,

- das ABSOLUTE ist ….
- die ALLERHÖCHSTE und ALLERSTÄRKSTE KRAFT ist …,
- das REINSTE SEIN ist …
- (Benenne ES mit deinen eigenen Worten!)

Irgendwann dämmert es in uns und wir erleben in *lichtvollen* und *gesegneten* MOMENTEN, dass dieses **HÖCHSTE** auch **in** UNS wohnt, dann beginnen wir **zu singen:**

„ICH bin …!“

Ich **singe** heute in meinem Refugium:

„ER / SIE / ES ist

- überall gegenwärtig!
- in allen Zeiten anwesend und doch selbst ohne Zeit!
- feiner als das FEINSTE!
- subtiler als das SUBTILSTE!
- mächtiger als das MÄCHTIGSTE!
- allesbewirkend!
- immer nah und immer da!
- heiliger als alle heiligen Orte und Plätze!
- an jedem heiligen Ort anwesend sowie an allen Orten und vor allem in unseren Herzen!
- ist nicht geboren, daher stirbt es auch nicht!
- nicht von dieser Welt!
- eigenschaftslos und formlos!
- DAS, was uns immer und überallhin begleitet!“

„ER / SIE / ES

- zeigt sich als *allumfassende* LIEBE!
- zeigt sich als *höchste* WAHRHEIT!

- birgt alle Welten in sich!
- denkt nicht und ist mit den Gedanken nicht fassbar!
- redet nicht und ist mit Worten nicht beschreibbar!
- handelt nicht und ist durch Handlungen nicht erreichbar!
- *große* STILLE und *reines* GEWAHRSEIN!
- ein ALLHEILMITTEL!“

Das **TOR** öffnet sich allmählich langsam.

Lasse dich erleuchten!

Erstrahle in diesem ***höchsten*** **LICHT** und in diesem ***höchsten*** **SEIN!**

Sei nicht beunruhigt oder verzweifelt, wenn es dir nicht auf Anhieb gelingt, NÄHE zum *höchsten* SEIN zu spüren!

GEDULD und BEHARRLICHKEIT bringen dich deinem **Ziel** näher!

Spirituelle PRAXIS, *spirituelle* ÜBUNGEN, *spirituelles* TRAINING, KONTEMPLATION, MEDITATION, *gelebte* NÄCHSTENLIEBE, ... - sowie ERKENNTNISSE und SEGNUNGEN werden dieses **TOR** für dich öffnen!

Denke oft an diese ***höchste*** **MACHT!**

Denke in DANKBARKEIT an diese ***höchste*** **MACHT!**

Danke IHR, dass du bis hierher, bis an diesen PUNKT (= heute) deiner Entwicklung, geführt wurdest!

Vertraue fest darauf, dass du auch weiterhin in deinem LEBEN geführt wirst!

Vertraue darauf, dass du immer die *ausreichend-notwendige* UNTERSTÜTZUNG erhältst, die du benötigst!

Schon heute, schon jetzt und immer wieder, dürfen wir die STRAHLEN und die *hohen* SCHWINGUNGEN dieses **ER-KENNTNIS-TORES** erfahren und genießen!

*Schreite mutig voran zum **LICHT** und auf deinem **WEG zur GÖTTLICHKEIT!***

*Sei vom **LICHT** umgeben, durchdrungen und geführt*

– dein Govinda!

108. Tor zur Lichtfestung – Tor zum Lichtfest des Seins

Wenn wir uns in angenehmer Ruhe befinden, tief nach innen horchen, uns nach innen sinken lassen und *singen*, dann erahnen wir die **STILLE-KRAFT,** die **LICHTFESTUNG** und das **LICHTFEST** des *reinen* SEINS.

Die **L**ICHTFESTUNG und das **L**ICHTFEST des *reinen* SEINS scheinen gelegentlich weit, sehr weit weg zu sein, so als wären sie in einer anderen Welt!

Es reicht jedoch ein *winziger* **Funke,** ein **Erkenntnisblitz**, ein *erlebter*, *kleiner* **Strahl** des SEINS oder der LIEBE, um unsere **SEHNSUCHT** zu entfachen!

Wenn dies geschieht, dann **rufen** wir:

Wir sind DEIN, DU

- *höchstes* SEIN.
- *höchste/r* MEISTER/IN.
- RAMA BHAGAVAN, KRISHNA BHAGAVAN, JESUS BHAGAVAN, SHIVA-SAI BHAGAVAN.

Lasse mich ein

- DU *höchstes* SEIN.
- DU *höchste/r* MEISTER/IN.
- in die **L**ICHTFESTUNG.
- in das **L**ICHTFEST des SEINS.
- in die große STILLE des SEINS.
- in das SEIN, in den Sonnenschein des *ewigen* SEINS.
- in das *entspannte* SEIN.
- in das Stille, Weite und *erfüllende* SEIN.

- in das *leuchtend-ewige* SEIN.
- in das *reinste* SEIN.

Aus der **LICHTFESTUNG** oder aus unserem *innersten* SEIN erklingt eine uns *frohmachende* **Stimme:**

„Tritt ein!

Du bist willkommen!

Schließe die lauten Türen zur Welt und dann lasse alle Türen, alles Wollen und alles Wünschen los und sei im *reinen* **SEIN!**

Genieße das *freie, offene, weite* und *erholsame* **SEIN!“**

Das **SEIN** ertönt:

- „ICH bin weder im Innern, noch im Außen!“
- „ICH bin überall!“
- „ICH bin weder hell noch dunkel!“
- „ICH bin weder rein noch unrein!
- „ICH bin eigenschaftslos!
- „ICH bin *reines* GEWAHRSEIN, *reines* BEWUSSTSEIN und reines
- GEGENWÄRTIG-SEIN!“
- „ICH bin das, was ICH bin!“
- „ICH bin DU!“
- „ICH bin SEIN!“
- „ICH bin SEIN und NICHTSEIN!“!
- „ICH bin!“

„Alles ist in MIR!

ICH bin in **allem**!

Alles ist in MIR mit **allem** verbunden!“

„Keine **Begrenzung** ist in MIR!
Kein **Verlangen** ist in MIR!
Alle RÄUME durchdringe ICH – doch selbst bin ICH raumlos!
ICH kenne keine ZEIT und doch bin ICH in allen ZEITEN anwesend – immer makellos rein!
ICH bin STILLE und WONNE-FRIEDEN!
Tauche ein in MICH!
Tauche ein in *meinen* FRIEDEN des SEINS, in *meine* WEITE des SEINS, in *meine* SCHÖNHEIT des SEINS, in *meinen* SEGEN des SEINS und in *meine* FÜLLE des SEINS – ohne Gedanken, ohne „Welt", ohne Pflicht, ohne Konzepte, ohne Identifikationen, ohne Pläne, ohne Erwartungen und ohne Wunsch!"

Öffne dich dem SEIN!
Sinke hinein, schwebe, tauche und fliege in der ***LICHTFESTUNG*** *und im* ***SEELE-SEIN*** *des* ***reinen SEINS!***

Erhebe dich zur ***LICHTFESTUNG*** *und gelange ins*
SEELE-SEIN *des* ***reinen SEINS***

– dein Govinda.

109. Weisheitstor: Lichtvolle Begegnungen

Dieses *wundervolle* WEISHEITSTOR beinhaltet alle *kleinen, flüchtigen und scheinbar unbedeutenden* **BEGEGNUNGEN** bis hin zu den *herzbewegenden, großen und wichtigsten* **BEGEGNUNGEN** in unserem Leben!

Die ***linke goldene*** **TORHÄLFTE** dieses RUNDBOGEN-TORES besteht aus vielen, kleinen unterschiedlichen *goldenen* **Relief-Schmetterlingen**, die alle zusammengenommen **einen** *wunderschönen* ***goldenen*** **SCHMETTERLINGS-FLÜGEL** ergeben.

Diese **TORHÄLFTE** symbolisiert die *vielen, kleinen* und *schönen*

- LICHT-**B**EGEGNUNGEN,
- HERZ-**B**EGEGNUNGEN,
- *lächelnden* **B**EGEGNUNGEN,
- LACH-**B**EGEGNUNGEN,
- FREUDE-**B**EGEGNUNGEN,
- LIEBES-**B**EGEGNUNGEN,
- WOHLFÜHL-**B**EGEGNUNGEN,
- GLÜCKSMOMENTE-**B**EGEGNUNGEN, …

Erfreue dich darin!

Bedanke dich bei all diesen *kurzen* und *flüchtigen* **B**EGEGNUNGEN und freue dich erneut daran, dass du sie erleben durftest!

Jede *winzige* **B**EGEGNUNG dieser Art hat dich reicher und glücklicher gemacht.

Sei dir bewusst, dass du heute *kurze* und *kleine* **B**EGEGNUNGEN bewusst schön, freudig, herzlich, humorvoll, dankbar und liebevoll **gestalten** und **initiieren** kannst.

Die *goldenen* GLÜCKSMOMENTE auf dieser SCHMETTERLINGS-FLÜGEL -TÜR werden jeden Tag mehr.

Die ***rechte goldene*** **TORHÄLFTE** enthält *große, sehr große* und *riesige,* ***goldene*** **SCHMETTERLINGS-FLÜGEL,** die ebenfalls zusammen **einen** *luftig-leichten* und ***gigantisch-goldenen*** **TORBOGEN** ergeben, der noch einmal **alle** MENSCHEN liebevoll berührt, die daran beteiligt waren.

Dieses SCHMETTERLINGS-FLÜGEL-TOR reicht weit in den HIMMEL hinein und umrundet dann die *gesamte* ERDE.

Tränen der Dankbarkeit, **T**ränen der Freude, **T**ränen des Gerührt-Seins, **T**ränen der Erleichterung, **T**ränen des Loslassens und **Tr**änen des positiven Abschiedes **fließen** an diesem TORBOGEN **herunter!**

Auf diesem **SCHMETTERLINGS-FLÜGEL-TOR** sind auch **all die B**EGEGNUNGEN festgehalten, bei denen du mit BEISTAND, TROST, ZUVERSICHT und MITGEFÜHL anwesend sein durftest.

Sei zutiefst *dankbar,* dass sich dir gegenüber MENSCHEN, TIERE und PFLANZEN **geöffnet** haben und dass sie sich dir **anvertraut haben.**

Lichtvolle **B**EGEGNUNGEN erheben, beflügeln und erfreuen alle *beteiligten* PERSONEN, TIERE und PFLANZEN!

Du wirst feststellen, dass sich dir mehr und mehr MENSCHEN öffnen und anvertrauen, je mehr du selbst die **Tiefen** deiner SEELE ausgelotet hast und je mehr du deine *inneren* **Konfliktthemen** ausgeheilt hast!

Je *tiefer* du bei dir selbst, in dein INNERSTES, hinabsteigst,

- **je** *besser* du deine *innersten verborgenen* HÖHLEN deiner Persönlichkeit, erforscht, ausgelotet und durchlebt hast,
- **je** *mehr* du dich befreit hast (auch mit Hilfe anderer Menschen) und
- **je** *mehr* LICHT und ERLÖSUNG du in deine Angelegenheiten gebracht hast, umso mehr werden sich dir *andere* MENSCHEN mit ihren *tiefen* – oft nach außen hin *verborgenen* – *inneren* **Anteilen anvertrauen** und **offenbaren!**

Wie wunderbar!

Nimm teil am LEBEN und genieße ***all*** *deine BEGEGNUNGEN und* ***all*** *dein KONTAKTE* ***mit*** *und* ***in LIEBE***

– dein Govinda.

110. Weisheitstor: Lichtgewand - Lichtsari

Heute Morgen **sang** ich sehnsüchtig:

„AMMA, LICHT-SEELEN-MAMA, in *deinem weißen* LICHT-SARI

- stehst DU vor mir und segnest mich und alle an die ich denke!
- überschüttest DU mich mit *mütterlicher* LIEBE!
- ...!"

„Mit deinem *weißen* LICHT-SARI

- wickelst du alle leidenden Menschen ein!
- ...!"

Seit 2016 trage ich als GRUNDFARBE überwiegend nur noch Weiß!

Diese ENTSCHEIDUNG traf ich spontan 2016, nach vielen Jahren der *spirituellen* ENTWICKLUNG auf meinem *spirituellen* WEG!

Als ich von meinem ASHRAM-Besuch 2016 wieder zurück nach Deutschland kam, wurde mir innerlich klar, dass ich von nun an diese **weiße** FARBE, als Zeichen der **Verbundenheit** mit der LICHTWELT und der *spirituellen* WELT beibehalten möchte.

So entschloss ich mich also, im Alter von 54 Jahren, den *spirituellen* WEG und meinen „LICHTWEG" zum Mittelpunkt meines Lebens zu machen.

Die **weiße** KLEIDUNG sollte mich von nun an daran erinnern, dass ich mich, egal, wo ich mich aufhielt, im ASHRAM von GOTT befand – denn die *gesamte* **Erde** ist GOTTES ASHRAM.

Noch heute fühlt sich meine Entscheidung stimmig für mich an!

Ich war ca. 19 Male in Indien und trug in BABAS und AMMAS ASHRAM immer **weiße** KLEIDUNG!

Wenn AMMA nach Deutschland kam, und ich sie in Mannheim, München, Köln-Bonn oder Berlin aufsuchte, dann trug ich ebenfalls immer **weiße** KLEIDUNG.

Ich fühle mich sehr wohl in **weißer** KLEIDUNG – ja, ich liebe es **weiße** KLEIDUNG zu tragen!

Ich empfinde es nicht als Opfer, keine anderen Farben zu tragen, sondern als BEFREIUNG, GENUSS und FREUDE.

Diese FARBE **Weiß** verbindet mich innerlich mit AMMA und BABA!

Des Weiteren erinnert mich die FARBE **Weiß** daran, mich zu bemühen strahlender, heller und reiner zu werden!

Auf **weißer** KLEIDUNG werden kleine und geringe Verschmutzungen schnell sichtbar, sodass eine REINIGUNG dieser Kleidung früher notwendig wird als bei farbiger Wäsche.

Auf mein VERHALTEN übertragen bedeutet dies, dass ich bereits kleine Verhaltensmängel, Charakterschwächen und Fehlverhalten möglichst schnell beseitigen sollte.

In **weißer** KLEIDUNG achte ich in der Regel auch eher darauf, mich nicht zu schnell oder zu sehr zu beschmutzen, das heißt, ich bemühe mich „geistig“ und „emotional“ nicht zu leicht zu „verschmutzen“!

Die FARBE **Weiß** zu tragen, bedeutet für mich auch, möglichst die **Reinheit** der SEELE nach außen zu bringen- durch mein *Verhalten,* mein *Denken,* mein *Fühlen,* meine *Worte* und durch mein *Tun.*

Das Tragen **weißer** FARBEN erinnert mich stets an das **Ziel** der LICHT-WERDUNG und das **Ziel** der VEREDELUNG meines CHARAKTERS.

Ich stelle mich durch das Tragen **weißer** FARBEN mehr und mehr auf das ***höchste*** **LICHT** in *allen* BEREICHEN meines Lebens ein.

Ich entsage allen anderen Farben, denn ich trage nur **weiße** FARBEN, das heißt, ich entsage den vielfältigen *Verlockungen, Vergnügungen* und *Versuchungen* der WELT und erhalte im Gegenzug den SEGEN des **ALLEINEN-SEINS.**

Ich fokussiere mich auf das **EINE,** auf die EINHEIT, auf **Weiß,** auf die FARBE, die alle anderen Farben enthält.

.

Es ist mein ANLIEGEN, mehr und mehr **LICHT,** HOFFNUNG, LIEBE und WEISHEIT zu leben und zu verbreiten!
Meine **weiße** KLEIDUNG unterstützt mich dabei!

AMMA trug und trägt ausschließlich **weiße** KLEIDUNG.
Nur zu besonderen Festlichkeiten, zu den DEVI-BHAVA-DARSHANS (= spezieller Darshan, bei dem AMMA eine Krone und einen wunderschönen bunten Sari trägt! AMMA strahlt dann noch stärker die göttliche Kraft der Gottesmutter aus), trug AMMA bunte Saris und eine Krone.

BABA trug überwiegend orangefarbene ROBEN, außer an speziellen spirituellen Festtagen, da trug er auch Weiß, Gelb, Weinrot o. Ä. m.!

Die *männlichen* SAI-Devotees tragen in der Regel **weiße** KLEIDUNG.

Die *weiblichen* SAI-Devotees tragen in der Regel **bunte** SARIS beziehungsweise Kleidung!

Bei **AMMA** tragen sowohl Frauen als auch Männer, die in ihrem Ashram leben, **weiße** KLEIDUNG.

Das Tragen **weißer** KLEIDUNG zeichnet mich also als **SAI- und AMMA-Devotee** aus.

In Indien ist **Weiß** ist auch die FARBE der in der Welt lebenden Entsagenden.

Orange hingegen ist die FARBE der Sannyasins (= Menschen, die der Welt entsagt haben und in Besitzlosigkeit leben)

Gelb ist die FARBE der Vorstufe der *spirituellen* Aspirant/en/innen, die später Sannyassins werden wollen.

Bei **AMMA** im ASHRAM sieht man überwiegend ***weißgekleidete,*** *aber auch* ***gelbgekleidete*** und ***orangegekleidete*** ASHRAM-BEWOHNER/INNEN.

Meine JACKEN sind *gelb* oder *orangefarben!*

Einerseits, um nicht zu extrem aufzufallen und andererseits helfen mir diese FARBEN **orange** und **gelb,** mich ebenfalls mit BABA, AMMA und *spiritueller* ATMOSPHÄRE verbunden zu fühlen.

Das SIVANANADA YOGALEHERER Outfit ist weiß-gelb!

Auch ich trage eine weiße Hose und ein gelbes T-Shirt, wenn ich Yoga unterrichte.

Ich trage entweder **weiß** oder **weiß-gelbe** KLEIDUNG, wenn ich Wassergymnastik, Rehasport oder Sonstiges unterrichte und fühle mich damit ebenfalls sehr wohl.

BABA, LICHT-SEELEN-PAPA, in deinem LICHT-GEWAND

- segne ich alle die ich treffe.
- werfe ich BLÜTENBLÄTTER der *Liebe* auf alle, die ich treffe und zu allen, an die ich denke.
- verteile ich euer PRASAD, eure SEGENSSPEISE, eure ALL-LIEBE und eure Segnungen.
- entzünde ich Lichter und Flammen in allen, die ich treffe und in allen, an die ich denke.
- schenke ich FREUDEN-BONBONS.
- verteile ich eure LICHT-LIEBES-BONBONS.
- verwandele ich mich in AMMA-GOVINDA oder SAI-GOVINDA.
- verwandelt sich alles um mich herum und alles, was ich denke, in einen LICHT-TEMPEL.
- bin ich mutig genug, meine LIEBE zu zeigen, zu verschenken und auszudrücken.
- denke ich lichtvoll an das WOHL anderer.
- fühle ich mich als euer LICHT-SOHN.
- fühle ich mich als eure LICHT-SONNE.

Am 11. August 2022, an einem Donnerstagabend, kam eine liebenswerte, indische ältere Dame, namens GANGA, ins SATHYA SAI Zentrum zu unserem Bhajan-Gesangs-Abend. Sie hatte eine **orangefarbene ROBE** von SHATYA SAI BABA dabei, die sie zusammengefaltet feierlich auf den Stuhl von SWAMI legte.

Am Ende des Bhajanabends erzählte GANGA uns, was es mit dieser Robe auf sich hat. Die Robe war ein Geschenk von BABA an ihre Eltern, die mittlerweile verstorben sind.

Vor vielen Jahren hielten sich ihre Eltern in Prashanti Nilayam auf. SWAMI fragte an einem bestimmten Tag schelmisch ihre Mutter beim Darshan, was heute für ein Tag sei. Ihre Mutter zuckte mit den Schultern und gab damit zu verstehen, dass sie nicht wusste, was für ein besonderer Tag heute sei.

Daraufhin sagte BABA zu ihr: „Heute ist euer 25. Hochzeitstag! Bitte geht zum Interviewraum.“

GANGAS Eltern erhielten also ein Interview an ihrem 25. Hochzeitstag.

Nach dem Interview bat SWAMI ihre Eltern noch zu bleiben. ER verschwand kurz und zog sich im anderen Raum eine neue Robe an. Freudestrahlend kam BABA zurück und hielt die Robe, die ER soeben noch getragen hatte, in seinen Händen. Feierlich berührte er mit jeweils einem Ende der Robe, die Köpfe ihrer Eltern und segnete sie damit.

Danach schenkte ER diese orangefarbene Robe ihren Eltern mit den prophetischen Worten:

„Diese **ROBE** wird durch die Welt reisen! Sie wird meine Devotees segnen, die meinen Darshan bereits lange ersehnt und verdient haben!“

Das Berliner Sathya - Sai - Zentrum und alle Anwesenden wurden heute durch die Anwesenheit dieser Robe gesegnet.

Ganga forderte alle Anwesenden auf, sich die Hände zu waschen und sich dann in einer Reihe aufzustellen. Zirka 15-20 Personen nahmen sich noch die Zeit, um an diesem Ritual teilzunehmen.

Es wurde sehr still im Raum und die Atmosphäre füllte sich mit Segensschwingung und Feierlichkeit.

Alle, die wollten, durften nun das Gewand, welches auf einer schützenden Folie lag, der Reihe nach, schätzungsweise 1-4 Minuten lang, in ihren Händen halten.

Als ich an der Reihe war und BABAS GEWAND in meinen Händen hielt, war ich zutiefst gerührt und Tränen der Dankbarkeit kullerten meine Wangen hinunter.

Ich fand es sehr erstaunlich, wie vielfältig, wundersam und unvorhersehbar GOTTES **Wege, Mittel sowie Art und Weisen** sind, um uns seinen SEGEN zu schenken. Ich fühlte mich durch dieses Ritual SWAMI gegenüber sehr nah und verbunden. Freude, Glücksgefühle, innerer Frieden und Gefühle der Dankbarkeit breiteten sich in mir aus.

Danke, dass DU auf diese wunderbare Art und Weise

- unser Berliner Sathya - Sai - Zentrum gesegnet hast.
- jede Einzelne und jeden Einzelnen von uns gesegnet hast.
- obwohl DU schon seit 11 Jahren deinen Körper verlassen hast, uns so persönlich mit deinem Gewand gesegnet hast.
- alle hier Anwesenden gesegnet hast.

***Dein* LICHTGEWAND**

- hast DU zu uns nach Berlin geschickt.
- reiste zu uns.
- segnete uns.
- bewirkt, dass wir uns geliebt und gesegnet fühlen.
- hat uns alle gesegnet.
- schenkt uns Freude.
- macht uns glücklich.
- bringt deinen Segen zu uns.

III. Weisheitstor: Lichtweg zum Licht

Dies war der erste Tag nach der Zeitumstellung. Gegen 8 Uhr fuhr ich so wie seit circa zwei Jahren jeden Montag, mit meinem Rad zu meiner Arbeit zum Fitnessstudio „Avantgarde body & dance".

Ich radelte entspannt und gut gelaunt die Nordhauser Straße lang. Der hellblaue und wolkenlose Himmel erfreute mich. Als ich schließlich nach einer Weile in die Huttenstraße einbog, blendete mich die Sonne sehr stark. Die Sonne stand aufgrund der Zeitumstellung jetzt um diese Uhrzeit noch so tief, dass ich den Eindruck hatte, sie würde die Erde und insbesondere die Straße, entlang der Häuserschlucht, berühren und stark erleuchten. Sie blendete mich sehr stark, sodass ich meine Augen zusammenkniff. Im ersten Moment war ich irritiert und geschockt, doch nach einer Weile, in welcher ich entspannt in die Pedale getreten hatte, änderten sich meine innere Haltung und mein äußerer Blick. Ich versuchte, meine Augen etwas mehr und entspannt zu öffnen, um dieses Naturschauspiel bewusster wahrzunehmen. Ich wandte meinen Blick in die Weite. Als ich dies tat, wurde ich zunehmend froher und glücklicher, denn ich erschaute nun eine hell erleuchtete Straße, dessen Licht von mir bis zur Sonne reichte. Die Straße spiegelte so intensiv das Sonnenlicht wider, dass es für mich so aussah, als bestünde die Straße nur noch aus Licht. Der LICHTWEG schien am Ende des Weges mit der SONNE zu verschmelzen.

„Ah, oh, OMMMM, ich befinde mich also auf einem Lichtweg, der zum *großen* LICHT führt!", blitzte es in meinem Geist auf!

Während ich entspannt dem LICHT entgegenradelte und dieses Schauspiel genoss, stiegen in mir Erkenntnisse und Einsichten auf:

„Wie wunderbar! Was für ein herrliches Symbol! Die geistig-seelische Welt durchdringt die physische Welt und gelegentlich offenbart sie sich sehr deutlich in ihr."

Ich spürte nun das Sonnenlicht sehr bewusst in meinem Gesicht und vor allem auf meiner Stirn. Ich nutzte dies, um mit offenen Augen mein Stirn-Chakra (= Ajna Chakra), welches sich in der Mitte der Augenbrauen hinter der Stirn befindet, ebenfalls wahrzunehmen. Diese Meditationstechnik habe ich bei der Lichtmeditation von SATHYA SAI BABA und auch im Sivananda Yogazentrum kennengelernt.

Ich war zutiefst beglückt. Mir fiel ein, dass ich in meinen Gebeten, die ich sprach und in meinen Meditationen, die ich anleitete, häufig das Wort LICHT und LICHTWEG verwendete. Dieses physische LICHT-ERLEBNIS, dass ich in der physischen Welt erlebte, empfand ich als SEGEN.

Folgende *erhebende* und *lichtvolle* GEDANKEN und WORTE **durchströmten** meinen Geist:

„Wie herrlich, ich werde *gesegnet* auf ***meinem*** **LICHTWEG!**

Ich bin *gesegnet* auf *meinem* **WEG** zum LICHT!
Ich *befinde* mich auf dem **LICHTWEG** zum *ewigen* LICHT!"

Nach einigen Minuten endete diese Erfahrung, denn ich radelte weiter zu meiner Arbeitsstelle.

Im Sportstudio freudig angekommen, erledigte ich meine anstehenden Aufgaben. Ich schaltete die Lichter des Swimmingpool-Raumes, die Swimmingpool-Lichter und die Lichter im

Ruhe- und Duschraum an. Zwei Poollampen schienen defekt zu sein, was mich jedoch nicht weiter störte, denn die restliche Beleuchtung war hell genug, um meine Arbeit später gut erledigen zu können. Schließlich entfernte ich noch den Wasser-Reiniger und begab mich danach in die obere Etage.

Dort angelangt, bereitete ich die zu unterschreibenden Unterlagen und den Dokumentationszettel vor. Gegen 8:20 Uhr öffnete ich schließlich die Eingangstür und erfüllte gutgelaunt bis 8:42 Uhr meine Tätigkeit als „Empfangsdame".

Als alle Teilnehmer/innen anwesend waren, zog ich mich um, schloss die Tür ab und begab mich, so wie es vor mir bereits alle Teilnehmer/innen getan hatten, wieder nach unten zum Pool-Raum.

Nun begann ich entspannt und gut gelaunt den Wasser-Rehasport-Unterricht. Nach einigen Minuten erzählte ich freudig mein Erlebnis.

Als ich in meiner ERZÄHLUNG fortgeschritten war und schließlich *laut und deutlich das* ***Wort*** **LICHTWEG** *aussprach,* ***gingen plötzlich beide Poollampen an,*** was auch alle Teilnehmer/innen des Kurses registrierten!

Ich stutzte kurz, war verblüfft und freute mich über dieses *wunderbare bestätigende* ZEICHEN.

Ich formte meine Hände zur Gebetshaltung und schaute ehrfürchtig, dankbar und immer noch etwas ungläubig um mich herum in alle Ecken des Raumes, so als könnte ich eine sonst *unsichtbare* WESENHEIT, einen LICHTENGEL oder vielleicht sogar meinen LICHTVATER SAI erschauen, um mich bei ihr bzw. ihm persönlich zu bedanken.

Am Tag darauf startete ich um 9 Uhr meine Online-Yogastunde!

Der Himmel war bedeckt mit vielen Wolken. Abermals erzählte

ich zu Beginn der Stunde von diesem wunderbaren Erlebnis vom Vortag!

Als ich abermals *das* ***Wort*** **LICHTWEG** *aussprach,* ***schien plötzlich die Sonne blendend hell auf mich und in mein Zimmer!***

Gila, eine sehr gute Freundin, die mit mir im Raum war, um Yoga zu praktizieren, sowie alle anderen Teilnehmer/innen, die - via Zoom - anwesend waren, erlebten mit mir gemeinsam voller Erstaunen dieses *wunderbare, bestätigende* und ***lichtvolle*** **ZEICHEN**!

Für mich war dies die zweite deutliche Bestätigung meines gestrigen Erlebens!

Wie wundersam und gnadenreich!

Diese Erlebnisse bestätigten mir, dass sich die *feinstofflichen* WELTEN, die *seelischen* WELTEN und die *materiellen* WELTEN gegenseitig durchdringen.

Anscheinend machen sich die *feinstofflichen* und *seelischen* WELTEN, zu bestimmten Zeiten in unserem Leben, in der physisch-materiellen Welt anerkennend, bestätigend und zeichensetzend bemerkbar und sichtbar.

Was bedeutet nun **LICHTWEG** für mich?

Mein **LICHTWEG** zur LICHTQUELLE allen SEINS, mein LICHTWEG zu GOTT beziehungsweise mein LICHTWEG zur GÖTTLICHKEIT ist

- der **L**ICHTWEG der Wahrheit.
- der **L**ICHTWEG der Wahrheitssuche.
- der **L**ICHTWEG der Rechtschaffenheit.
- der **L**ICHTWEG des reinen Gewissens.
- der **L**ICHTWEG der Entfaltung der allumfassenden und selbstlosen Liebe.

- der **L**ICHTWEG, der zu tiefem inneren Frieden führt.
- der **L**ICHTWEG, der zu einem guten und reinen Charakter führt.
- der **L**ICHTWEG, der zu *lichtvollem* Denken, Handeln und Verhalten führt.
- der **L**ICHTWEG, der zur EINHEIT allen Seins führt.
- der **L**ICHTWEG, der zur Entfaltung meiner GÖTTLICHKEIT führt.

GOTT (BABA), ich gehe meinen **LICHTWEG** zu DIR und mit DIR!

Alles andere lasse ich los!

112. Weisheitstor: Zuhause

Faschingsmontag 2022

Dieses wundervolle ***goldene*** **TOR** steht immer weit offen für alle, die sich nach Frieden, Liebe, Freude, Glück und Geborgenheit sehnen.

Auf der Oberfläche dieses TORES sind *alle* ORTE zu erkennen, an denen wir uns gefreut haben, an denen wir geliebt haben, an denen wir geliebt wurden, an denen wir glücklich waren und an denen wir andere glücklich gemacht haben!

Dieser *innere* ORT vermittelt und gewährt GEBORGENHEIT und SICHERHEIT.

Wir können dieses ***goldene*** **LICHT-TOR** überall hin mitnehmen!

Wir werden dieses ***goldene*** **LICHT-TOR**, wenn wir glücklich und voller Liebe sind, verbreiten und ausstrahlen!

Je öfter wir dies tun, desto häufiger wird uns dieses ***goldene*** **LICHT-TOR** in der WELT, bei unserer ARBEIT, bei unseren PROJEKTEN und bei und in unseren BEGEGNUNGEN **segnen, inspirieren** und unsere WEGE **erleuchten.**

Das **LICHT dieses TORES** umfasst unseren gesamten PLANETEN – unsere Mutter ERDE.

Ich **sang** heute Morgen voller Sehnsucht und Erfüllung folgendes SATHYA SAI BABA-LIED:

„*HOME* is, where my HEART is! My HEART is with YOU!“

„(Mein) *ZUHAUSE* ist dort, wo mein HERZ ist! Mein HERZ ist mit DIR!“

Beim **Singen** flossen Sehnsuchts-**T**ränen, Ankunfts-**T**ränen und Zu-Hause-sein-**T**ränen.

ERINNERUNGEN, DANKBARKEITS- und SEHNSUCHTS-**Gefühle inspirierten** mich zu folgenden Textzeilen:

„(Mein) ZUHAUSE ist dort, wo

- DU bist.
- ich an DICH denke.
- ich mich mit DIR verbunden fühle.
- ich DICH spüre.
- ich MENSCHEN liebe.
- ich liebe, wo ich liebe, wo ich liebe.
- ich willkommen bin.
- Menschen mit mir turnen, spielen, Yoga machen und sich mit mir bewegen.
- ich lächle.
- ich mit anderen MENSCHEN Frohsinn und Fröhlichkeit erlebe.
- mich Liebe erwartet und empfängt.
- ich (soeben) bin.
- ich fröhlich mit anderen feiere.
- ich mit anderen MENSCHEN liebevoll und freundschaftlich zusammen bin.
- ich HERZENSWÄRME und FREUNDLICHKEIT verströme.
- ich heiter bin.
- LEBENDIGKEIT gefördert wird und erblüht.
- ich LIEBE verströme.
- ich *liebevolle* und *mich liebende* MENSCHEN treffe.“

„(Mein) ZUHAUSE ist dort, wo

- ich konzentriert und kontemplierend in mir ruhe.
- ich wohne.

- JA, ich wohne in MIR!
- ich singe.
- ich weinen darf.
- ich spielen darf.
- ich schreibe, komponiere, texte, dichte, kontempliere und singe.
- ich FRIEDEN in mir erlebe.
- ich deinen *liebenden* und *liebevollen* BLICK auf mir spüre und fühle.
- ich FREUDE, WOHLBEHAGEN, HEITERKEIT und ERLEICHTERUNG verbreite und/oder verspüre.
- ich RUHE und *innere* KRAFT tanke.
- ich RUHE und *innere* KRAFT verspüre.
- ich LICHT, FREUDE und LIEBE erlebe und/oder verbreite.
- ich ungezwungen bin, lustig, fröhlich gelassen und entspannt bin.
- alle willkommen sind.
- eine *liebevolle* ATMOSPHÄRE herrscht.
- ich das tue, was ich gerne tue.
- ich das tue, was ich liebe.
- ich andere erfreue und beglücke.
- ich anderen helfe, freier und leichter zu werden.
- ich glücklich bin.
- die HERZENSSONNE scheint."

Soeben strahlte mich die SONNE an, während ich an meinem Arbeitsplatz saß.

(Mein) ZUHAUSE ist dort, wo

- DU, AMMA-BABA-HERZENSLICHT, bei mir bist und in mir strahlst.
- ich feiere.

- ich liebevoll empfangen werde.
- ich immer willkommen bin.
- ich mich entfalte.
- ich kreativ bin.

Ich denke soeben an AMMA, die auf ihren Tourneen an *jedem* ORT sehr herzlich und feierlich empfangen wird!

Empfehlung auf YouTube: *„Amrita Ganga Episode 1 und Episode 2“.*

JA, wenn DU, FRIEDENS-FREUDE-LIEBE-LEBENDIGKEITS-**LICHT** da bist, dann fühle ich mich zu HAUSE, dann fühle ich mich geliebt!

JA, wenn wir uns zuhause fühlen, dann leuchten wir!

JA, wenn wir uns zuhause fühlen, sind wir glücklich!

(Mein) ZUHAUSE ist dort, wo

- ich dein (SWAMI) *reines* GLITZERSEGENSGEWAND spüre.
- ich deinen (AMMA) *reinweißen* GLITZERSEGENSSARI spüre.
- ich LIEBE spüre.
- ich LIEBE angemessen zeige, ausdrücke und verbreite.
- ich loslasse.
- ich sein darf, so wie ich bin.
- ich glücklich bin und herzerfrischend spiele.
- ich träumen darf.
- wo Träume in Erfüllung gehen.
- ich DEIN GLITZERSEGENSGEWAND verbreite.
- immer die *innere* SONNE scheint.
- LICHT und LIEBE vorherrschen.
- LIEBENDE vereint sind: Lehrer/in - Schüler/in, Meister/in – Schüler/in, Kind – Eltern, Liebende/r – Liebende/r!
- die HERZENSSONNE scheint.

JA, **ZUHAUSE** ist, wenn die HERZENSSONNE scheint, bei allem, was ich tue!

(Mein) ZUHAUSE ist dort, wo

- meine inneren Kinder, meine SEELENKINDER glücklich sind und glücklich spielen.
- mein geliebter VATER, SATHYA SAI BABA, wohnt und sich aufhält.
- meine geliebte MUTTER, AMMA, wohnt und sich aufhält.
- meine LIEBSTE wohnt und sich aufhält.
- mein SOHN wohnt und sich aufhält.

Meine persönlichen *physisch-spirituell-heiligsten* ORTE sind der Ashram von SATHYA SAI BABA, genannt **PRASHANTI NILAYAM** (= Ort des *höchsten* FRIEDENS), der Ashram von MATA AMRITANANDAMAYI DEVI, der **AMRITAPURI** (AMRITA = Nektar der Unsterblichkeit = ewiges SEIN ohne Geburt und Tod, PURI = *heiliger* ORT) heißt und mein *eigenes* **ZUHAUSE** mit meinem Hausaltar.

Mein ***spirituelles*** **ZUHAUSE** finde ich bei den *großen* SEELEN (BABA, AMMA), bei deren AUSSTRAHLUNG, bei deren SCHWINGUNG und beim *höchsten* SEIN.

Für **Christen** sind die Orte JERUSALEM, BETHLEHEM und andere Orte heilig.

Für **Moslems** sind MEKKA, MEDINA und andere Orte heilig.

Für **Buddhisten** sind BODHGAYA (= Ort der Selbstverwirklichung von Buddha und indische Stadt), buddhistische Tempel und buddhistische Klöster heilig.

Für **Sikhs** ist der GOLDENE TEMPEL in Amritsar (Stadt in Nordindien) heilig!
Und so weiter.

Nebenbei möchte ich erwähnen, dass ich 1988, im Alter von 26 Jahren, im Verlaufe meiner damaligen halbjährigen Indienreise, sowohl Bodhgaya (Stadt in Indien), als auch den Goldenen Tempel besucht habe.

Für **Christen** sind die große Seele JESUS, seine Ausstrahlung und seine Lehren ein *spirituelles* ZUHAUSE.

Für **Buddhisten** sind die große Seele BUDDHA, seine Ausstrahlung und seine Lehren ein *spirituelles* ZUHAUSE.

Für **Moslems** sind der ALL-EINE, seine Ausstrahlung und seine Lehren ein *spirituelles* ZUHAUSE.

Für **Sikhs** ist GURU NANAKA Ihr Wegweiser.
Und so weiter.

Wir können über unsere ***heiligsten*** **ORTE** und ***heiligsten*** **SEELEN** und deren SCHWINGUNG und AUSSTRAHLUNG tiefer und tiefer kontemplieren und werden dann feststellen, dass wir diese ORTE und SEELEN beziehungsweise deren SCHWINGUNG und AUSSTRAHLUNG **in uns** tragen!

Wir können uns in der Meditation vorstellen, an diesen ***heiligen*** **ORTEN** zu sein!
Wir können in unserer Vorstellung an diesen ***heiligen*** **ORTEN** singen, beten, kontemplieren und beten!

Je tiefer und intensiver wir dies tun, umso mehr verwandeln wir uns selbst in einen ***heiligen*** **ORT** beziehungsweise in eine *heilige* SEELE!

Es heißt:
„Das, worüber wir kontemplativ und intensiv nachdenken, in das verwandeln wir uns!"
„In das, worüber wir meditieren, verwandeln wir uns!"

*Unser ZUHAUSE, das ZUHAUSE unserer Seelen ist das **GÖTTLICH ABSOLUTE** / der **ATMAN** - dein Govinda.*

Nach Martin Mittwede: „Spirituelles Wörterbuch Sanskrit – Deutsch", 7. Auflage 2010, Heidelberg, Sathya Sai Vereinigung e. V., auf Seite 41-42:
„**atman** *m,* der atman, ist die unsichtbare Grundlage, das wirkliche Selbst, die dem Menschen innewohnende Göttlichkeit, die Seele, welche die Wirklichkeit innerhalb der fünf Schichten (*kosha*) darstellt, deren äußerste der Körper ist. Er ist der göttliche Funke im Innern, die allerinnerste, dem Menschen ureigene Realität. Er ist die eigentliche Substanz der gesamten ‚objektiven' Welt, die Wirklichkeit hinter dem Schein und jedem Wesen innewohnend. Er ist von Natur aus frei von jeglicher Bindung. Er handelt nicht, noch besitzt er eigene Bedürfnisse oder Besitztümer, kennt kein ‚ich' oder ‚mein'. Der *atman* ist unsterblich. Er vergeht nicht, er stirbt nicht wie der Körper oder der relative Geist. Er ist die wesenhafte Wirklichkeit des Individuums (*jivin*), der Zeuge, unberührt von allem Wandel in Zeit und Raum. Der dem Körperlichem innewohnende Geist, das Geheimnis jenseits dessen, was sich durch Körperliches fassen lässt, die wahre Triebfeder, die hinter den Impulsen und Zielen der körperlichen Ebene steht."

Schlusswort

Am Freitag, dem 14. Januar 2022, sah und hörte ich mir ein spezielles SATHYA SAI BABA - YouTube-Video an: *„Prashanti Mandir Bhajans 885“*. Bei dem ersten Lied ließ sich BABA mit kleinen Gruppen von SAI-Studenten fotografieren.

Vermutlich handelte es sich hierbei um eine Architektur-Visions-Präsentation zu dem Thema „TEMPELBAU und SATHYA SAI BABAS LEHRE“. In einer großen Halle standen oder knieten mehrere SAI-Studentengruppen vor ihren jeweiligen **Tempelmodell-Präsentationen**. SWAMI, so wird SATHYA SAI BABA auch genannt, ging zu jeder dieser Gruppen, schaute sich die Modelle liebevoll, lobend und bestätigend an und ließ sich dann mit den Studenten und ihrem erschaffenen **Tempelmodell** fotografieren bzw. filmen.

Ich war sehr gerührt, wie persönlich SWAMI mit den Studenten agierte. Er ließ sich berühren und hielt für das Fotoshooting öfter die Hände von einzelnen Studenten. Er ging zu jeder einzelnen Gruppe und agierte wie ein liebevoller Vater, der stolz auf seine Kinder ist und der diese **Präsentation** angemessen und würdigend mit ihnen gemeinsam feierte.

Dieses Video berührte und ergriff mich im tiefsten Innern so sehr, dass ich beim Anschauen Rührungs-, Freuden- und Dankbarkeitstränen vergoss.

Dieser Kurzfilm war für mich in diesem Moment wie ein **Himmelszeichen.**

Ich erkannte eine Parallele, denn geistig, so glaube ich, habe ich mit diesem Buch ebenfalls einen **Lichttempel** errichtet, der SWAMIS Lehre repräsentiert.

Ich fühlte mich plötzlich wie ein SAI-Student, der SWAMI sein fertiges Produkt, nämlich dieses Buch, feierlich präsentiert. Gefühle des Lobes, der Wertschätzung, der Anerkennung, der Dankbarkeit und der Liebe durchfluteten mich, während ich im Inneren *folgende lebhafte* VISION durchlebte:

„SWAMI steht neben mir bei meiner **Buchpräsentation.** ER hält meine Hand und lächelt anerkennend, sehr liebevoll und stolz, während wir uns der Öffentlichkeit präsentieren."

Besonders die 5. WEISHEITSTÜR, in welcher ich einen Tempel der ***fünf* WERTE** beschreibe, passt zu dieser wunderbaren SAI-Studenten-Präsentation.

Ich verströme Dankestränen!

LIEBE siegt!
RECHTSCHAFFENHEIT siegt!